PRÁTICAS ARTÍSTICAS
DO CAMPO

Caminhos da
Educação
do Campo

PRÁTICAS ARTÍSTICAS DO CAMPO

Cristiene Adriana da Silva Carvalho
Aracy Alves Martins
(Organizadoras)

autêntica

Copyright © 2016 As organizadoras
Copyright © 2016 Autêntica Editora

Todos os direitos reservados pela Autêntica Editora. Nenhuma parte desta publicação poderá ser reproduzida, seja por meios mecânicos, eletrônicos, seja via cópia xerográfica, sem a autorização prévia da Editora.

COORDENADORAS DA COLEÇÃO CAMINHOS DA EDUCAÇÃO DO CAMPO
Maria Isabel Antunes-Rocha (UFMG),
Aracy Alves Martins (UFMG)

CONSELHO EDITORIAL
Antônio Júlio de Menezes Neto (UFMG), Antônio Munarim (UFSC), Bernardo Mançano Fernandes (UNESP), Gema Galgani Leite Esmeraldo (UFCE), Miguel Gonzalez Arroyo (Professor Emérito da FaE/UFMG), Mônica Castagna Molina (UnB), Salomão Hage (UFPA), Sonia Meire Santos Azevedo de Jesus (UFSE)

APOIO TÉCNICO
Andréia Rosalina Silva

EDITORA RESPONSÁVEL
Rejane Dias

EDITORA ASSISTENTE
Cecília Martins

REVISÃO
Lúcia Assumpção

CAPA
Alberto Bittencourt
(Sobre imagem de Álida Angélica Alves Leal, Denise Perdigão Pereira, Veridiana Franca Vieira, Decanor Nunes dos Santos, Carlos Júnior Tobias, Andreia Campos Cordeiro)

DIAGRAMAÇÃO
Larissa Carvalho Mazzoni

Dados Internacionais de Catalogação na Publicação (CIP)
(Câmara Brasileira do Livro, SP, Brasil)

Práticas artísticas do campo / organizadoras Cristiene Adriana da Silva Carvalho, Aracy Alves Martins -- 1. ed. -- Belo Horizonte : Autêntica Editora, 2016. -- (Coleção Caminhos da Educação do Campo ; 8)

ISBN 978-85-513-0180-7

1. Artes 2. Educação rural 3. Escolas do campo 4. Movimentos sociais 5. Pedagogia I. Carvalho, Cristiene Adriana da Silva. II. Martins, Aracy Alves. III. Série.

17-02470   CDD-370.91734

Índices para catálogo sistemático:
1. Educação do campo   370.91734

Belo Horizonte
Rua Carlos Turner, 420
Silveira . 31140-520
Belo Horizonte . MG
Tel.: (55 31) 3465 4500

Rio de Janeiro
Rua Debret, 23, sala 401
Centro . 20030-080
Rio de Janeiro . RJ
Tel.: (55 21) 3179 1975

São Paulo
Av. Paulista, 2.073,
Conjunto Nacional, Horsa I
23º andar . Conj. 2301 .
Cerqueira César . 01311-940
São Paulo . SP
Tel.: (55 11) 3034 4468

www.grupoautentica.com.br

A narrativa,
que durante tanto tempo floresceu num meio de artesão
– no campo, no mar e na cidade –,
é ela própria, num certo sentido, uma forma artesanal de comunicação.
Ela não está interessada em transmitir o "puro em si" da coisa narrada
como uma informação ou um relatório.
Ela mergulha a coisa na vida do narrador
para em seguida retirá-la dele.
Assim se imprime na narrativa a marca do narrador,
como a mão do oleiro na argila do vaso.

WALTER BENJAMIN

Lista de siglas

AI-5 – Ato Institucional nº 5
ASA – Articulação do Semiárido Brasileiro
CAA/NM – Centro de Agricultura Alternativa do Norte de Minas
CEIA – Centro de Experimentação e Informação de Arte
CEALE – Centro de Alfabetização, Leitura e Escrita
CEPIS – Centro de Educação Popular do Instituto Sedes Sapientiae São Paulo
Cetic.br – Centro Regional de Estudos para o Desenvolvimento da Sociedade da Informação
CINEAD – Projeto Cinema para Aprender e Desaprender
CNBB – Conferência Nacional dos Bispos do Brasil
CONTAG – Confederação Nacional dos Trabalhadores na Agricultura
CPAs – Cooperativas de Produção Agropecuária
CPCs – Centros Populares de Cultura
CTO – Centro de Teatro do Oprimido
EFA – Escola Família Agrícola
EF1 – Ensino Fundamental 1
EF2 – Ensino Fundamental 2
EMEB – Escola Municipal de Educação Básica
FaE – Faculdade de Educação
FESTIVALE – Festival de Cultura Popular do Vale do Jequitinhonha
FIEI – Formação Intercultural para Educadores Indígenas
FNDE – Fundo Nacional de Desenvolvimento da Educação
GPELL – Grupo de Pesquisas do Letramento Literário Habilitações LECampo
CVN – Ciências da Vida e da Natureza
LAL – Línguas, Artes e Literatura

CSH – Ciências Sociais e Humanidades
MAT – Matemática
IBGE – Instituto Brasileiro de Geografia e Estatística
IES – Instituição de Ensino Superior
IC – Indústria Cultural
Incra – Instituto Nacional de Colonização e Reforma Agrária
ITS – Instituto de Tecnologia e Sociedade
ITERRA – Instituto Técnico de Capacitação e Pesquisa da Reforma Agrária
LDB – Lei de Diretrizes e Bases da Educação
LECampo – Licenciatura em Educação do Campo
LEDOC – Licenciatura em Educação do Campo
LM – Laboratório de Multimídia
MAB – Movimento dos Atingidos por Barragens
MASTER – Movimento dos Agricultores Sem Terra
MCP – Movimento de Cultura Popular
MEB – Movimento de Educação de Base
MEC – Ministério da Educação
MPA – Movimento dos Pequenos Agricultores
MCP – Movimento de Cultura Popular
MST – Movimento dos Trabalhadores Rurais Sem Terra
NEPCampo – Núcleo de Estudos e Pesquisas em Educação do Campo
ONGs – Organizações não governamentais
PCB – Partido Comunista Brasileiro
PCNs – Parâmetros Curriculares Nacionais
Pibid – Programa Institucional de Bolsas de Iniciação à Docência
PNLD – Programa de Livro Didático do Campo
PTB – Partido Trabalhista Brasileiro
Procampo – Programa de Apoio à Formação Superior em Licenciatura em Educação do Campo
ProInfo – Programa Nacional de Tecnologia Educacional
ProJovem – Programa Nacional de Inclusão de Jovens
Pronacampo – Programa Nacional de Educação no Campo
Pronera – Programa Nacional de Educação na Reforma Agrária
PPP – Projeto Político Pedagógico
PTerra - Pedagogia da Terra
SAM – Sul Americana de Metais
SAR – Serviço de Assistência Rural
SECADI – Secretaria de Educação Continuada, Alfabetização, Diversidade e Inclusão

SEED – Secretaria de Educação a Distância
SEE/MG – Secretaria de Estado de Educação de Minas Gerais
SESU – Secretaria de Educação Superior
TC – Tempo Comunidade
TCLE – Termo de Consentimento Livre e Esclarecido
TE – Tempo Escola
TICs – Tecnologias da Informação e Comunicação
UDESC – Universidade do Estado de Santa Catarina
UFMG – Universidade Federal de Minas Gerais
UFOP – Universidade Federal de Ouro Preto
UFPel – Universidade Federal de Pelotas
UFPI – Universidade Federal do Piauí
UFRN – Universidade Federal do Rio Grande do Norte
UFS – Universidade Federal de Sergipe
UFSC – Universidade Federal de Santa Catarina
UFT – Universidade Federal do Tocantins
UFPB – Universidade Federal da Paraíba
ULTAB – União dos Lavradores e Trabalhadores Agrícolas do Brasil
UnB – Universidade de Brasília
UNE – União Nacional dos Estudantes
UNESP – Universidade Estadual Paulista
UNIFESSPA – Universidade Federal do Sul e Sudeste do Pará
URCA – Universidade Regional do Cariri

Sumário

Prefácio
Amarilis Coelho Coragem 15

Capítulo 1 – Problematização
Quando a Educação do Campo interroga as Práticas Artísticas: tecendo reflexões
Cristiene Adriana da Silva Carvalho
Maria Isabel Antunes-Rocha
Aracy Alves Martins 19

PRIMEIRA PARTE
ARTE DO E NO CAMPO

Capítulo 2 – Mística
A arte e a mística na educação camponesa
Ademar Bogo 41

Capítulo 3 – Práticas Artísticas nas escolas do campo
A arte e a cultura na formação e no cotidiano escolar dos povos do campo
Eloisa Rodrigues Pássaro
Tatiane de Araújo Figuerêdo
Erasmo Gonçalo Dias..59

Capítulo 4 – Artes manuais
O tecido das narrativas da/na Educação do Campo em Minas Gerais: bordando os territórios no e a partir do LECampo/FaE/UFMG
Álida Angélica Alves Leal
Adriana Angélica Ferreira
Maria de Fátima Almeida Martins...77

Capítulo 5 – Festival de Cultura
Educação do Campo e cultura: possíveis influências do mundo camponês no Festival de Folclore de Jordânia
André Sales Lacerda 99

Capítulo 6 – Contação de histórias
Contando histórias, tecendo saberes
Veridiana Franca Vieira 109

SEGUNDA PARTE
LINGUAGENS ARTÍSTICAS

Capítulo 7 – Literatura
Memórias reinventadas: autoria literária na formação de professores do campo
Maria Zélia Versiani Machado
Josiley Francisco de Souza
Guilherme Trielli Ribeiro 129

Capítulo 8 – Artes visuais
Artes visuais na formação de professores do campo
Denise Perdigão Pereira 147

Capítulo 9 – Música
Música e Educação do Campo: o relato de um caminhante
Pedro Munhoz 163

Capítulo 10 – Dança
Entre danças e culturas: possibilidades na rede de ensino
Carlos Júnior Tobias 185

CAPÍTULO 11 – TEATRO
Diálogo de saberes: a linguagem teatral e a
formação estética e poética dos povos do campo
Cássia Ferreira Miranda
Tereza Mara Franzoni 199

TERCEIRA PARTE
TECNOLOGIAS

CAPÍTULO 12 – FOTOGRAFIA
Registros do belo no Vale do Jequitinhonha:
inspiração para a Educação do Campo pelo olhar fotográfico
Decanor Nunes dos Santos
Maria Aparecida Afonso Oliveira 219

CAPÍTULO 13 – RÁDIO
Arte e cultura popular no Movimento de Educação de Base:
as escolas radiofônicas no Rio Grande do Norte
Adriano Charles da Silva Cruz
Aidil Brites Guimarães Fonseca 237

CAPÍTULO 14 – CINEMA
"A cidade não mora mais em mim": o cinema e o olhar na Escola do Campo
Thiago Norton 251

CAPÍTULO 15 – ARTES DIGITAIS
Os desafios da utilização das tecnologias na escola pública do campo
Daniela Pedra Mattos 265

POSFÁCIO
Práticas Artísticas: experiência, legado e práxis
Rafael Litvin Villas Bôas 281

Prefácio

Amarilis Coelho Coragem

Prefaciar este livro, cuja temática considero da maior importância para aqueles que estudam, discutem, pesquisam ou produzem arte, é uma oportunidade estimulante e ao mesmo tempo desafiadora. Trata-se de anteceder uma coletânea de textos assinados por pesquisadores, artistas, militantes, educadores de várias regiões do país. Os textos contemplam diferentes expressões de arte, focalizam a música, a dança, o teatro, a literatura, as artes visuais, as artes do bordar e do tecer, incluindo as tecnologias mais recentes e as mais tradicionais.

No primeiro capítulo, as autoras – a coordenadora do Curso de Licenciatura do Campo (LECampo) e as organizadoras do livro – problematizam o tema, analisando as relações entre as práticas artísticas e a Educação do Campo. Apresentam, ainda, um breve resumo de cada capítulo, sobre os desdobramentos do tema em diferentes contextos: na escola, na universidade, nos movimentos sociais, nas memórias de infância, nas ocasiões de festa ou na vida cotidiana. As análises e as reflexões que os textos apresentam enfatizam o potencial transformador e questionador da arte, nos processos educativos dos povos do campo, destacando o caráter político das práticas artísticas, por simbolizarem "o enraizamento do processo histórico de lutas pela terra como direito na produção da vida no campo" (Cap. 1, p. 25).

Certamente, fui convidada a participar desta publicação por ter atuado, durante longo período, como pesquisadora e docente, nos cursos de formação de professores voltados para a Educação do Campo, oferecidos pela Universidade Federal de Minas Gerais (UFMG), sob a coordenação da professora Maria Isabel Antunes-Rocha. Foi um tempo de trabalho intenso, de muitos desafios, diálogos e descobertas.

No primeiro curso, que se chamou Pedagogia da Terra (PTerra), as artes estiveram presentes em todas as etapas. Participamos intensamente, atuando e compartilhando a docência com professores convidados das áreas de Teatro, Música e Dança. Sessenta alunos, vindos de diversos movimentos sociais, demandavam uma formação docente capaz de atender às especificidades de uma escola no campo. A proposta desse curso de licenciatura oferecia quatro áreas de formação: Línguas, Artes e Literatura (LAL), Ciências Sociais e Humanidades (CSH), Ciências da Vida e da Natureza (CVN) e Matemática (MAT). Nessa organização curricular, a participação da arte ocorreu em três etapas. A primeira reunia disciplinas comuns às três formações e as aulas de arte contribuíram não só para a mediação de conhecimentos introdutórios sobre a função da arte na escola, mas também assumindo um papel facilitador de aproximação e interação dos alunos com as propostas do curso e com o ambiente universitário. Na segunda etapa, os grupos se dividiam nas suas formações específicas. Nessa etapa, os alunos da LAL tinham as aulas de arte: Artes Visuais, Teatro, Música e Dança. Na terceira etapa, havia outras disciplinas comuns às três formações, nas quais as artes participavam numa perspectiva interdisciplinar ou na orientação de monografias em arte. Com o desenvolvimento dos cursos, a estrutura curricular se modificou, mas preservou e valorizou o espaço da arte na sua nova organização.

Nesses cursos, recebemos alunos provenientes de várias regiões do Brasil. No primeiro curso, por exemplo, os alunos vieram de regiões de Minas, de São Paulo, do Rio de Janeiro e de Mato Grosso do Sul, sendo que, nas últimas turmas, já no LECampo, tivemos, predominantemente, alunos do interior de Minas. Em todas as turmas, as expectativas quanto às aulas de arte eram, naturalmente, decorrentes do conhecimento que tinham sobre arte, construído nas experiências vividas até aquele momento, seja na escola, seja na vida em comunidade, seja nos movimentos sociais. Por isso o conhecimento e as concepções de arte eram os mais diversos. Na escola, a maioria não teve aulas de arte. Poucos tiveram apenas algumas atividades festivas ligadas ao calendário escolar, consideradas como aulas de arte no ensino básico. Para alguns, no início, quando se falava em arte, a referência mais comum era a pintura, considerada em qualquer suporte: tecido, parede ou cerâmica. Aqueles mais atuantes nos movimentos sociais reconheciam o papel social das expressões artísticas na educação do povo, incluindo-as nas suas práticas, mas, na condição de futuros professores, tinham uma expectativa em comum: todos queriam saber o que podemos considerar arte na escola. O que fazer com os alunos nas aulas de arte?

Esse justo interesse pela atividade docente exigia do futuro professor uma preparação voltada não só para aquisição de conhecimentos da área, mas também uma formação capaz de promover o desenvolvimento de habilidades e competências indispensáveis para ensinar arte. Sabemos que, ao orientar as finalidades educativas de sua prática, o educador, reconhecendo-se como um dos agentes de mudança, precisa estar consciente das implicações políticas de suas proposições na formação dos educandos e, ainda, em qualquer situação de ensino, é necessário levar em conta as diferenças culturais, suas necessidades e suas potencialidades.

Certamente não encontramos respostas prontas e adaptadas para cada situação de ensino. A prática docente não se resume em aplicar soluções dadas, pois cada contexto exige uma abordagem específica. Então, como recriar experiências anteriores ou mesmo criar novas propostas que correspondam às necessidades daquela situação de ensino, numa atuação docente que seja transformadora e dialógica?

Foi por considerar a necessidade de diálogo com a cultura do aluno que iniciamos os cursos, por uma pesquisa exploratória, com a finalidade de recolher informações sobre as manifestações artísticas que se desenvolvem na comunidade em que vivem os alunos e, ao mesmo tempo, estimular o hábito da investigação e da reflexão como forma de estudo.

Desde o primeiro levantamento realizado pelos alunos da primeira turma, obtivemos uma variedade de expressões que eles consideravam como arte na sua comunidade. As concepções de arte eram as mais diversas e ligadas ao modo de vida das pessoas. Reconhecemos tais concepções de arte em muitas das expressões dos alunos das nossas escolas, situadas na periferia das grandes cidades, ligadas às culturas do campo, de onde vieram os pais ou avós.

Diante disso, procuramos superar a arrogante e equivocada oposição entre arte erudita e arte popular, abrindo mão das certezas cristalizadas em valores artísticos consagrados pela cultura dominante, para dialogar e compreender os valores artísticos de outras culturas, ou seja, com uma atitude mais aberta, fundamentada, sensível e crítica, procuramos transitar pelas diferentes formas de arte, sem ignorar suas peculiaridades. Sem isso, como entender a arte brasileira, considerando as diversas contribuições culturais que a constituem?

Nessa perspectiva, em todas as turmas com as quais trabalhamos, os alunos demonstraram prazer em aprender sobre arte; reconheceram-se capazes de apreciar, questionar e ter opinião, mesmo que transitórias, sobre as produções artísticas, fossem elas consagradas, ou não, pela história da arte. Entre as atividades programadas, incluímos visitas orientadas a diferentes espaços de arte, entre eles: cidades históricas e feiras de artesanato, cinemas, teatros, Museu de Arte Contemporânea Inhotim, Museu da Arte Popular, Galeria do Palácio das Artes, Museu de Artes e Ofícios.

Numa dessas visitas, percorrendo o Museu de Artes e Ofícios, os alunos iam acompanhando as explicações do monitor do museu, observando, encantados, alguns objetos familiares no cotidiano da vida no campo, ali, cuidadosamente, expostos: tão admiráveis e tão distantes! Apenas alguns alunos, com satisfação contida, teciam comentários, entre risos. Até que, diante de enorme foto de uma ceramista modelando um pote de barro, uma estudante exclamou: "Essa é a minha tia Petra!". Na legenda, não encontramos seu nome, mas seu rosto era conhecido de muitos deles. Encorajados, os alunos tomaram a palavra para explicar-nos sobre as peças, as técnicas e suas características estéticas, que eles identificaram, mesmo antes de reconhecer dona Petra na foto. Também demostraram ter uma opinião crítica sobre as dificuldades dessa produção e sobre o pouco retorno financeiro que ceramistas anônimas, como dona Petra, recebem pelo seu trabalho. Nas suas reflexões, reconheceram que essas produções não resultam de um fazer ingênuo; reafirmam que "as práticas artísticas e culturais dos sujeitos do campo não são neutras; pelo contrário, são carregadas de consciência crítica da necessidade de transformação da sociedade" (Cap. 1, p. 25).

Diz uma lenda indígena que os potes de cerâmica, ao serem modelados, criam uma essência espiritual e só quando estalam e se quebram no forno é que essa alma lhes escapa. De fato, quando os temos diante de nós, podemos perceber que, guardada na forma e no fazer dos potes, essa essência nos permite compreendê-los como arte no contexto de sua produção.

Desse modo, fomos encontrando os caminhos do diálogo e da reflexão, construindo conhecimentos sobre arte, como sujeitos críticos e conscientes do papel de educadores em arte. A prática docente em arte, quando desenvolvida criticamente, é, ao mesmo tempo, ensino e pesquisa, orientação e descoberta, ação e reflexão.

Compreendemos melhor as práticas artísticas do e no campo apresentadas neste livro quando nos voltamos para o que essas práticas têm de essencial, pela apreciação estética crítica, pois sua objetivação pode traduzir o que não é imediatamente observável, revelando o contexto em que foram desenvolvidas.

> Da terra, matéria de arte coletiva,
> de tradição familiar e ancestral,
> de um povo simples e persistente,
> nascem os potes de barro modelados e
> pintados por mãos habilidosas em branco tabatinga e
> vermelho tauá, com instrumentos rudimentares, faquinhas,
> sabugos de milho, gravetos e penas. Expressão e sobrevivência
> plasmadas nos potes pela maestria das técnicas, no preparo do barro,
> no modelado, nas cores dos pigmentos extraídos da terra, na pintura
> em engobe, no preparo do forno para a queima, nas artimanhas
> das temperaturas de cozimento, a arte do povo do Vale do
> Jequitinhonha tem, na sua estética, a assinatura de
> muitas Petras... de uma cultura de resistência,
> do fazer compartilhado, do fazer história,
> da luta de um povo pela vida.

CAPÍTULO 1 – PROBLEMATIZAÇÃO
Quando a Educação do Campo interroga as Práticas Artísticas: tecendo reflexões

Cristiene Adriana da Silva Carvalho
Maria Isabel Antunes-Rocha
Aracy Alves Martins

Este livro tem como objetivo apresentar discussões sobre a relação que se estabelece entre as Práticas Artísticas e a Educação do Campo e nos convida a pensar nas formas de apropriação da Arte pelos sujeitos do Campo, considerando a diversidade de linguagens e os seus usos nos diversos ambientes educativos. Ao nominar como Práticas Artísticas, estamos considerando a relação existente entre a Arte e os sujeitos. A questão que se coloca é: como a Educação do Campo interroga as Práticas Artísticas como um conhecimento historicamente construído?

A busca por tal resposta nos remete a pensar no contexto da Educação do Campo, *locus* em que as análises de cada um dos capítulos serão construídas. A Educação do Campo tem se revelado, nos últimos vinte anos, como um campo de empoderamento e Luta dos povos do Campo, em prol da Educação enquanto direito vinculada à Luta pela Terra, na perspectiva da Reforma Agrária. O movimento de Luta pela Educação do Campo, composto por representantes de Movimentos Sociais, Movimentos Sindicais, Universidades e diversas representações coletivas em prol de um projeto de campo, tem defendido a importância de construirmos análises a respeito de temáticas que perpassem a Educação do Campo, a partir do levantamento de questões referentes a um projeto de escola e também a um projeto de sociedade, abarcando concepções "do trabalho, da cultura, do conhecimento e das lutas sociais dos camponeses e ao embate (de classe) entre projetos e entre lógicas de agricultura, que têm implicações no projeto de país e de sociedade nas concepções de política pública, de educação e de formação humana" (CALDART, 2012, p. 257). Assim, falar da "Arte" no Campo é um convite a pensar concretamente no processo de produção, nas intencionalidades e nas relações dos sujeitos do campo com a arte.

Sendo assim, partimos desses elementos pertencentes à concepção da Educação do Campo para lançarmos questões a respeito da Arte, entendida aqui como uma categoria de luta na ação dos sujeitos do Campo, operacionalizada em nossas reflexões pela terminologia "Práticas Artísticas". Essa escolha também foi pensada com o objetivo de superarmos a visão da arte como produto estético destituído de intencionalidade humana. Embora esse termo, "Práticas Artísticas", não seja amplamente explorado na literatura acadêmica, optamos por utilizá-lo a fim de explicitar nosso posicionamento de análise da arte a partir da sua relação com os sujeitos, tal como abordado por Carvalho (2015), que sugere que o termo possa possibilitar a abordagem das formas de concepção, fruição, compreensão e ensino das linguagens de arte.

> Utilizamos a expressão "práticas artísticas" na perspectiva de ampliar a compreensão do que seja a área do conhecimento denominada "artes". Nesse sentido consideramos como práticas artísticas as formas como os sujeitos concebem, compreendem e fruem as atividades relacionadas ao teatro, à dança, à música, à pintura, à escultura, ao cinema, entre outras linguagens artísticas (CARVALHO, 2015, p. 35).

Dessa forma, pensar em Práticas Artísticas é um convite a refletirmos sobre as relações construídas entre os sujeitos sociais a partir da Arte. Essas relações tiveram, ao longo dos séculos, a incorporação de tensões e dicotomias que marcaram o lugar social da Arte e as relações estabelecidas pelo homem nesse contexto.

Ao analisarmos os primeiros registros da presença da Arte, a exemplo dos registros do Período Paleolítico, datado em 35 mil anos atrás, percebemos que estes coincidem com os registros da existência humana, sendo utilizados como forma de organização do modo de vida, registro dos acontecimentos e rituais, marcando as relações construídas entre os homens. O conhecimento da tradição pode ser entendido como um dos responsáveis por trazer para as práticas artísticas os tensionamentos nas relações sociais. Também foi essa tradição que marcou a preservação, aprimoramento e organização das práticas artísticas na sociedade e permitiu que, paulatinamente, estas se transformassem em um conhecimento sistematizado tal como conhecemos hoje, em que as práticas artísticas se fazem presentes através das linguagens artísticas: Teatro, Circo, Ópera, Dança, Pintura, Escultura, Arquitetura, Cinema, Rádio, Televisão, Artesanato, Literatura, entre tantas outras.

O diálogo entre o erudito e o popular

O conhecimento da tradição, fortemente atribuído às práticas artísticas dos sujeitos do campo, vincula-se diretamente às práticas populares, uma vez que estas trazem o que Santos (1987), Ortiz (1992) e Rivitti (2006) chamam de representação dos padrões de criação e conceitos advindos do povo. Tradicionalmente, a Arte popular é atribuída aos sujeitos do Campo como única forma de manifestação artística presente em seus modos de produção. Nesse contexto, trazemos para reflexão a possibilidade da presença de elementos populares e também eruditos nas Práticas Artísticas produzidas pelos sujeitos do Campo, compreendendo-se que os elementos eruditos presentes nos meios de comunicação e nos códigos de organização artística são apropriados e transformados nos processos de criação das Práticas Artísticas populares.

Embora tradicionalmente a produção de Arte campesina buscasse associar o contexto da Arte produzida pelos povos do campo aos seus valores e saberes tradicionais, partimos do entendimento da relação dialética presente nas Práticas Artísticas dos povos do Campo. Tal relação permite a superação da dicotomia de conceitos e práticas de Arte e considera a totalidade de relações construídas pelo sujeito enquanto produtor e consumidor de cultura. Assim, ao longo dos textos, partilhamos a necessidade de olhar para as práticas de Arte dos sujeitos do Campo a partir da superação da separação entre o erudito e o popular, e de observar a caminhada da tradição em diálogo com os cânones e os gostos estabelecidos socialmente por grupos tidos como hegemônicos. O diálogo dos povos do Campo, com terminologias e práticas artísticas eruditas, é, inclusive, uma forma de apropriação das terminologias, modos de produção, fruição e reflexão sobre os produtos artísticos e, com isso, de entendimento da Arte em sua totalidade como um direito do sujeito.

Quando falamos das Práticas Artísticas construídas para e pelos sujeitos do Campo, partimos da ideia de que essas práticas são apropriadas por um determinado grupo social dos sujeitos que residem, trabalham, produzem e têm no campo seu contexto social, econômico e cultural. Assim, as Práticas Artísticas aqui discutidas são vistas como possibilidade de comunicar as formas de sociabilidade dos sujeitos do Campo e também de conhecer outras culturas e outras formas de organização social. Essa relação dialética da produção das Práticas Artísticas quebra com a dicotomia existente entre o erudito e o popular, uma vez que compreende a coexistência de ambas nas práticas dos sujeitos. Considerando que os sujeitos do Campo, em suas práticas de trabalho, educação e fruição de linguagens artísticas estão diante de influências eruditas e populares, na prática, essa relação dialética ocorre como uma ressignificação das múltiplas influências artísticas e culturais recebidas, sendo essa dialética fruto das experiências da totalidade do sujeito.

Práticas artísticas e sua dimensão educativa

Ao falarmos das práticas artísticas na Educação do Campo, convém também considerarmos, em nossa análise, os tensionamentos presentes na constituição da Arte enquanto área de ensino no Brasil. Tal processo foi marcado por avanços e rupturas evidenciadas por fatores tais como: incorporação de novas tendências pedagógicas, descontinuidade de ações de ensino já construídas e tentativas de equilíbrio no posicionamento dos docentes frente à efetivação de mudanças no ensino de arte, visto muitas vezes como uma área de segundo plano nas escolas brasileiras.

Destacamos a importância de se compreender a Arte a partir das demais práticas ocorridas em organizações culturais comunitárias, familiares, de trabalho, de movimentos sociais, entre outras. Reconhecemos, dessa forma, a necessidade da construção de obras que ofereçam uma análise da Arte para além do recorte dicotômico: Arte escolar x Arte em contextos diversos da sociedade, a fim de caminharmos em direção à compreensão da Arte como uma prática do sujeito em sua totalidade. Diante disso, este livro surge com a proposta de fornecer reflexões, referências teóricas e práticas que nos permitam olhar para as práticas artísticas no contexto da Educação do Campo. Perguntamo-nos a respeito da possibilidade de realizar análises que incorporem diferentes linguagens artísticas em contextos escolares, de construção coletiva em movimentos sociais e culturais e de essas análises servirem de contextos-chave para analisar as mudanças ocorridas na forma de se compreenderem as práticas artísticas em um panorama que supere essa dicotomia, já instaurada nas referências da área.

Embora as ações de ensino de artes no Brasil sejam datadas a partir da chegada da família real portuguesa, convém ressaltarmos a importância das práticas artísticas vinculadas às tradições dos povos indígenas, compreendendo que estas colaboraram de maneira substancial para a construção das referências culturais do Brasil. Tais práticas, expressas em pinturas corporais, tecelagens, músicas, esculturas e danças, se destacavam, segundo Ribeiro (1983, p. 49), pela junção entre as funções decorativas, ritualísticas e de utilidade. A função decorativa do corpo se revelava em adereços de vestimenta; a função ritualística, em ocasiões como nascimento, morte e cura de doenças, e a função de utilidade, na construção de objetos artísticos a serem utilizados no cotidiano. Tais funções são um convite para entendermos também as práticas desenvolvidas pelos sujeitos do Campo. Perguntamo-nos se a escola e as práticas de ensino contemporâneas conseguem abarcar todas essas funções atribuídas à arte e exemplificadas a partir das práticas da arte indígena ou se didatizam essas experiências em um aprendizado descontextualizado. Esperamos, com os artigos que se seguem neste livro, nos aproximarmos de questões para compreender tais possibilidades.

Outro marco para a análise do ensino de arte, ocorrido antes da presença da Corte Portuguesa no Brasil, se deu em 1549, com a chegada das missões dos padres da Companhia de Jesus. Tais missões, instaladas com o objetivo da catequização, implementaram ações teatrais, musicais e literárias como mecanismo metodológico para o ensino do evangelho no Brasil. Até a expulsão da Companhia de Jesus pelo Marquês de Pombal, na segunda metade do século XVIII, tais práticas se constituíram em uma tentativa sutil de anulação da cultura indígena a partir da catequização. O uso da Arte como recurso metodológico para o ensino de outros conteúdos, assim como no caso do Evangelho para a Companhia de Jesus, ainda é um desafio a ser superado no entendimento das práticas artísticas na educação. Perguntamo-nos quais as possibilidades de reconhecimento da Arte como forma de conhecimento existente no ensino da atualidade. Os capítulos deste livro apontam um primeiro passo para tal questão, no reconhecimento da diversidade de linguagens artísticas presentes, trazendo Teatro, Dança, Música, Literatura e Artes Visuais como formas de construção de um conhecimento, em diálogo com as referências culturais dos sujeitos do Campo. Como estabelecer esse diálogo é a pergunta que nos move para a leitura dos capítulos que se seguem, que buscam em sua gênese apresentar a presença das diversas linguagens artísticas nas práticas educativas do campo.

Com a chegada da família real ao Brasil, o ensino de Arte passou por um processo de institucionalização em nível superior, a partir da criação da Academia Imperial de Belas Artes[1] por D. João VI. Desde sua implantação, organizada por membros da Academia de Belas Artes do Instituto da França, percebe-se grande apelo às referências artísticas pertencentes à Arte erudita francesa, o que, de certa forma, fomentou um choque estético com a Arte de estilo rococó-barroco, presente nas igrejas e nas produções de artistas populares brasileiros. Para Barbosa (1978), a Academia Imperial marcou a existência de uma dicotomia existente entre a produção artística brasileira de origem popular e a produção

---

[1] A Escola Real de Ciências, Artes e Ofícios, instituição assim designada pelo Decreto de 12 de agosto de 1816, teve seu nome mudado para Academia Real de Desenho, Pintura, Escultura e Arquitetura Civil pelo Decreto de 12 de outubro de 1820. A designação foi novamente modificada para Academia de Artes um mês depois, pelo Decreto de 23 de novembro de 1820, e para Academia Imperial de Belas Artes em 1826, para finalmente, depois da Proclamação da República, chamar-se Escola Nacional de Belas Artes (BARBOSA, 1978, p. 17).

erudita dos artistas franceses que residiam no Brasil. Tal dicotomia contribuiu para que houvesse um afastamento significativo da população nos processos formativos ali desenvolvidos, gerando pouca repercussão no processo de integração das práticas artísticas desenvolvidas pela academia com os artesãos e alunos oriundos das classes populares.

O afastamento entre a produção popular e a erudita perdurou por séculos no ensino de Arte do Brasil, sendo visto, ainda nos dias de hoje, como uma das questões a serem superadas nas práticas de ensino de Arte, especialmente aquelas desenvolvidas nas escolas do campo, onde a marca da cultura popular na identidade dos sujeitos se faz presente com maior intensidade. Tal tensionamento nos convida a pensar na possibilidade de desenvolver um ensino nas escolas do Campo, que ocorra na perspectiva do diálogo entre a Arte construída pelo povo e que revele a marca da identidade cultural e as referências eruditas presentes em outras culturas que fazem parte de um saber cultural e social ao qual o sujeito do campo tem direito a ter acesso. Questionamo-nos a respeito do cumprimento do papel da escola como um lugar de acesso aos diversos códigos culturais que permitam ao sujeito conhecer a sua cultura e também as outras culturas. Queremos entender como essas práticas têm se efetivado e, principalmente, como a Educação do Campo tem proporcionado esse movimento de diálogo.

A busca por apresentar esse percurso histórico, dialogando com os tensionamentos ainda presentes no ensino de Arte, é uma forma de trazer o cerne das problematizações existentes, ainda hoje, nas práticas artísticas do Brasil. Notamos que, durante esse percurso, a formação para o ensino de Arte foi vista como erudição, formação de mão de obra ou recurso didatizado, atribuições que não dialogam diretamente com o elemento da arte como forma de conhecimento crítico. Esse panorama começou a ser modificado a partir da implantação da Lei de Diretrizes e Bases (LDB) 5.692/71 (BRASIL, 1971), que possibilitou também que a educação artística passasse a ser considerada como "atividade", nas primeiras séries do 1º grau, como "área de estudo", nas últimas séries do 1º grau, e como "disciplina" no 2º grau.

A atribuição do *status* de disciplina à Arte na LDB de 71 também trouxe como consequência a sinalização das áreas a serem trabalhadas na disciplina de Educação Artística, que articulavam interesses nas áreas de Artes Plásticas, Música, Desenho e Artes Cênicas. Tal processo de reconhecimento da Arte foi fortalecido, 25 anos depois, com a promulgação da Lei de Diretrizes e Bases nº 9.394/96 (Brasil, 1996). Nela foi estabelecido que "O ensino da arte constituirá componente curricular obrigatório, nos diversos níveis da educação básica, de forma a promover o desenvolvimento cultural dos alunos" (art. 26, parágrafo

2). A obrigatoriedade da presença de artes no currículo das escolas impulsionou avanços, dessa vez, no que se refere às propostas didáticas, metodológicas e conceituais do ensino de Arte, publicadas nos Parâmetros Curriculares Nacionais (PCNs) Arte (v. 6), em 1997, em que se percebia uma atenção especial aos objetivos, conceitos e elementos da diversidade cultural a serem abordados nas aulas de Arte (BRASIL, 1997).

Os PCNs (1997) reconhecem ainda as linguagens artísticas Artes Visuais, Dança, Música e Teatro como possibilidades de desenvolvimento de Práticas Artísticas que promovam a construção de conhecimento, a produção, a fruição e a reflexão sobre a Arte. Embora esses documentos oficiais sinalizem mudanças, percebemos que os tensionamentos devido aos diversos sentidos atribuídos à arte e seu ensino ainda perpassam as práticas escolares. Para Carvalho (2011), após quase 20 anos, ainda existem dicotomias relacionadas aos sentidos antagônicos atribuídos à arte na escola, vistos nos PCNs e na LDB de 1996 como área de conhecimento, mas, na prática de algumas escolas, como entretenimento, decoração ou metodologia para outras disciplinas tidas como importantes no currículo escolar.

As mudanças ocorridas na Arte e seu ensino só refletem a necessidade de reflexão a respeito do papel das Práticas Artísticas na escola e a importância de formarmos professores que estejam conscientes desse papel. Tais modificações na legislação do ensino de Arte refletem o panorama de construção desta como área de conhecimento na escola e na sociedade.

Esperamos que os capítulos apresentados neste livro possam oferecer caminhos analíticos para pensarmos nas práticas artísticas como forma de conhecimento dialético nas escolas do campo.

Práticas artísticas e Educação do Campo

Ao tratarmos das Práticas Artísticas produzidas pelos sujeitos do Campo, o caráter político é o elemento que se destaca com maior ênfase, pois simboliza o enraizamento do processo histórico de lutas pela terra como direito na produção da vida no Campo. Esse elemento nos coloca diante do fato de que as Práticas Artísticas e culturais dos sujeitos do Campo não são neutras; pelo contrário, são carregadas de consciência crítica da necessidade de transformação da sociedade.

A articulação da produção cultural às pautas de transformação do Campo traz consigo a característica da dinamicidade para as Práticas Artísticas do Campo, uma vez que, mesmo que estas sejam produzidas e mantidas em contextos de tradição, as ações estéticas permitem a existência de diálogo com o contexto das reflexões produzidas pelos sujeitos. Para Martins (1989), as práticas culturais do Campo são dinâmicas e mantêm em sua essência os elementos da educação e da resistência como forma de reconstrução da identidade dos povos do Campo. Percebemos, dessa forma, que a dinamicidade dessas práticas possibilita o processo de reconstrução de identidade, exercício constante de reflexão sobre as transformações na cultura tradicional e como ponto de partida para o processo de invenção cultural.

Essa análise das práticas culturais dos sujeitos do Campo é uma tentativa de superação da cultura popular camponesa como uma cultura atrasada ou solidificada em valores e padrões que não permitem alterações em seu cerne. Martins (1989) nos propõe a compreensão da cultura dos sujeitos do Campo a partir de uma visão de cultura popular progressista, rica de duplicidades e gestos, que nos possibilita a compreensão do "sentido da fala nova, do gesto novo, da canção nova, das formas modificadas de sociabilidade" (MARTINS, 1989, p. 18). Essas formas modificadas de sociabilidade podem oferecer pistas para compreender a relação de transformação das práticas artísticas dos povos do Campo e a dinamicidade no processo de articulação com as relações de luta pela terra, pelas condições de trabalho, entre outras mudanças no campo brasileiro.

Ao pensarmos na dinamicidade e transformação das Práticas Artísticas e sua incorporação nas lutas dos sujeitos do Campo, também devemos remeter nossa análise para as práticas construídas dentro dos movimentos sociais, a exemplo da mística,[2] entendida como manifestação política, cultural, artística e histórica. As místicas reúnem a poesia, a música, o teatro, a dança e elementos artísticos visuais que se destacam, pelo diálogo direto com a identidade da cultura camponesa. Para Pizzeta (2002) e Bogo (2002), a mística promove a reflexão a respeito das lutas sociais dos sujeitos que dela participam.

A contextualização da mística como uma possibilidade educativa dos Movimentos Sociais do Campo é um convite a pensarmos no quanto essa prática simboliza também o processo de luta pela Educação do Campo. A mística esteve presente nos eventos que marcaram o histórico de luta pela Educação do Campo como: I Encontro Nacional de Educadores da Reforma Agrária (ENERA), realizado em 1997, e na I Conferência Nacional por uma educação básica do campo, realizada em 1998. As palavras de ordem contidas nessas místicas traziam elementos como "Educação do Campo é direito e não Esmola",

---

[2] Compreendemos como mística manifestações engajadas de natureza artística tais como: poesia, teatro, dança, música, desenvolvidas pelos movimentos sociais, com a intenção de simbolizar, refletir e problematizar as intenções das lutas. Mais do que uma apresentação artística, esta prática é construída coletivamente e compreendida como elemento fundamental para formação, engajamento e empoderamento dos sujeitos.

"Educação do Campo: Direito Nosso, Dever do Estado", e fomentaram o processo de constituição de políticas públicas de formação de professores do campo e de criação de cursos de formação em níveis de Educação de Jovens e Adultos, técnico e superior.

Nesse sentido, as Práticas Artísticas presentes nas místicas servem como forma de materialização dos conteúdos ideológicos, políticos e de luta dos povos do Campo. Para Bogo (2002), a mística se constitui como uma Prática Artística e cultural dos povos e movimentos sociais do Campo e a sua metodologia nos ajuda a manter o vigor das lutas do movimento. Nesse sentido, Bogo (2002) propõe que a Arte na mística deve ir além das fileiras encadeadas, uma vez que pode constituir-se como uma expressão coletiva.

É no movimento de análise da mística como cerne simbólico das práticas Artísticas do Campo que construímos este livro, no intuito de incorporar a dinamicidade, a identidade e a crítica em nossas reflexões. Destacamos a necessidade primordial de incorporação dos valores culturais, históricos e políticos nas práticas pedagógicas construídas nas escolas do campo. Para Benjamin e Caldart (2000, p. 31), a escola do Campo deve considerar, em suas propostas de ensino, as características artísticas e culturais dos povos do Campo, atuando, assim, em uma dimensão de reafirmação de sua identidade. A escola, no contexto do Campo, e, mais especificamente, em uma dinâmica de luta social e organização coletiva pela terra, deve ser vista como exercício da reafirmação desses povos e de suas práticas, tendo como base uma pedagogia que reafirme seus símbolos e suas formas de Arte, através da luta social, da organização coletiva, do trabalho, da história e da formação em alternância, que permite a reorganização do processo de ensino e aprendizagem, a partir dos tempos e dos espaços escolares. Essa alternância traria uma articulação dos sujeitos alunos com o saber em suas comunidades de origem, visando promover um diálogo entre teoria e prática e quebrando a dicotomia entre conhecimento e trabalho.

As Práticas Artísticas construídas e fruídas nas escolas do Campo devem também possibilitar o acesso a outras formas de cultura, além daquelas construídas no contexto do campo. Arroyo e Fernandes (1999) destacam a necessidade de estas estarem contextualizadas com a identidade dos sujeitos do Campo, em diálogo com as manifestações de outros contextos. Segundo os autores, o acesso às diferentes manifestações culturais configura-se como um direito dos povos do campo, sendo "um direito à cultura produzida socialmente" (ARROYO; FERNANDES, 1999, p. 17).

Para lançarmos um olhar para as Práticas Artísticas na Educação do Campo, devemos também nos ater aos elementos fundantes pertencentes aos processos formativos dos professores que atuam nessas escolas. Villas Bôas (2011), ao descrever as práticas artísticas desenvolvidas na formação de educadores do campo na Universidade de Brasília (UnB), defende que a formação deve ser "voltada para o protagonismo dos educandos em seus espaços de atuação, sejam eles a escola ou a comunidade", uma vez que tais elementos "habilitam os educandos para uma compreensão teórica, histórica, e para a intervenção no debate das questões e contradições" (Villas Bôas, 2011, p. 317). Essa ideia nos provoca a considerar a necessidade de um repensar a respeito das práticas artísticas em uma dimensão que articule a estética como uma formação cultural e, também, como política dos sujeitos, intencionalidade verificada em diversos capítulos deste livro.

Organização da obra

Este livro tem como objetivo discutir as diferentes práticas artísticas desenvolvidas no campo, no Brasil, em sua heterogeneidade, tendo como perspectiva as manifestações artísticas presentes no contexto da Educação do Campo. Partimos do uso do termo "práticas artísticas", por considerarmos a importância de se abordar *a arte a partir da sua relação com os sujeitos*. Assim, para além da análise da arte em uma dimensão estética esvaziada do significado social, interessa compreender as *formas de produção, concepção, formação e reflexão artística construídas pelos sujeitos do campo em processos educativos*. Para representar essa heterogeneidade, foram convidados pesquisadores de várias regiões do país, de diversas universidades, literalmente do Rio Grande do Norte ao Rio Grande do Sul, todos com alguma experiência e articulação com a Educação do Campo.

Para escrever os paratextos deste livro, foram convidadas personalidades especiais, que tiveram uma atuação inaugural e marcante, tanto na Educação do Campo quanto nas práticas artísticas ao campo relacionadas. Para a orelha do livro, foi convidada a professora Maria Isabel Antunes-Rocha, doutora em Educação, com pós-doutorado na Universidade Estadual de São Paulo (UNESP) de Presidente Prudente, professora da Faculdade de Educação da Universidade Federal de Minas Gerais (UFMG), que fundou, em articulação do Núcleo de Estudos e Pesquisas em Educação do Campo (NEPCampo/FaE/UFMG) com movimentos sociais e outras instituições voltadas para questões agrárias, o primeiro curso superior no Brasil da área de Pedagogia da Terra/Educação do Campo, referência para outras universidades.

O Prefácio de um livro como este, sobre práticas artísticas e Educação do Campo, só poderia ser escrito por quem construiu, com alunos, professores e comunidades, um novo olhar sobre as artes do e no campo: professora Amarilis

Coelho Coragem, doutora em Educação (UFMG), mestre em Psicologia/PUC-SP, graduada em Belas Artes pela UFMG, que vem acompanhando estudos e experiências voltadas para o ensino da arte na escola básica, na Formação Intercultural para Educadores Indígenas (FIEI) e no LECampo, na FaE/UFMG. Esse novo olhar pressupõe a docência como ato de criação, considerando a necessidade de diálogo com a cultura do aluno, em processos de descoberta permanente, para aprofundamento nas dimensões éticas e estéticas.

Está, pois, este livro organizado da seguinte maneira: após o primeiro capítulo problematizador, três partes e um capítulo final. No Capítulo 1, são apresentados temas, problemas, questões e proposições relativas às práticas artísticas no território campesino, focalizando três eixos: Arte do e no campo, Linguagens, Tecnologias. O último capítulo remete as temáticas abordadas a perspectivas futuras e novas possibilidades educativas relacionadas à Educação do Campo.

No Capítulo 1, "Problematização – Quando a Educação do Campo interroga as práticas artísticas: tecendo reflexões", toma a palavra quem está trabalhando, literalmente, com a Educação do Campo, na FaE (UFMG): não somente a pesquisadora Cristiene Carvalho, doutoranda em Educação, licenciada em Artes Cênicas pela Universidade Federal de Ouro Preto, coordenadora pedagógica do curso de Extensão Escola da Terra Minas Gerais, monitora de Aprendizagem do curso de Licenciatura em Educação do Campo da FaE/UFMG, como também a Professora Associada da FaE/UFMG, Maria Isabel Antunes-Rocha, coordenadora-fundadora do LECampo/FaE/UFMG, coordenadora do Núcleo de Estudos e Pesquisas em Educação do Campo (NEPCampo/FaE/UFMG), atuante nesta área, junto a profissionais da área, nacional e internacionalmente. Além disso, a Professora Associada aposentada da FaE/UFMG, Aracy Alves Martins, doutora em Educação, atuante no LECampo sobretudo na área da Línguas, Artes e Literatura (LAL), cocoordenadora, juntamente com a professora Isabel Antunes-Rocha, tanto da seção Educação do Campo da *Revista Presença Pedagógica* quanto desta Coleção Caminhos da Educação do Campo, junto à Autêntica Editora, completa a autoria deste primeiro capítulo, que, com espírito questionador, constitui-se em um convite a *pensar* nas relações construídas entre os sujeitos sociais a partir da arte, abordando questões relativas a práticas artísticas e educação e também a práticas artísticas e Educação do Campo, apontando a necessidade de um *re*pensar a respeito das práticas artísticas em uma dimensão que articule a estética como uma formação cultural e, também, política dos sujeitos. Em seguida, a Problematização se encarrega de anunciar de que modo cada um dos autores convidados ou o conjunto de autores mostra para os leitores sua experiência nas mais variadas práticas artísticas relacionadas à Educação do Campo, em diversas regiões do Brasil.

Na Primeira Parte, "Arte do e no campo", buscam-se discutir as diversas manifestações artísticas produzidas no campo e pertencentes à identidade dos sujeitos do campo. Para isso partimos de um ritual simbólico que costuma *inaugurar* os eventos ligados ao Movimento dos Trabalhadores Rurais Sem Terra (MST): a Mística – e que, por isso mesmo, inaugura este livro, após a problematização.

O Capítulo 2, "Mística – A arte e a mística na educação camponesa", tecido por Ademar Bogo, escritor, agricultor, professor de Filosofia, poeta e autor do hino do MST, abordando as práticas populares pertencentes aos povos do campo, sob a dimensão dos movimentos sociais que analisam a dimensão engajada e educativa dessas práticas que foram fundamentais para os movimentos de luta dos povos do campo. Referência para a constituição dos conceitos, práticas e reflexões sobre a mística para os sujeitos do campo, Ademar Bogo neste capítulo nos convida a pensar na epistemologia da mística e sua relação com a luta pelo Projeto de Reforma Agrária.

Para o Capítulo 3, "Práticas artísticas nas escolas do campo – A arte e a cultura na formação e no cotidiano escolar dos povos do campo", foi especialmente convidada, pela informação sobre seu trabalho a respeito dessa temática no Cariri, Ceará, a professora Eloisa Rodrigues Pássaro, educadora e coordenadora pedagógica do curso de Licenciatura em Educação do Campo da Universidade Regional do Cariri e coordenadora pedagógica do Programa de Formação de Educadores (ProJovem – Campo Saberes da Terra, Universidade Regional do Cariri [URCA]), que, por sua vez, indicou dois outros parceiros com quem trabalha: Tatiane de Araújo Figueirêdo, também professora da URCA, e Erasmo Gonçalo Dias, educando do curso de Licenciatura em Educação do Campo da URCA, que trabalha na educação básica, no ensino fundamental I e II, bem como na formação de professores nas escolas do campo do município de Caririaçu (Ceará). Com essa múltipla parceria, o texto enriquece sobremaneira o conjunto do livro, na medida em que apresenta conceitos e ações básicas relacionadas aos povos do campo e suas lutas, buscando explicitar de que modo, no Ceará, a Licenciatura em Educação do Campo (LEDOC) foi construída a partir do diálogo com os movimentos sociais, voltada para a formação de educadores que atuarão nas escolas de educação básica do campo: nos anos finais do ensino fundamental, no ensino médio e na gestão de processos educativos escolares e não escolares. Acrescenta-se o mais importante: além de formar para a docência, a LEDOC/URCA tem como centralidade o estabelecimento de outra relação do sujeito com a terra: o reconhecimento das realidades do campo e compromissos dos sujeitos na transformação social, além de enxergar a necessidade de construir metodologias didáticas a partir da cultura dos povos do campo. O texto apresenta as experiências vivenciadas no Estágio Supervisionado III, que trazia o debate a respeito da cultura como eixo da formação docente, apontando caminhos em que a arte e a cultura pudessem ser experienciadas, deleitadas, criadas e reproduzidas por seu povo.

No Capítulo 4, "Artes manuais", é apresentado um texto que reflete sobre as práticas artísticas manuais a partir do trabalho Arpilleras, que busca referências nas *arpilleras* da resistência chilena. O texto aborda a presença dos elementos de identidade e resistência presentes nos processos formativos de professores do campo. Sob o título "O tecido das narrativas da/na Educação do Campo em Minas Gerais: bordando os territórios no e a partir do LECampo/FaE/UFMG", tecem suas experiências três profissionais: a primeira, Álida Angélica Alves Leal, doutoranda no Programa de Pós-Graduação da FaE/UFMG na linha de pesquisa Educação, Cultura, Movimentos Sociais e Ações Coletivas, Professora Assistente da FaE/UFMG, tendo atuado no ensino básico em Escolas Públicas Municipais e no Centro Pedagógico da UFMG; a segunda, Adriana Angélica Ferreira, atualmente professora do Centro Pedagógico da UFMG, doutora em Geografia, professora da disciplina denominada O Bordado e a Troca de Experiências Narrativas; a terceira, Maria de Fátima Almeida Martins, doutora em Geografia Humana, Professora Adjunta da Faculdade de Educação da Universidade Federal de Minas Gerais (FaE/UFMG), coordenadora do Programa de Livro Didático do Campo (PNLD-Campo) nos anos 2013 e 2016, uma das coordenadoras do curso de Licenciatura em Educação do Campo da UFMG;

No Capítulo 5, "Festival de Cultura – Educação do Campo e cultura: possíveis influências do mundo camponês no Festival de Folclore de Jordânia", André Sales Lacerda, licenciado em Educação do Campo – Línguas, Artes e Literatura/FaE/UFMG, diretor de Políticas Agrícolas e Reforma Agrária na Escola Estadual de Jordânia, traz o registro de experiências que enfatizam a presença do festival de cultura como elemento de tradição ressignificado no espaço escolar. Como professor da educação básica e ex-aluno da instituição promotora do Festival de Folclore, André apresenta uma análise com um olhar sobre a formação para a cultura popular proporcionada pelo festival e sua relação com a Educação do Campo.

No Capítulo 6, "Contação de Histórias – Contando histórias, tecendo saberes", de Veridiana Franca Vieira, também licenciada em Línguas, Artes e Literatura/FaE/UFMG, técnica em Agroecologia, cursando especialização em Direito Agrário, discute a oralidade das práticas artísticas do campo como elemento que se faz presente no relato de experiências de contação de histórias, propondo um olhar para a questão da identidade em diversas gerações no contexto de um assentamento da Reforma Agrária localizado no estado de São Paulo.

Esta primeira parte deixa com os leitores a pergunta: *quais os significados das práticas artísticas populares construídas pelos povos do campo?*

A Segunda Parte, "Linguagens artísticas", aborda as diversas linguagens artísticas: literatura, artes visuais, música, dança e teatro, presentes nos ambientes de formação e educação dos povos do campo. Nesse sentido, terá como eixo a análise da diversidade dessas linguagens nos espaços de formação de professores, de atuação na docência e de construção de identidades em luta: movimentos sociais/sindicais, luta por escola, cultura, arte, sexualidade, entre outros.

No Capítulo 7, "Literatura – Memórias reinventadas: autoria literária na formação de professores do campo", professores da área da Linguagem analisam a experiência de produzir com os alunos do LECampo "crônicas autobiográficas", confeccionando livros artesanais, fruto de reflexões históricas, poéticas e literárias sobre os eventos de letramento e os sujeitos significativos na trajetória de formação de leitores de cada turma. Partilham com a professora Maria Zélia Versiani Machado, doutora em Educação, com pós-doutorado sobre a leitura literária em contextos do campo, pesquisadora do Grupo de Pesquisas do Letramento Literário (GPELL) do Centro de Alfabetização, Leitura e Escrita (CEALE) dois outros professores também do GPELL/CEALE, da Faculdade de Educação (UFMG): o professor Josiley Francisco de Souza, doutor em Literatura Comparada, contador de histórias, com experiência especialmente em temas ligados à oralidade, Literatura e Língua Portuguesa, bem como o professor Guilherme Trielli Ribeiro, doutor em Estudos Portugueses e Brasileiros pela Brown University, com experiência em Letras e Artes Comparadas.

Quanto ao Capítulo 8, "Artes visuais – Artes visuais na formação de professores do campo", Denise Perdigão Pereira, doutora pela Universidade de Porto em Educação Artística, chefe do departamento de Formação Pedagógica na Escola de Música (UEMG), professora da educação básica no Colégio Santo Agostinho, com uma experiência no LECampo como formadora regional no Projeto Escola da Terra, na área de LAL, em 2015, buscou, em primeiro lugar, refletir sobre a sua experiência na área de formação continuada de professores do campo e, em segundo lugar, enfatizar, através de uma rica entrevista, a experiência fundante da professora Amarilis Coelho Coragem, que valorizou as expressões artísticas dos alunos e das suas comunidades, desde o Projeto Pedagogia da Terra, início da Licenciatura em Educação do Campo, fazendo-os entrever a polifonia entre as manifestações artísticas, apontando para a poesia.

No Capítulo 9, "Música – Música e Educação do Campo: o relato de um caminhante", conforme anuncia o título, Pedro Munhoz, denominando-se autodidata, "recolhedor de sabenças, aprendendo e repartindo o que aprendeu" – músico, letrista, poeta, compositor, com oito discos gravados, pesquisador, educador popular, radialista, produtor artístico, fonográfico, produtor de jingles, Embaixador Cultural no Uruguai, na Colômbia e em Cuba – faz dialogar sua história com a história dos movimentos sociais no Brasil, através das letras de músicas voltadas para a cultura do campo, "fazendo resistência ao mundo do consumo, também imposto ao campo das artes e, em especial, à canção popular", estabelecendo, inclusive, uma distinção entre poema e letra musical, mas fazendo questão de trabalhar a poesia, o poeta e o poema. Quanto às oficinas que oferece, abordando aspectos históricos, teóricos e práticos, o autor exemplifica com interessantes letras musicais, como: "Sabedoria Popular", "Hino do Movimento dos Pequenos Agricultores (MPA), uma construção coletiva, "Nordestinizei-me", "Somos Filhos da Mãe Terra", entre outras.

No Capítulo 10, "Dança – Entre danças e culturas: possibilidades na rede de ensino", de autoria de Carlos Júnior Tobias, ator, bailarino, licenciado em Artes Cênicas pela Universidade Federal de Ouro Preto e também pesquisador de práticas e danças folclóricas de diversas regiões brasileiras, a cultura popular é abordada como possibilidade de descoberta a respeito da identidade dos sujeitos com suas histórias. Esse texto mescla uma reflexão sobre a dança folclórica como forma de resistência dos sujeitos, trazendo, como forma de fortalecer essa resistência, a possibilidade de se promoverem práticas educativas em arte que considerem as danças folclóricas enquanto formas de superação das resistências. O diálogo entre o artista e o educador revela a existência de uma ponte entre o ensino formal e regular em escolas públicas e os trabalhos de pesquisa e produção artística desenvolvidos por ele como artista.

O Capítulo 11, "Teatro – Diálogo de saberes: a linguagem teatral e a formação estética e poética dos povos do campo", de autoria das pesquisadoras Cássia Ferreira Miranda, professora da Universidade Federal do Tocantins, e Tereza Mara Franzoni, professora do Departamento de Artes Cênicas e do Programa de Pós-Graduação em Teatro da Universidade do Estado de Santa Catarina (UDESC), respectivamente com formação acadêmica, em nível de doutorado na área de Teatro e de Antropologia Social, com experiência na área das artes em vários coletivos sociais, coloca o teatro entre as demais manifestações artísticas, não somente como arte de elite, mas como uma forma de expressão coletiva, festiva e combativa, celebrativa e denunciatória, tradicional e transformadora, uma arte feita pelo povo e para o povo. Assim, o texto traz um estudo histórico sobre o teatro épico, político, camponês, de rua, de resistência, tendo como exemplos o

Teatro de Patativa do Assaré, o Teatro do Oprimido, dando pistas a respeito das práticas de teatro popular como processos formativos dos sujeitos do campo.

Em diálogo com os leitores, esta Segunda Parte pergunta: *como as diversas linguagens artísticas estão organizadas nos ambientes de formação e prática docente?*

A Terceira Parte, "Tecnologias", compreendendo as práticas artísticas como uma forma de se analisar a arte a partir de uma perspectiva dinâmica com os sujeitos e a sociedade, busca apresentar as práticas artísticas construídas pelos sujeitos em diálogo com as diversas tecnologias presentes no campo. Essa parte aborda a tecnologia em diálogo com a arte a partir das temáticas: fotografia, rádio, cinema e artes digitais, buscando ampliar a compreensão da diversidade de produção artística no campo.

O Capítulo 12, "Fotografia – Registros do belo no Vale do Jequitinhonha: inspiração para a educação do campo pelo olhar fotográfico", de Decanor Nunes dos Santos e Maria Aparecida Afonso Oliveira, educadores populares, atuantes no semiárido mineiro, consideram imagens fotográficas como meio de valorização de um contexto social, cultural e ambiental e que pode contribuir na construção da cidadania e afirmação da necessidade de se trabalhar, também, o contexto político nos espaços educativos. O texto é fruto de uma pesquisa sobre o papel da fotografia, levantando reflexões sobre imagens que se contrapõem às que se encontram na mídia. Após um histórico da fotografia, o texto se encaminha para a ideia de inspirações para a Educação do Campo a partir do olhar fotográfico, apresentando imagens extremamente significativas relacionadas ao Vale do Jequitinhonha.

Para o Capítulo 13, "Rádio – Arte e cultura popular no Movimento de Educação de Base: as escolas radiofônicas no Rio Grande do Norte", foram convidados dois pesquisadores, Aidil Brites Guimarães Fonseca, doutora na área de Letras, Literatura e Cultura, professora da Universidade Estadual da Bahia, e Adriano Charles da Silva Cruz, doutor em Linguagem e Cultura, com especialização em Jornalismo Econômico, professor do Departamento de Comunicação Social da Universidade Federal do Rio Grande do Norte (UFRN). O texto evidencia a história do Movimento de Educação de Base (MEB) e sua visão acerca da cultura e das manifestações artísticas, indissociáveis do cotidiano dos trabalhadores rurais, e concebidas de maneira integrada, no Rio Grande do Norte nos anos 60, quando se desenvolve um movimento nacional de alfabetização por rádio que buscava utilizar elementos da cultura popular e os saberes tradicionais, apresentando, através da análise de entrevistas, o percurso do movimento, a cultura popular nas ondas do rádio, além de cancioneiros, músicos e poetas no "ar".

O Capítulo 14, "Cinema – 'A cidade não mora mais em mim': O cinema e o olhar na escola do campo", de Thiago Norton, mestre em Educação, graduado em História, professor de História do ensino fundamental em Paraíba do Sul, participante do Projeto Cinema para Aprender e Desaprender (CINEAD/UFRJ), utilizando, no título, um verso da música "Assentamento", de Chico Buarque, problematiza a dicotomia escola urbana/escola do campo, defendendo que o caminho da arte seria o que determinaria o que é uma escola do campo, em que os saberes e tradições dos homens e mulheres do campo impregnem o saber escolar. Subdivide o seu texto entre os subtítulos: A arte de experimentar, criar e aprender; O aluno sujeito; A arte do olhar; Cinema, prazer e escola; A imagem do campo; No espelho, o campo. Ele declara, ao final, que importante potencial pedagógico do cinema na escola do campo é reafirmar o modo de vida do campo, cabendo aos alunos e professores da zona rural perceberem e valorizarem esse cotidiano, representá-lo e não aceitar a ideia de modernidade urbana como a única possível.

Quanto ao Capítulo 15, "Artes digitais – Os desafios da utilização das tecnologias na escola pública do campo", foi escrito pela pesquisadora Daniela Pedra Mattos, mestre em Formação Docente – Ensino, Processos e Práticas Educativas, graduada em Letras, Professora Pesquisadora II na Educação do Campo da Universidade Federal de Pelotas (UFPel), Rio Grande do Sul. Em sua dissertação de mestrado, a autora aborda a complexidade do momento vivenciado na sociedade em constante movimento, a qual passou de um tempo de verdades absolutas para um tempo de incertezas permanentes, tratando de desafios e possibilidades, na unidade pesquisada, uma escola do campo, em que os professores não se sentiam preparados, nem mesmo com os recursos necessários, para o funcionamento de um laboratório multimídia do Programa Nacional de Tecnologia Educacional (ProInfo), fornecido pelo Ministério da Educação do Brasil. Embora outros trabalhos já venham registrando alguma experiência positiva com as tecnologias no campo,[3] a autora, a partir dos seus dados, conclui que a escola pública do campo tem urgência de olhares e ações

---

[3] Certamente, não se tratando de artes digitais, mas de outras tecnologias, Dias (2015), em sua pesquisa de monografia, buscou identificar as tecnologias desenvolvidas e incorporadas pelos agricultores e os impactos no cotidiano do trabalho e os processos de trabalho, além de analisar os impactos econômicos e sociais nas relações de trabalho na vida dos sujeitos. Esses moradores foram os primeiros a ter acesso principalmente à energia elétrica, fato que lhes possibilitou usar técnicas e instrumentos tecnológicos mais eficientes, principalmente o uso de motores elétricos. Com isso, o agricultor consegue distribuir melhor a divisão do trabalho relativo ao cultivo e à produção da goma, além de conseguir controlar razoavelmente bem os horários de trabalhar, descansar e se alimentar.

que possam consolidar espaços de crescimento intelectual conectados à realidade vivida.

Em síntese, nesta Terceira Parte, pergunta-se: *como estão sendo construídas práticas artísticas em diálogo com as tecnologias no campo?*

Para o Posfácio, "Práticas artísticas: experiência, legado e práxis", foi especialmente convidado, em função da maturidade de suas experiências ao longo de sua formação até o presente, o professor Rafael Litvin Villas Bôas, doutor em Literatura Brasileira, mestre em Comunicação Social, graduado em Jornalismo, professor da Licenciatura em Educação do Campo da Faculdade UnB Planaltina e do Programa de Pós-Graduação em Literatura da Universidade de Brasília (UnB), coordenador do grupo de pesquisa Modos de Produção e Antagonismos Sociais, integrante dos grupos de pesquisa Literatura e Modernidade Periférica e Dramaturgia e Crítica Teatral, coordenador do programa de extensão Terra em Cena, de formação de professores de teatro e construção ou fortalecimento de grupos em comunidades rurais e quilombolas, a fim de, com propriedade, resgatar as questões anunciadas na problematização e trabalhos apresentados nos três eixos, buscando responder à pergunta: *qual a contribuição dos estudos apresentados para a discussão de questões e proposições referentes às práticas artísticas na formação e prática dos sujeitos do campo, em diálogo com as possibilidades de limites de construção da vida no campo, perspectiva apresentada no capítulo 1?*

Referências

ARROYO, Miguel G.; FERNANDES, Bernardo M. (Orgs.). *A educação básica e o movimento social do campo*. Brasília: Articulação Nacional Por Uma Educação Básica do Campo, 1999. (Coleção por uma Educação Básica do Campo, v. 2).

BARBOSA, Ana Mae. *Arte educação no Brasil: das origens ao Modernismo*. São Paulo: Perspectiva, 1978.

BENJAMIN, César; CALDART, Roseli Salete. *Projeto popular e escolas do campo*. Brasília: Articulação Nacional Por Uma Educação Básica do Campo, 2000. (Coleção por uma Educação Básica do Campo, v. 3).

BOGO, Ademar. O vigor da mística. *Caderno de Cultura*, n. 2, 2002.

BRASIL, Lei de Diretrizes e Bases – LDB. *Lei nº 9.394, de 20 de dezembro de 1996*. Estabelece as diretrizes e bases da educação nacional. Disponível em: <http://www.planalto.gov.br/ccivil_03/leis/l9394.htm>. Acesso em: 2 maio 2014.

BRASIL, Lei de Diretrizes e Bases – LDB. *Lei nº 5.692, de 11 de agosto de 1971*. Fixa diretrizes e bases para o ensino do 1º e 2º graus e dá outras providências. Disponível em: <http://www.planalto.gov.br/ccivil_03/leis/l5692.htm>. Acesso em: 2 maio 2014.

BRASIL, Secretaria de Educação Fundamental – SEF. *Parâmetros curriculares nacionais: Arte*. v. 6. Brasília: MEC/SEF, 1997.

CALDART, Roseli Salete. Educação do Campo. In: _____. et al. (Org.). *Dicionário da educação do campo*. São Paulo: Escola Politécnica de Saúde Joaquim Venâncio; Expressão Popular, 2012. p. 259-267.

CARVALHO, Cristiene Adriana da Silva. *As representações sociais dos professores de arte e sua relação com a formação e atuação artística e pedagógica*. Outro Preto: UFOP, 2011. Monografia (Especialização em Métodos e Técnicas de Pesquisa em Educação) – Departamento de Educação, Universidade Federal de Ouro Preto, Ouro Preto, 2011.

CARVALHO, Cristiene Adriana da Silva. *Práticas artísticas dos estudantes do curso de Licenciatura em Educação do Campo: um estudo na perspectiva das representações sociais*. Dissertação (Mestrado em Educação) – Faculdade de Educação, Universidade Federal de Minas Gerais, Belo Horizonte, 2015.

CARVALHO, Cristiene Adriana da Silva. Práticas Artísticas e formação docente. *Revista Presença Pedagógica*, v. 20, p. 34-40, 2014.

DIAS, Devanilton Aparecido. *Cultivo da mandioca e produção de goma na agricultura familiar de Monte Alegre – Rio Pardo de Minas – Minas Gerais: técnica e tecnologia em foco*. Monografia (Licenciatura em Educação do Campo) – Faculdade de Educação, Universidade Federal de Minas Gerais, Belo Horizonte, 2015.

MARTINS, José de Souza. *Caminhada no chão da noite*. São Paulo: Hucitec, 1989.

ORTIZ, Renato. *Românticos e folcloristas: cultura popular*. São Paulo: Olho D'Água, 1992.

PIZZETA, Adelar João. Apresentação. In: BOGO, Ademar. O vigor da mística. *Caderno de Cultura*, n. 2, 2002.

RIBEIRO, Darcy. Arte índia. In: ZANINI, Walter (Org.). *História geral da arte no Brasil*. São Paulo: Instituto Walther Moreira Salles, 1983. v. 1.

RIVITTI, Thaís. A erudição do popular. *Revista Raiz Cultura do Brasil*, São Paulo, set. 2006.

SANTOS, José Luiz dos. *O que é cultura*. 6. ed. São Paulo: Brasiliense, 1987.

VILLAS BÔAS, Rafael Litvin. Educação do Campo, questões estruturais brasileiras e formação de professores. In: MOLINA, Mônica Castagna; SÁ, Laís Mourão. (Orgs.). *Licenciaturas em Educação do Campo: registros e reflexões a partir das experiências piloto*. Belo Horizonte: Autêntica, 2011. p. 307-318. (Coleção Caminhos da Educação do Campo, v. 5).

PRIMEIRA PARTE
Arte do e no campo

CAPÍTULO 2 – MÍSTICA
A arte e a mística na educação camponesa

Ademar Bogo

Do ponto de vista histórico, nós nos deparamos com a definição de arte (*ars* no latim), como sendo o talento de saber fazer. Nesse sentido, não apenas na língua de Roma, mas de toda a tradição greco-romana, arte e técnica (*techne*) aparecem como sinônimos, porque ambas se referem aos mesmos procedimentos práticos; daí que, ao ouvirmos a expressão "artesão", mesmo que remotamente, a sonoridade das sílabas nos induz a pensar não apenas no indivíduo que faz artesanatos para a sua sobrevivência, mas que o faz com arte, beleza, ânimo e sentimentos.

Essa associação sinonímica de arte e técnica, pela evolução da divisão social do trabalho, intensificada a partir da Revolução Industrial, principalmente nas cidades da Europa, foi desfeita. Deveu-se essa separação ao momento em que o capitalismo, como modo de produção, estabeleceu novas relações e configurou cada fazer em uma profissão especializada. No entanto, se tomarmos a agricultura como cultura e não como profissão, temos o talento do saber fazer em um território determinado. Nele habitam os *agrestis,* ou seja, aqueles que possuem habilidades apropriadas para fazer a produção no campo, e que cultivam mais do que produtos, isto é, cultivam também hábitos artesanais que vinculam a arte e a técnica em uma constante relação de produção cultural.

Os *agrestis* praticam o *educatio,* que é a ação de criar animais e cultivar as plantas; mas, em geral, praticam a educação (*educe*), que condiz com os atos de trazer para fora, ou fazer sair, tirando de dentro o que há de capacidades individuais. Portanto, a educação exterioriza, *extero* (faz sair), aquilo que foi criado interiormente. No entanto, como a educação também é uma ação de fora para dentro, *intromitto* (que introduz ou faz entrar), com a ajuda do *educator* (o pai), e a *educatrix* (a mãe) têm a função de, no ato educativo, elevarem, esgotarem e fazerem o educando absorver o que já foi inventado e conhecido. Daí que facilmente se compreende que "educar" é a formação de relações coletivas, ou, como disseram Marx e Engels, em *A ideologia alemã*, "a consciência é antes de tudo um produto social" (1986, p. 43).

Esse produto social oriundo do princípio pensante, *animus*, característica própria do ser humano que o diferencia dos demais *animalis* ou seres animados, por serem gestos repetitivos, alimentam-se da persistência que almeja produzir, aos poucos, novos seres humanos. A essa persistência educativa chamamos de mística.

Nesse sentido, a palavra mística é o adjetivo de mistério. Usa-se geralmente a palavra "mistério" para designar coisas inexplicáveis ou coisas indecifráveis, mas, neste caso, da animação da criação, da educação e da organização da luta de classes, não é. Mistério, no ser consciente, não se torna misticismo, mas sim mística, força, energia e vontade criadora. Com ela, as pessoas não acreditam ingenuamente, mas querem saber por que razão as coisas acontecem. Por que o ser humano tem a capacidade de exigir tanto de si em benefício dos outros? Por que as multidões desafiam todas as forças e todos os limites, para que uma causa coletiva seja vitoriosa? Por que nem a tortura, a prisão perpétua, ou a pena de morte fazem o sujeito criador, consciente de sua função no mundo, renunciar aos seus princípios?

Embora, na origem da palavra extraída da língua grega, *Mysterión*, que, por sua vez, vem da palavra *múien*, "quer dizer a busca de entender o que está escondido nas coisas" (BOFF, 2000, p. 144), a mística é a procura de explicações das manifestações do ânimo que está no mistério, e não a aceitação da dúvida.

Ao adotarmos essa referência, da busca de explicação do mistério, entendemos que a mística é a manifestação das atitudes que qualificam a persistência na realização da causa, na qual as pessoas empenham a vida toda com o mesmo vigor. O mistério será sempre esta dimensão de profundidade que têm as opções feitas, que se opõem e se combinam com o compreensível. Por isso, para as consciências revolucionárias, não existe o conceito de "delação premiada".[1] O delator é um fraco e a sua fraqueza vem do convencimento de que fez coisas erradas. Quem faz conscientemente coisas erradas não se move pela mística nem tem mistérios a decifrar; tem segredos e age por interesses egoístas, por isso o delator é, desde sempre, um traidor. Está, em sua natureza, em sua essência, a tendência de trair; basta que lhe apareça uma oportunidade, que ele se corrompe, vende-se, rende-se e entrega todos os segredos e combinações.

---

[1] Delação premiada é uma expressão utilizada nos processos de investigação de crimes cometidos principalmente contra o Estado, quando o réu opta por oferecer todas as informações, bem como indicar os culpados em troca da redução da sua pena.

Vivemos em uma época em que não apenas as tecnologias, como também as ideias e os interesses capitalistas investem no rompimento da arte com os sujeitos artesãos que a reproduzem. O capitalista que personifica o capital no campo procura integrar o território com maior ou menor intensidade, ao ritmo do desenvolvimento industrial, visto no palco das mudanças estruturais como "progresso". "Desenvolver", ao contrário do que dizem, nada mais é do que desfazer o envolvimento histórico do artesão que, com suas técnicas produtivas, nunca deixou de relacionar a terra com a água, a natureza com as sementes e os animais, na harmoniosa reprodução da vida.

Sendo assim, diante da ofensiva desenvolvimentista destrutiva causada pelo desenvolvimento das forças produtivas sobre o cenário interiorano brasileiro, a técnica tem se ocupado em subjugar a arte, fazendo com que, cada vez mais, a máquina ocupe o lugar do "sujeito do artesanato", que, em meio às ruínas acobertadas pela ideologia dominante, se pergunte: se desmanchar, desmatar, descartar, desprezar, destratar, despedaçar, descuidar, desfazer, etc. são verbos que, conjugados no tempo prático do presente do indicativo, produzem resultados negativos, por que é que o verbo "desenvolver", conjugado no mesmo tempo, deveria produzir resultados positivos?

Para além de contestar a separação que a tecnologia provoca no relacionamento entre a arte e o artesão, queremos, neste estudo, demonstrar que a luta camponesa, ao contrário do "desenvolvimento", quer manter o "envolvimento" da biodiversidade com a vida social e mostrar que a superioridade humana diante das espécies é apenas uma postura triunfalista, da ignorância sobre toda a natureza desarmada e pacífica. Todo ato destrutivo praticado contra ela é uma execução sumária e covarde que só não é considerado crime porque os criminosos se escondem atrás do conceito de "progresso". Os artesãos no campo misturam a técnica, a arte e a consciência e, sem negarem a importância da ciência, buscam se desvencilhar das más influências pelo cultivo agroecológico.

A mística, no sentido que tratamos aqui, foge do racionalismo pragmático, como também do misticismo metafísico, que dissocia as substâncias e as categorias que devem dialogar na interação dialética. Ela nos mostra que somente os sujeitos íntegros podem compreendê-la e reproduzi-la. É através da mística que compreendemos o sentido de conjugar o verbo fazer no presente do indicativo, voltado para o futuro, para dizer que, se "eu" me faço, "tu" te fazes e "nós" nos fazemos, não faltará arte nem ânimo para as gerações que surgirão dessas conjugações. Sendo assim, a mística será sempre o calor que mantém o corpo sempre quente. Nos mais sensíveis, aparece como reflexo daquilo que faz e sente e, nos menos sensíveis, como atitudes respeitosas. É no ânimo da mística que "a cada passo revelaremos pedaços da verdade que se escondem por inteiro nas dobras do desconhecido" (Bogo, 2002, p. 23).

A mística, então, é o próprio movimento de fazer o novo, sem se desfazer do que já é produto do mistério do fazer anterior. É a combinação dos esforços que permite fazer dos hábitos e dos valores uma bela herança cultural que identifica as diferentes gerações entre si. A mística, portanto, é refazer o já feito, acrescentando a ele os desejos naquilo que deve vir a ser. Isso quer dizer que os conhecimentos, sejam eles profissionais, políticos ou artísticos, etc., são revividos e ampliados no praticar das ações que visam às transformações pretendidas. A persistência na busca de alternativas para as situações que parecem esgotadas, o ânimo para enfrentar os sacrifícios e a esperança relacionada com a coragem e a indignação aprofundam ainda mais o mistério de não se saber decifrar os fundamentos das manifestações de vontade de fazer e sentir[2] cada ato. "Temos sentimentos que se confundem e se misturam como: paixão, alegria, tristeza, ódio, raiva, etc., que são próprios de cada povo; quiçá de cada indivíduo... é o mistério movendo a matéria e a existência, que se cruzam para edificar novos passos" (Bogo, 2002, p. 28).

Nesse sentido, podemos dizer que a mística é a força do fazer que se entrelaça com as forças do pensar e do querer. Por isso, quanto mais fazemos, mais pretendemos fazer, quanto mais pensamos, mais buscamos pensar e, quanto mais queremos, mais almejamos alcançar. A mística é a arte de fazer o impossível tornar-se possível pelo próprio fazer das novas circunstâncias.

O espetáculo que desconstrói a arte

É desconfortável, nos enfrentamentos com as forças inimigas, ser minoria. Da mesma forma, é penoso o tempo de buscar estando em desvantagem. A única maneira de persistir é contar com a certeza de que, de alguma forma, chegaremos onde pretendemos. Quem luta conta, antes de tudo, consigo mesmo, na interação coletiva para fazer, da oportunidade esperada, o momento da vitória sonhada. Fraquejar é desistir.

A arte de constituir relações no campo cada vez mais se assemelha aos desacertos da cidade. Se no passado, em nome do progresso, a cidade foi assaltada pela industrialização, que se apossou dos melhores lugares do centro em oposição às periferias suburbanas, podemos dizer que, no campo, com a agroindustrialização, conhecemos o assalto e o poder da destrutividade. O campo, habitado durante séculos pelos camponeses, sempre foi visto como o lugar da harmonia e da produção de obras artísticas. O trabalho na agricultura faz nascer

---

[2] Sobre o tema da mística, consultar: partes 7, 8 e 9 do livro de Bogo (2008).

paisagens e produtos que representam obra vivas cultivadas. Essa obra emerge dos grupos que ocupam aquele lugar e praticam uma recíproca sacralização, mas que, ao tornarem-se mercadorias, são profanadas pela cidade, onde funciona o mercado. Por que essas obras são profanadas? "O essencial é o movimento complexo pelo qual a cidade política utiliza o caráter sagrado-maldito do solo a fim de que a cidade econômica (comercial) o profane" (LEFEBVRE, 2001, p. 73). A cidade então profana o campo, quando arrasta para ela o produto, com o valor de uso e exaspera o valor de troca.

Por outro lado, na atualidade, as influências urbanas, com as suas técnicas e produtos, invadem o campo, desfazendo as tradições, e transformam em quantidade aquilo que antes era marcado pela qualidade.

São, então, as relações mercantis estabelecidas pelas exigências da centralidade das relações sociais urbanas que profanam as obras produzidas, na vida periférica da civilização, em excesso, que quer banhar-se de produtos. É nesse sentido que a cidade corrompe e profana o campo e os camponeses, na medida em que "envia", através do mercado, os insumos destrutivos da biodiversidade para, em troca, receber mercadorias que abasteçam, com qualidade artificial, as cozinhas ávidas pela diversidade produzida em tempo cada vez menor.

A atração pela produção do valor de troca é a filosofia que sustenta a argumentação da guerra declarada contra a natureza. Ela visa matar a variedade de espécies, mas também o artista ou o artesão que existe no seio de cada agricultor, para fazer nascer, do mesmo esqueleto, um profissional da produção, circulação e troca de produtos pervertidos pela forma mercadoria. Sendo assim, os alimentos naturais tornam-se artefatos, a preocupação com a nutrição deixa-se dominar pela despreocupação com os riscos de causar doenças, e a convivência pacífica e cordial com a natureza passa a ser uma guerra cotidiana, alimentada pela fábrica de armas que transforma os cultivadores em combatentes treinados para agirem contra a biodiversidade.

A centralidade mercantil industrializada estabeleceu uma divisão urbana própria para a reprodução da maldição destrutiva e discriminatória entre o centro e a periferia. A produção em escala e os grandes negócios precisam de ambientes próprios e centralizados. Daí que as cidades concentram o luxo e a beleza artificial no centro, onde se movem as mercadorias, movimentam-se as finanças, juros e impostos, e permitem a movimentação humana, sob o colorido das luzes, em ruas bem saneadas, praças, escolas, shoppings e cinemas bem organizados. Do outro lado, na mesma cidade, temos os subúrbios, onde a ausência do Estado é exemplar. Ali, o fazer que promove o bem-estar fica sempre para depois, pois, culturalmente, o centro é o lugar para causar boas impressões administrativas. Para as periferias e regiões interioranas, sob a mesma jurisdição institucional, são reservados os piores atendimentos, como, por exemplo, as escolas, para onde são enviadas as cadeiras reformadas ou desgastadas, que já não cabem mais nas salas modernizadas, informatizadas, etc., e que, por esse mau atendimento, os governantes pedem agradecimentos e constrangem os funcionários, obrigando-os a se colocarem a favor das péssimas gestões.

No campo, há também um centro centrífugo, no qual se preparam as forças para participarem do espetáculo civilizatório, sob a influência do poder das mercadorias. Ali, em nome do progresso, os artesãos, e com eles, a sua arte, são violentados pela concorrência capitalista. A produção, cada vez mais tecnificada, atenta contra a forma de produção camponesa e contra o próprio ciclo produtivo, que precisa ser cada vez mais rápido, porque o capital tem pressa.

Gui Debord nos diz que o espetáculo acontece, desde quando a mercado ocupou totalmente a vida social, porque:

> [...] não apenas a relação com a mercadoria é visível, mas não se consegue ver nada além dela: o mundo que se vê é o seu mundo. A produção econômica moderna espalha extensa e intensivamente sua ditadura (DEBORD, 1997, p. 30).

Esse processo doloroso, ditatorial e destrutivo nos faz ver que a civilização capitalista promoveu o encontro de dois tipos de cidadãos: o de carne e osso, que pensa e se liga, pela cultura, com os demais seres sociais, reproduz hábitos, costumes, tradições, etc., e o outro, revelado por Karl Marx, pela forma extensiva do valor, que se forma quando uma coisa produzida adquire um novo *status* e passa a ser "cidadão do mundo" (1996, p. 72). Assim o é por habitar em um mundo com leis próprias, que ordenam as relações de troca e colocam os humanos a seu serviço.

A mercadoria é "cidadão do mundo", acima de tudo, porque a lei do valor é universal e por isso pode-se trocar qualquer coisa em qualquer parte do mundo. Significa que a substância "força de trabalho", contida em cada mercadoria, a acompanha em qualquer lugar em que ela esteja. Sendo assim, no mercado, que é o mundo das mercadorias, desaparece a relação eventual entre os dois donos individuais, evidenciando que não é a troca que regula a magnitude do valor da mercadoria, mas, ao contrário, é a magnitude do valor da mercadoria que regula as relações de troca.

O espetáculo que mata a arte e os artistas com os próprios movimentos não está no ato da encenação da troca, mas nos objetivos que perpassam o processo da produção e antecipam o momento da troca. É nesse processo que, segundo Marx, a produção "produz não somente um objeto para o sujeito, mas também um sujeito para o objeto" (2011, p. 47). Somos, de certa forma, pensados pela mercadoria, ou seja, o comportamento humano, os hábitos e atitudes são cada vez mais adequados ao que as mercadorias "pensam" e querem alcançar, na formação de hábitos de consumo. Assim, aprendemos a falar nomes estranhos, a praticar relações desconhecidas, a obedecer a manuais que acompanham a compra e a adquirir hábitos que nos são ensinados pelo manuseio das mercadorias a serem consumidas.

Podemos considerar, então, que os objetos industrializados, mecanicamente produzidos, gozam de tamanho poder, capaz de exigir que se formem, culturalmente, sujeitos adequados para gerirem o espetáculo do consumo dos objetos, porque o conjunto dos artefatos produzidos forma a base da "indústria cultural". Daí decorre a formação de grupos ou "comunidades" pelo padrão de consumo, que se comportam segundo o poder de exibição do produto que adquirem. Esses indivíduos querem, sonham e desejam a produção em excesso de mercadorias e aceitam, no mercado, colocarem-se a serviço delas. Na medida em que os camponeses são convencidos de que devem produzir determinados produtos, com determinadas técnicas, optam por se tornarem objetos dos objetos que produzem. Daí que se torna evidente o percurso do ataque que a cidade faz contra o campo, pela integração dos espaços com a mesma funcionalidade capitalista.

No campo, a centralidade aparece ainda pela ação do Estado no favorecimento ao agronegócio, em termos de criação de infraestrutura para armazenagem, transporte e comercialização. Para os camponeses não há atendimento adequado. Nesse sentido, a exclusão que há na periferia urbana reproduz-se na agricultura, como edificação do "subúrbio" rural, no sentido do não acesso às mediações de que os capitalistas se apropriam.

Ao considerarmos o fazer produtivo dos "artesãos" como um fazer artístico, compreendemos que é preciso entender as condições que possibilitam o desenvolvimento do princípio gerador desse fazer. É sob esse movimento de intensas contradições que podemos localizar a arte e a mística como fatores dissonantes, apesar de todos os malefícios que a centralidade da produtividade dominante impõe.

A imposição de classe é real, a força civilizatória destrutiva é intensa e tenta arrasar as iniciativas construídas pela teimosia de não se deixar extinguir, contribuindo para que o movimento das contradições continue vivo. Por isso, o espetáculo do mercado precisa ser contestado com a verdadeira produção de obras de arte, que não dependem desse espetáculo para serem reconhecidas.

Arte e mística na luta de classes

No longo processo de desenvolvimento do ser social, o trabalho representa o fundamento constitutivo, tanto do aspecto físico como intelectual e também estético do ser humano. As necessidades materiais levaram a ter que formular ideias e antecipar na mente aquilo que deveria ser feito como arte. As tentativas de possíveis soluções e saídas elevou a qualidade do ser biológico em estado de natureza para a de gênero humano consciente. No entanto, na medida em que a evolução das forças produtivas e as mudanças nas relações sociais de produção ocorreram, entre todas as épocas, o capitalismo representou um rompimento entre a liberdade criadora e a possibilidade de estabelecer finalidades éticas e solidárias entre os seres das diferentes classes.

Se o trabalho representa o elemento criador do gênero humano, foi também através dele que o homem começou a negar a si próprio como um ser social livre. A força de trabalho, ao tornar-se mercadoria, deixou de ser livre, submetida aos horários e ao estranhamento do próprio produto produzido. Conforme Marx, o trabalho externo, o trabalho em que o homem se aliena, é um trabalho de sacrifício de si mesmo, de mortificação, por isso "o fato de se fugir do trabalho como da peste" (1964, p. 162). Se a criatividade é impedida pela alienação do trabalho assalariado, o desenvolvimento da arte fica prejudicado; com isso fere a liberdade e a consciência do ser social. A existência de uma é a condição para a existência da outra, ou o seu contrário.

Seguindo a própria interpretação de Marx (1964), o modo de produzir a vida material condiciona o processo em geral da vida social, política e espiritual. Significa que, se pela industrialização o trabalhador deixou de pensar para encontrar soluções para os seus problemas, pois o produto por ele produzido já vem pensado e destinado a suprir certas necessidades, sua capacidade criativa ficou submetida ao pensamento dominante estabelecido.

Diante dessas situações, deveríamos então declarar a morte da arte? Ou será que no capitalismo é impossível produzir arte, já que o trabalho cumpre o papel de alienar o ser social?

Para responder a essas perguntas, consideramos que se torna necessário fazer a diferenciação entre o trabalho produtivo do ser assalariado com o trabalho do artesão, artista autônomo. O trabalhador, como diz Marx, não vende o trabalho; ele transforma a força de trabalho em mercadoria e a vende para ser paga depois (1996, p. 195). É sobre essa força de trabalho que o capitalista irá realizar a sua objetivação, impondo ao trabalhador assalariado a alienação por tempo determinado.

A alienação industrial que se forma no processo de produção tende a ficar no espaço de trabalho, uma vez que este é determinado mecanicamente, divorciando o produtor de seu produto. No entanto, fora do ambiente de trabalho industrial, o trabalhador tem uma vida social "livre". Nesse espaço, ele pode estabelecer relações que não estejam submetidas à lógica da alienação e o alienado da produção assalariada pode tornar-se um "desalienado" sindical, político, artista e criador de obras de arte, constituindo, assim, o poder de assegurar o seu tempo livre, fora do controle da "indústria cultural", pois, conforme Adorno, "o tempo livre produtivo somente será possível para as pessoas emancipadas [...]" (2002, p. 113).

De acordo com a situação apresentada, estando em parte de seu tempo preso à produção controlada pelo capitalista, não há emancipação completa. O trabalhador poderá criar fora do ambiente de trabalho. Nesse sentido, o conceito de tempo livre, produtivo e criativo aplica-se mais adequadamente ao artesão ou ao camponês, que faz de sua produção uma obra, empenhando os seus talentos. Isso se dá na medida em que o trabalhador antecipa em sua mente o cenário futuro que será produzido. Como se trata de uma obra territorial, começa por selecionar o terreno no qual desenhará, com a sua força de trabalho, a paisagem produtiva. Marca, ao mesmo tempo em que efetua a ação, o lugar onde planta as sementes, as mudas e desenha com os pés o caminho por onde passará diariamente.

Nesse processo, a arte e o trabalho associam-se no mesmo fazer. Por meio do trabalho, o camponês explicita a essência de seu gênero criador. A essência não é apenas a força física, mas também a criatividade e os sentimentos que se objetivam. Se a arte está presente em infinitas dimensões da organização social, inclusive na guerra, como defendeu o general prussiano, Carl von Clausewitz, ao dizer que, todo o ato de pensamento é uma arte, a arte e o saber não estão separados; deve-se considerar que "a arte começa onde o lógico traça um risco, onde cessam as premissas que são um resultado do entendimento para dar lugar ao juízo" (1979, p. 164).

De forma que, se a arte é desenvolvida com objetivos comerciais, tornando as obras de arte mercadorias, ou, se a própria força de trabalho do artista for tomada como objeto de troca, o artista deixa de ter seu próprio "juízo", que o impede de afirmar a lógica do próprio traço para centrar o seu esforço sobre as necessidades e os juízos alheios.

Mesmo que as relações sociais sejam dominadas pelo poder das mercadorias "cheias de sutilizas metafísicas e argúcias teológicas" (MARX, 1996, p. 79), a arte da guerra, na luta de classes, pelo juízo dos artistas que a conduzem, faz escapar das armadilhas e construir, na forma de reações e protestos, relações coletivas e afetivas, em busca de uma sociedade melhor para viver.

Sendo assim, o artesão consciente, como sujeito da história e da arte, tem a intenção moral, ao produzir a obra, seja ela um produto ou uma ação de protesto, para atender aos interesses de sua classe. O artista, segundo Fischer, "produz para uma comunidade" (1987, p. 238). Depreende-se, então, que a arte, quando não atende aos interesses da comunidade, desconecta-se dos princípios transformadores, ou seja, o nível de educação rebaixa-se ao grau da ignorância política, daí que se entende o conceito de Bertold Brecht (2000) do "analfabeto político". Readequando o conceito, desse analfabeto descende também o analfabeto criativo, produtivo, artístico, etc. Superam-se esses analfabetismos quando se educa para a arte, quando se educa para viver em sociedade e a favor dela. O belo artístico somente será reconhecido se houver a educação dos sentidos.

A cultura da classe camponesa, na medida em que cada indivíduo passa a ser membro participante da associação construtiva, reproduz a educação para o belo artístico, no cenário composto pela vivência no ambiente social. Pelo olhar consciente, o sujeito da arte começa a perceber como mudam as paisagens com a sua intervenção e, como se estivesse diante de uma pintura, aprende que, além da expressão física, estão contidos nela os seus sentimentos, a sua criatividade, o seu prazer, porque, no caso da produção camponesa, o pintor é ele mesmo. Daí a importância da educação da classe, para que a consciência coletiva não seja submergida pela ignorância destrutiva. Uma experiência carente de arte tende a projetar poucas imaginações artísticas sobre a realidade. O cansaço criativo aparece na medida em que os habitantes da terra não conseguem sair cotidianamente dos roteiros traçados pelas obrigações comerciais. A burocracia, doença típica das convenções empresariais, bem como as práticas alienadas dos profissionais da política, podem figurar como componentes matadores da criatividade artística e da reprodução da própria vida.

Quando uma obra de arte é analisada por pessoas entendidas em arte, extrai-se dela determinados elementos que as pessoas não iniciadas ou despreparadas em tal área nunca extrairiam; como é o caso das concepções ideológicas ali emitidas ou o ambiente retratado e as contradições não totalmente reveladas. O mesmo ocorre quando o sujeito consciente analisa os fatos históricos e a função social de sua classe.

Nesse sentido, a arte também tem posição de classe e o sujeito da transformação social precisa ser educado para ela. De antemão, o preconceito cultural pode determinar que algo é "feio", não porque choca, mas porque está em oposição aos sentimentos e à compreensão do observador não educado. Ninguém quer ser associado ao feio; mas o que é o feio nas expressões culturais?

O feio, para os movimentos camponeses, pode surgir quando expressam os seus anseios políticos e reivindicatórios e são mal interpretados pela sociedade, devido à forma de luta adotada, como, por exemplo, o fechamento de rodovias impedindo a locomoção dos passageiros. Tal ação, que fere um direito, representa uma obra de arte mal interpretada. O que faz com que se alcance uma correta interpretação e se reverta a ideia do que é tido como "feio" é a educação dos sentidos.

A arte é imprescindível para a vida em geral e para a luta, no sentido que afirmou Vygotsky: "a arte está para a vida como o vinho para a uva" (1999, p. 307). Ele chega a essa conclusão depois de analisar várias interpretações históricas, psicológicas, filosóficas. E acrescenta:

> Devemos reconhecer que a ciência não só contagia com as ideias de um homem toda a sociedade, que a técnica não só prolonga o braço do homem; do mesmo modo, a arte é uma espécie de sentimento social prolongado ou uma técnica de sentimentos (Vygotsky, 1999, p. 308).

A arte, portanto, faz parte do cotidiano, da produção da existência social, assim como a técnica e a ciência. Podemos até viver sem ela, mas, com certeza, a vida será muito mais miserável e cansativa, porque, sem ela, o processo da alienação se naturaliza e não só o indivíduo deixa de criar, como também a coletividade não sente falta da criação. Seria o mesmo que satisfazer-se por décadas com as mesmas descobertas, sem pretender mais benefício algum. A motivação para inovar e qualificar o que fizemos é tarefa da mística.

A exteriorização da mística pela arte

Para relacionarmos a mística com a arte, devemos retornar ao conceito de sujeito da produção de si e da sociedade, pelo trabalho e pelas atividades criativas. Num primeiro esforço, é importante considerar que, quando Aristóteles qualificou o homem como *politikon,* ou animal político, referia-se ao cidadão grego, responsável pela *polis*. É de Aristóteles a explicação de que a *poiésis* se opõe à *praxis, porque os sujeitos executores de uma e de outra também eram opostos.*

Na verdade, a diferença conceitual definia a função de cada indivíduo na sociedade. Enquanto os cidadãos livres, pela *praxis,* interiorizavam a ética, eles exteriorizavam, pelos atos, as decisões políticas, forjando, assim, o comportamento político cotidiano dos cidadãos atenienses. Os escravos, portanto, e não os cidadãos internalizavam a *poiésis* pela disciplina do trabalho e exteriorizavam o conhecimento através das habilidades na produção dos objetos de consumo. Para Aristóteles, a ação que criava um objeto material, mesmo que contivesse conhecimentos, não era *praxis,* mas *poiésis.* A *praxis,* em primeiro lugar, internalizava valores éticos, e exteriorizava não um objeto ou um produto, mas comportamentos sociais condizentes. No entendimento de Leandro Konder, ambos os conceitos possuem conhecimentos:

> Tanto a práxis como a *poiésis* exigiam conhecimentos especiais, adequados à efetivação de cada uma delas; mas esses conhecimentos permaneciam presos aos objetivos de suas respectivas atividades. Para serem úteis, ficavam sendo, de algum modo, conhecimentos limitados. Por isso, Aristóteles foi levado a conceber um

terceiro tipo de atividade, cujo objetivo era exclusivamente a busca da verdade: a *theoria*. Existiam, então, três atividades humanas fundamentais: a práxis, a *poiésis* e a *theoria* (1992, p. 98).

Por outro lado, Aristóteles descreveu a *praxis* como arte administrativa: a arte de administrar a casa e a cidade. Ou seja, de fazer com que as coisas práticas funcionem. Para essa administração, Aristóteles disse que havia duas formas: a primeira seria a de administrar a casa onde cada família vivia. E a segunda, a de administrar a *polis*. A diferença entre as duas era que a arte de administrar uma casa e administrar uma *polis* diferenciavam-se entre si, "não apenas na medida em que a casa e a *polis* também diferem [...] mas ainda no fato de a administração da *polis* envolver muitos governantes e da administração doméstica depender somente de um" (Aristóteles, 2011, p. 5). Havia, portanto, a diferença da quantidade de gente envolvida em cada uma. Para administrar a casa, bastava uma pessoa, mas para administrar a cidade precisava envolver muitas pessoas. Nesse sentido, a arte administrativa ganhava um sentido social e coletivo.

Se a *praxis* estava voltada para dentro de cada indivíduo, o produtor do produto exteriorizado, em forma de atitudes éticas e políticas e também artísticas, ficava com ele enquanto aprendizado; não havia, por isso, alienação. Produziam e ficavam com o produto dos ensinamentos dentro deles mesmos ou exteriorizados por atividades administrativas ou atitudes comportamentais.

Quando Marx (1964), após a Revolução Industrial, denominou o homem de "ser social", superou de uma só vez o ser político de Aristóteles. Isso não quer dizer que ele negou que "o homem" seja um ser político, nem tampouco negou a política, mas defendeu que devemos lutar socialmente para extinguir o poder político. Por isso é que devemos também superar a propriedade privada dos meios de produção e o Estado, se quisermos retificar os comportamentos éticos.

Ao reconhecer que o indivíduo social é um ser social, Marx (1964) incluiu, nesse sentido, o trabalho, a arte, a educação e todas as relações sociais. No capitalismo, o indivíduo somente será cidadão, não apenas se "fizer política e praticar a ética", mas se trabalhar, produzir objetos e conviver socialmente. Um cidadão, para ser um ser social, deverá participar da totalidade da existência social. Neste caso, a *praxis*, no capitalismo, não é mais uma ação reflexiva voltada para dentro do indivíduo apenas, mas também um trabalho poético (*poiésis*) voltado para fora, porque reflexão e ação se interligam. O indivíduo exterioriza, no produto, o que ele pensa sobre as coisas e a ética, e afirma a sua função social. Se o indivíduo não tem o que oferecer para a sociedade, irá sendo descartado, rejeitado pela mesma sociedade em que vive. Então, o trabalho, para Marx, é pura arte; porque, enquanto o animal produz apenas segundo o padrão e a necessidade da espécie a que pertence, "o homem sabe como produzir de acordo com o padrão de cada espécie e sabe como aplicar o padrão apropriado ao objeto; desse modo, o homem constrói também em conformidade com as leis da beleza" (MARX, 1964, p. 165).

As leis da beleza são apreendidas através da educação, pois estão presentes na combinação dos traços, das cores, dos sons. Produzir segundo as leis da beleza é ter noção estética ou ter educado os sentidos para praticar criativa e diferenciadamente dos animais e dos próprios indivíduos com os quais o sujeito da produção convive.

Dessa forma, segundo Netto e Braz (2007), a *praxis* envolve o trabalho, que, na verdade, é o seu modelo – mas inclui muito mais que ele: inclui todas as objetivações humanas que se desdobram em duas formas de manifestações: a primeira refere-se às formas de *praxis* voltadas para o controle e a exploração da natureza, ligadas ao trabalho em que o indivíduo se coloca como sujeito, e a natureza como objeto. Na segunda manifestação das atitudes de comportamento, também reveladas na *praxis* humana, o sujeito se relaciona com o sujeito.

Nessa dupla relação, situamos o fulcro principal daquilo que entendemos ser a relação entre arte, mística e educação na vida cotidiana dos camponeses organizados nas últimas três décadas no Brasil. Mesmo sem conhecerem os preceitos aristotélicos e marxistas, mas por considerarem os princípios éticos, internalizados pela tradição cultural e exteriorizá-los pela prática política coerente, afirmaram criações de fundamental importância para a história.

Quando os trabalhadores sem-terra iniciaram os seus movimentos, buscaram primeiramente internalizar uma solução para o problema da posse da terra. Mas a solução do problema somente poderia ser alcançada se o trabalhador sem-terra investisse não o dinheiro, como faz o capitalista, mas a sua família como patrimônio de risco. Para os que aceitaram, houve a interiorização de uma decisão. O motivo foi compreendido porque o método de ação precisava ser mudado e, ao invés da dispersão praticada pelas lutas anteriores, o acampamento, com a presença em tempo integral, era a solução para inibir a violência latifundiária.

Comparando com a tradição, os gregos, pela *praxis*, internalizavam as leis da *polis*, as combinações das assembleias e as decisões coletivas; os sem-terra internalizaram a compreensão do dever de levar a família para o acampamento e aceitaram colocá-la no movimento. A *praxis* estabelecida na relação entre sujeitos associou a arte e a política no mesmo movimento educador coletivo.

O princípio de investir em uma coletividade com outra coletividade, que é a sua família, provocou, no artista sem-terra, uma grande inversão no valor participativo do processo alienador operário. O camponês em luta é um sujeito que arrisca tudo, não apenas como faz o operário, que arrisca o emprego e o salário. Se der certo, estará bem, mas se der errado, terá que voltar de uma derrota e achar uma solução vitoriosa, pois estará sem nada.

Se der certo, o aspecto da exteriorização se tornará arte política afirmativa, que passará a externar valores pela arte produtiva em vários sentidos. Um movimento de luta que organiza a si próprio organiza as famílias, e também organiza e forma a classe camponesa. Na medida em que uma entidade organiza aquele que está "desclassificado", tornando-o classe, ele entra para a coletividade da classe. E o movimento social, sendo uma organização de indivíduos "desclassificados" que se classificam, passa a formar organicamente a própria classe. Essa classificação tornou a força social camponesa cada vez mais importante. Acima de tudo, o acampamento, que relaciona todas as funções para fazer funcionar aquela comunidade, imita a *polis* grega, tendo a arte administrativa praticada pela coordenação de muitas pessoas: a escola para ensinar os hábitos; a força de segurança para garantir a vida; o atendimento aos doentes para garantir a saúde; o recolhimento do lixo para cuidar do saneamento; o trabalho como expressão da *poiésis* para produzir com arte e beleza; o culto para preservar a religião e o respeito às divindades metafísicas, etc. É, sem dúvida, uma obra de arte coletiva.

Dessa forma, os camponeses, ao tomarem a iniciativa de enfrentar as próprias dificuldades, iniciam um longo processo de transição. Uma transição que mistura a ideia do fortalecimento dos valores, dos princípios e da ética de produzir novos seres sociais, ambientes saudáveis e produtos, primeiramente com valor de uso. O processo transitório visa à construção de um sujeito histórico diferente. Um ser humano novo, que, no entendimento de Ernesto Che Guevara, era o próprio "homem novo", edificado pela educação coletiva e sustentado pela mística de querer sempre o melhor, o mais honesto, o mais digno.

É certo que a função social de reconstruir um ser humano é muito difícil no capitalismo. Há que se desfazê-lo, em muitos aspectos do aprendizado individual e social equivocado, sem perder nenhuma virtude, porque a mudança não é do esqueleto, mas do "enchimento", ou de seu conteúdo humanitário. Não é fácil mudar o caráter, mudar os costumes, mudar os desvios culturais e superar os vícios. Mas, com todas as dificuldades, os movimentos sociais do campo, nas últimas três décadas, reinventaram a história, a ética e a forma de fazer política. Simplificaram as relações, e por isso elas deixaram, em parte, de ser ideias abstratas e encarnaram-se no concreto do cuidado e do respeito cotidiano. Respeitar as pessoas, a natureza; pensar nas pessoas, acreditar nelas; doar aquilo que tem de bom para amenizar a dor alheia. Então, a doação de sangue, de produtos, de trabalho voluntário para fazer limpeza em cidades abandonadas pelo poder público, dar apoio aos desabrigados pelas catástrofes naturais, apoio às lutas de outras categorias, fazer o reflorestamento de áreas devastadas, etc., que, em outros tempos, para os camponeses eram práticas alheias ou de menor importância, passaram a fazer sentido e a cativar as consciências, para integrar a estratégia das mudanças pessoais e sociais.

Se, por um lado, as reconstruções humanas, ambientais e sociais são essencialmente artísticas, elas não se efetivam sem a integração com a técnica, a ética e a política. Por isso, não se separa o fazer histórico da beleza, da estética e da ação. A arte e a técnica sobrevivem e qualificam a reprodução cultural. Mas a cultura também oscila; não é uma construção sem contradições. Avança, no aspecto político, quando alguém investe a sua família e, através da luta pela terra, a salva, construindo a classe; mas, na sequência, voltam as dificuldades e, essas, nos últimos anos, têm ganhado elevada expressão, principalmente no sentido regressivo das consciências. Por um lado, se justificam tais limites, porque, conforme Karl Mannheim, as ideologias são as ideias que transcendem a situação e nunca logram realizar na totalidade o conteúdo projetado. "Embora muitas vezes se tornem motivos bem-intencionados da conduta individual, seus significados são geralmente desvirtuados quando postos em prática" (1956, p. 181). O discurso, algumas vezes, avança mais do que a prática; outras vezes, praticam-se ideias equivocadas, que causam sacrifícios inúteis e provocam retrocessos irrecuperáveis. Mas os ensinamentos ficam como obra coletiva, oferecidos às gerações que vêm depois.

Conclusão

Encontramos, nos textos do filósofo grego Epicuro (341-270), que o prazer é o princípio e o fim da vida feliz. "Com efeito, sabemos que ele é o primeiro bem, o bem inato, e que dele deriva toda a escolha ou recusa e chegamos a ele valorizando todo bem com o critério do efeito que nos produz". Para o filósofo, a ausência de perturbação e de dor são prazeres estáveis. Aristóteles, antes dele, já havia defendido a *eudaimonia*, que quer dizer bem viver, ou alcançar uma vida feliz, como a finalidade principal da existência humana. Mas como vivenciar o prazer e o bem viver sem a dor e, com serenidade de consciência, conviver em liberdade?

Marx era jovem ainda quando chegou à conclusão de que, no capitalismo, o homem (o trabalhador) só se sente livremente ativo nas suas funções animais, comer, beber e procriar, enquanto que, nas funções humanas, se vê reduzido a um animal (1964, p. 162). Há, por esse entendimento, a compreensão de que, nas relações cujas funções sociais são impedidas pela negação de acesso aos direitos, as pessoas se animalizam, ou seja, o bem viver, limitadamente, encontra-se apenas nas funções a que todos os animais têm acesso.

É nesse sentido que a educação, a arte e a mística fazem a diferença. Elas têm de fazer com que o ser social consiga ir além da redução das funções animais, que se resumem em produzir comida, bebida e garantir a procriação. A educação, a arte e a mística transformam a brutalidade em sensibilidade e fazem aflorar a humanidade que existe em cada ser humano. A arte não mata o animal que há no humano; conserva-o, para que continue produzindo o sustento do bem viver e o humaniza para que as suas atitudes sociais sejam regidas pelas leis da beleza, que retiram a brutalidade das consciências em permanente formação. Por essa razão, a mística nos diz que vale a pena investir nas condições que "desanimalizam" o humano, elevando a sua humanidade, tornando-o capaz de aprofundar cada vez mais o sentido do bem viver.

A produção da cultura política que leva, de fato, ao bem viver, com prazer e afetividade, passa pela educação das consciências, pela universalização da arte, como disciplina obrigatória na convivência social, a escola que, verdadeiramente, educa. Mas isso não basta; é preciso que se cuide, permanentemente, da elevação do conteúdo das ideias, para que os sujeitos sociais produzam, além de produtos de consumo, também valores que impeçam o retorno à alienação.

A transição para a sociedade futura é uma construção cotidiana do presente. A mística, que anima e faz persistir nessa construção, aparece na beleza das obras criadas. A percepção de que estamos criando é o sintoma que demonstra que as organizações gozam de boa saúde.

Referências

ADORNO, Theodor. *Indústria cultural e sociedade*. Rio de Janeiro: Paz e Terra, 2002.

ARISTÓTELES. *Econômicos: obras de Aristóteles*. São Paulo: Martins Fontes, 2011.

BOFF, Leonardo. *Ecologia mundialização espiritualidade*. 3. ed. São Paulo: Ática, 2000.

BOGO, Ademar. *Identidade e luta de classes*. São Paulo: Expressão Popular, 2008.

BOGO, Ademar. *O vigor da mística*. São Paulo: Anca, 2002.

BRECHT, Bertold. *Poemas, 1913-1956*. 5. ed. São Paulo: Ed. 34, 2000.

CLAUSEWITZ, Carl Von. *Da guerra*. São Paulo: Martins Fontes, 1979.

DEBORD, Gui. *A sociedade do espetáculo*. Rio de Janeiro: Contraponto, 1997.

EPICURO. *Antologia de textos*. São Paulo: Nova Cultural, 1988.

FISCHER, Ernest. *A necessidade da arte*. 2. ed. Rio de Janeiro: Guanabara Koogan, 1987.

KONDER, Leandro. *O futuro da filosofia da práxis: o pensamento de Marx no século XXI*. 2. ed. São Paulo: Paz e Terra, 1992.

LEFEBVRE, Henri. *O direito à cidade*. São Paulo: Centauro, 2001.

MANNHEIM, Karl. *Ideologia e utopia: introdução à sociologia do conhecimento*. São Paulo: Livraria do Globo, 1956.

MARX, Karl. *Grundriss. Manuscritos econômicos e filosóficos de 1857/1858: esboço da crítica da economia política*. São Paulo: Boitempo, 2011.

MARX, Karl. *O capital*. Rio de Janeiro: Bertrand Brasil, 1996.

MARX, Karl. *Manuscritos econômicos e filosóficos*. Lisboa: Edições 70, 1964.

MARX, Karl; ENGELS, Friedrich. *A ideologia alemã*. São Paulo: Hucitec, 1986.

NETTO, José Paulo; BRAZ, Marcelo. *Economia política: uma introdução crítica*. 2. ed. São Paulo: Cortez, 2007.

VYGOTSKY, Lev Semenovitch. *Psicologia da arte*. São Paulo: Martins Fontes, 1999.

Capítulo 3 – Práticas Artísticas nas escolas do campo
A arte e a cultura na formação e no cotidiano escolar dos povos do campo

Eloisa Rodrigues Pássaro
Tatiane de Araújo Figueirêdo
Erasmo Gonçalo Dias

Na arte de resistir às tentativas da destruição de nossos sonhos, trincheiras da criatividade se revelam
"Terra sertaneja", Ademar Bogo

Contextualizando o leitor sobre universo e o lugar de fala dos autores

A expressão "Educação do Campo" amplia-se como proposta educacional a partir do debate feito pela classe trabalhadora do campo na I Conferência Nacional por uma Educação Básica do Campo, realizada em Luziânia (Goiás), de 27 a 30 de julho 1998, na qual foi discutido o fim da educação rural e reivindicava-se uma educação que respeitasse a especificidade dos povos do campo, que são os agricultores familiares, os extrativistas, os pescadores artesanais, os ribeirinhos, os assentados e acampados da reforma agrária, os trabalhadores assalariados rurais, os quilombolas, os caiçaras, os povos da floresta, os caboclos e outros que produzam suas condições materiais de existência a partir do trabalho no meio rural (Brasil, 2010).

Nesse seminário, nasceu o Programa Nacional de Educação na Reforma Agrária (Pronera), instituído pelo governo federal, em 16 de abril de 1998 (MST, 2002). Posteriormente, no II Seminário Nacional realizado em Brasília, de 26 a 29 de novembro 2002, foi discutida a necessidade de ampliar o acesso à educação para os povos do campo, em todos os níveis, proposta intitulada Uma Educação do Campo (Fernandes, 2008).

Como uma das consequências desse debate, em 2006, foi criado o Programa de Apoio à Formação Superior em Licenciatura em Educação do Campo (Procampo). O programa surge como uma iniciativa do Ministério da Educação (MEC), por intermédio da Secretaria de Educação Continuada, Alfabetização, Diversidade e Inclusão (SECADI), com apoio da Secretaria de Educação Superior (SESU) e execução financeira do Fundo Nacional de Desenvolvimento da Educação (FNDE), em resposta às reivindicações e articulações engendradas pelos movimentos sociais e sindicais do campo, em especial, o Movimento dos Trabalhadores Rurais Sem Terra (MST). Desde a década de 80, o MST defende, como bandeira de luta, uma educação que valorize e reconheça os sujeitos do campo (MOLINA; SÁ, 2012).

O Procampo tem estimulado de várias formas a criação de cursos de nível superior no país que se configurem como ação afirmativa para correção da histórica desigualdade sofrida pelas populações do campo, em relação a seu acesso à educação, em todos os níveis e modalidades. A Licenciatura em Educação do Campo (LEDOC) foi construída a partir do diálogo com os movimentos sociais e a orientação indica que essa licenciatura plena esteja voltada para a formação de educadores que atuarão nas escolas de educação básica do campo: nos anos finais do ensino fundamental, no ensino médio e na gestão de processos educativos escolares e não escolares. Ou seja, essas escolas são as que estão situadas em área rural, conforme definida pela Fundação Instituto Brasileiro de Geografia e Estatística (IBGE), ou situadas em área urbana, desde que atendam predominantemente a populações do campo (BRASIL, 2010).

A proposta de formação da LEDOC, além de formar para a docência, tem como centralidade o estabelecimento de outra relação do sujeito com a terra. Isso implica não apenas o acesso do campesino, aquele que trabalha a terra para se nutrir, ao conhecimento historicamente acumulado, mas também o reconhecimento das realidades do campo e compromissos dos sujeitos na transformação social. Falar de Educação do Campo demanda necessariamente tratar, dentro do processo formativo para a docência, de temas da Reforma Agrária[1] e da desconcentração fundiária característica do latifúndio,[2] da necessidade de enfrentamento e de superação da lógica de organização da sociedade capitalista, pela apropriação dos bens naturais como a terra, a água e os alimentos.

---

[1] Reforma agrária é um programa que busca democratizar a propriedade da terra na sociedade e garantir o seu acesso, distribuindo-a a todos que a quiserem fazer produzir e dela usufruir (STEDILE, 2012).

[2] O termo "latifúndio" é de origem latina, usado na Roma antiga para referir-se às grandes extensões de terra controladas pela aristocracia e passou a ser utilizado para designar grandes propriedades em geral (MEDEIROS, 2012).

Esses cursos são ofertados em regime de alternância, um modo de organização das cargas didáticas que alternam os tempos e os espaços formativos. As atividades acadêmicas de formação acontecem, em parte na universidade e em parte na comunidade onde vivem os educandos, favorecendo que o ensino-aprendizagem aconteça de maneira rotativa e cíclica, facilitando a permanência dos professores em exercício e demais sujeitos campesinos no curso, sem que estes tenham que deixar de viver e trabalhar no campo (ANTUNES-ROCHA; DINIZ; OLIVEIRA, 2011).

Esse regime vem sendo apontado como a melhor alternativa para contemplar as especificidades educacionais dos povos do campo, estabelecendo relação expressiva entre as três agências educativas: família, comunidade e escola, permitindo que os saberes da academia e os saberes do campo dialoguem e se complementem. O calendário acadêmico é organizado em tempos e espaços formativos que se alternam: o Tempo Escola e o Tempo Comunidade. No primeiro, os educandos do curso ficam internos na universidade, num momento de imersão, e no segundo, os educandos realizam atividades acadêmicas em suas comunidades rurais de origem e nas escolas lá existentes, tais como estudo, leitura e escrita, pesquisa, coleta de dados, preparação de material didático e a investigação participativa, que é uma modalidade na qual o pesquisador é agente e paciente, pesquisador e pesquisado (DEMO, 2000).

Nutrida desses elementos, a LEDOC tem se configurado como um reduto de formação contra-hegemônica. Parafraseando Marx, pode-se dizer que toda hegemonia traz em si o germe da contra-hegemonia. Há, na verdade, uma unidade dialética entre ambas, uma se definindo pela outra. Isso porque a hegemonia não é algo estático, uma ideologia pronta e acabada. Uma hegemonia viva é um processo. Um processo de luta pela cultura (COUTINHO, 2008).

Esse tipo de formação contra-hegemônica cria novas possibilidades científicas e educacionais, revertendo a tão difundida disciplinarização dos conteúdos, considerando a necessidade de transformação do cotidiano escolar para a direção da formação integral dos sujeitos. A formação inicial de educadores assumida pela LEDOC traz como proposta reformular o pensar pedagógico por área do conhecimento (CALDART, 2011).

Nessa graduação, é fomentada uma experiência formativa a partir da vivência interdisciplinar, que deve ir além da mera justaposição de disciplinas e ao mesmo tempo evitar a diluição delas em generalidades. De fato, será principalmente na possibilidade de relacionar as disciplinas em atividades ou projetos de estudos, pesquisa e ação, que a interdisciplinaridade poderá ser uma prática pedagógica e didática adequada aos objetivos do ensino (BRASIL, 1998).

Além da vivência interdisciplinar, o curso deve proporcionar na mesma medida a vivência transdisciplinar dos conteúdos curriculares da graduação, o que requer dos professores lotados nessa licenciatura a construção de pontes e diálogos entre as atividades realizadas em cada componente curricular ofertado dentro do semestre letivo, e destes com a realidade material das comunidades rurais onde vivem os licenciandos. Isso se configura, a longo prazo, como estratégia de superação das práticas fragmentadas e, na maioria das vezes, desvinculadas da realidade, que ainda predominam nas escolas de educação básica.

A primeira experiência de realização de um curso com essa natureza foi a Turma Vanessa dos Santos, realizada em parceria entre o MST e a Faculdade de Educação da Universidade Federal de Minas Gerais, por meio do Pronera. Essa primeira semente germinou e, em 2007, o MEC convidou quatro instituições: a Universidade Federal de Minas Gerais (UFMG), a Universidade de Brasília (UnB), a Universidade Federal da Bahia (UFBA) e a Universidade Federal de Sergipe (UFS), que, naquele momento, apresentavam notáveis acúmulos acadêmicos na área, para participar do projeto piloto de execução sistematizada da LEDOC (ANTUNES-ROCHA; DINIZ; OLIVEIRA, 2011).

Em 2008 e 2009, a SECADI ampliou a possibilidade de oferta dessa graduação, lançando editais públicos que fomentavam financeiramente a criação e a execução de turmas especiais de LEDOC. A Universidade Regional do Cariri teve aprovação da proposta submetida ao Edital nº 2, de 23 de abril de 2008. Em 2009, foi firmado o convênio financeiro com o MEC. Em 2010.1, foi elaborado e realizado o vestibular específico, em que, no ato da inscrição, o candidato escolhia a habilitação que desejava cursar: Ciência da Natureza e Matemática ou Linguagens e Códigos. Em 2010.2, iniciaram-se as aulas para 60 estudantes residentes em comunidades rurais ou na sede de 25 municípios, de todas as regiões do Ceará, que distam entre 40 e 785 quilômetros do campo de nossa instituição de ensino superior (IES).

O lugar de fala que embasa esse ensaio é a experiência vivenciada durante a realização do Projeto Interdisciplinar de Linguagens e Códigos da primeira turma de LEDOC, com habilitação em Linguagens e Códigos, da Universidade Regional do Cariri.[3]

---

[3] Essa construção foi proposta pelos educadores Eloisa Rodrigues Pássaro, Tatiane Araújo e Tiago Nascimento, que ministraram, para a turma supracitada, respectivamente as disciplinas Estágio Supervisionado III; Oficina de Leitura e Escrita; Textos e Fundamentos da Poesia, durante o 7º semestre do curso.

Construindo uma proposta de vivência da cultura dos povos do campo na aula

Ao organizar o currículo de Linguagens e Códigos (referente às disciplinas de Língua Portuguesa e Estrangeiras, Artes e Educação Física), por alternância, contribuímos para que os professores em formação construam o conhecimento necessário à sua formação, não apenas nos espaços formativos escolares, como também nos tempos de produção da vida, nas comunidades onde se encontram as escolas do campo.

O estágio, por sua natureza prática, é um forte veículo de integração e articulação de saberes, dentro do Tempo Comunidade das Licenciaturas em Educação do Campo, porque essa atividade se configura como uma oportunidade na qual os professores em formação colocam em prática as atividades de docência, por área de saber de sua habilitação, de forma integradora. Para tanto, eles se envolvem também em atividades ligadas à gestão de projetos educativos, dentro e fora da unidade escolar de sua comunidade rural, materializando, assim, os principais objetivos de formação profissional pretendidos.

A proposta de condução dos componentes curriculares da licenciatura foi motivada pela inquietação dos professores em formação em elaborar estratégias de atuação docente interdisciplinar e articulada com os saberes da terra e do povo do campo, e assim melhorar a qualidade das aulas a serem ministradas, na experiência de regência interdisciplinar, e pelo compromisso dos educadores da LEDOC-URCA em concretizar os elementos previstos no Projeto Político Pedagógico do curso. Construída coletivamente, essa proposta deveria se comunicar de forma tão integrada durante o Tempo Escola, que essa vivência culminasse, no Tempo Comunidade, em uma sólida experiência de ação/intervenção interdisciplinar, realizada nas escolas rurais onde esses professores em formação vivem e trabalham.

Os componentes curriculares específicos da habilitação em Linguagens e Códigos dialogam dentro da construção desse projeto interdisciplinar, que foi realizado entre junho e novembro de 2014. A educadora responsável pelo Estágio Supervisionado III conduziu a organização geral dentro do debate de cultura, como eixo articulador da ação docente, e ministrou oficinas que ajudaram os professores em formação a encontrar caminhos metodológicos para inter-relacionar a cultura da comunidade rural com práticas docentes pretendidas; a educadora responsável por Oficina de Leitura e Escrita conduziu e orientou a construção dos projetos e relatórios; o professor de Textos e Fundamentos da Poesia ficou responsável por integrar os saberes, na construção dos projetos e para a regência em sala, usando poesia e arte como elementos de ligação entre os saberes.

A constituição da proposta esteve pautada no diálogo com as comunidades rurais onde vivem os estudantes do curso e as escolas de educação básica que atendem a essas comunidades, viabilizando uma construção interdisciplinar e transdisciplinar que ampliou os saberes inerentes a cada um dos componentes curriculares da licenciatura envolvidos no projeto, integrando e articulando-os com a cultura popular e tradicional local e os saberes da terra, de forma orgânica, no transcorrer do semestre letivo.

Cada professor em formação foi motivado inicialmente a realizar um inventário cultural da comunidade onde vive e/ou trabalha. Posteriormente, os estudantes elaboraram projetos a serem realizados em escolas do campo das comunidades onde esses professores em formação vivem e trabalham, inter-relacionando a cultura e os conteúdos didáticos da educação básica. Depois que os projetos foram devidamente orientados e finalizados, os professores em formação iniciaram a regência supervisionada. Vale ressaltar que, embora já atuassem como professores da rede básica de ensino, foi a primeira vez que praticavam a docência por área do conhecimento de forma sistematizada. Todas essas experiências foram registradas sob a forma de Projeto e Relatório de Vivência, que posteriormente foi socializado dentro de um Seminário Integrador, uma técnica da Pedagogia da Alternância que tem como principal objetivo a partilha e a socialização de saberes construídos no Tempo Escola e/ou realizados no Tempo Escola, onde houve apresentação na modalidade de comunicação oral, com apoio audiovisual dos relatórios.

Enxergando a necessidade de construir metodologias didáticas a partir da cultura dos povos do campo

Diversos autores já defenderam a necessidade de se construir, dentro das escolas, de todos os níveis, o respeito à identidade e à diversidade dos povos do campo. E além dessa construção teórica, há, no âmbito da lei, o Decreto n.º 7.352, de 4 de novembro de 2010 (Brasil, 2010), que, no seu 2º artigo, apresenta quais princípios devem nortear a Educação do Campo. Já no inciso I, temos o apontamento para "o respeito à diversidade do campo em seus aspectos sociais, culturais, ambientais, políticos, econômicos, de gênero, geracional e de raça e etnia". Colaborando com esse, temos ainda o inciso IV, que nos que indica ser necessário realizar a "valorização da identidade da escola do campo por meio de projetos pedagógicos com conteúdos curriculares e metodologias adequadas às reais necessidades dos alunos do campo". Contudo, os valores culturais que permeiam os materiais didáticos disponíveis para as escolas do campo e da cidade, além de não reconhecer as caraterísticas identitárias dos povos do campo, disseminam um conjunto de valores e crenças que subalternizam e diminuem a cultura local, e mais, reproduzem narrativas e discursos que reforçam as imagens e os estereótipos construídos sobre o espaço rural como espaço do atraso, da fome, da pobreza e da miséria.

No intuito de superar esse limite imposto, buscamos estabelecer um diálogo entre os saberes pedagógicos e curriculares necessários à boa formação integral dos sujeitos durante a educação básica, e os saberes e valores vivenciados pelas populações campesinas. Dessa forma, conseguimos estabelecer novos processos de construção de práticas educacionais contextualizadas que possam contribuir para a valorização e a ressignificação dos saberes docentes, por meio da problematização das práticas pedagógicas desenvolvidas.

Para concretizar essa prática educativa, fez-se necessário investir na construção dos materiais e das metodologias didáticas, a partir da realidade sociocultural das comunidades onde seriam usadas. Sendo assim, a produção de novos materiais didáticos elaborados a partir da arte e da cultura locais, voltados para a realidade sociocultural de cada uma das comunidades, tornou-se uma das práticas que tem possibilitado o desenvolvimento da educação contextualizada, as quais despertam nos estudantes um olhar crítico sobre o lugar onde vivem.

Assim, a partir das escolas onde se desenvolveram as regências dos estágios, as diversas manifestações culturais que ainda resistem na memória e na vivência das pessoas da comunidade, foram introduzidas no cotidiano escolar de forma valorosa. Essa ação possibilitou aos professores em formação a reflexão sobre como determinados materiais didáticos ignoram e/ou negam os saberes e a cultura produzida pelas comunidades rurais, ao mesmo tempo em que construímos juntos a consciência de que é possível estabelecer novos caminhos metodológicos para a prática docente, contextualizando os saberes dos povos do campo.

A parte que coube ao componente de Estágio Supervisionado III, dentro desse latifúndio do saber ocupado pelo povo do campo

Durante a vivência proposta, os professores em formação foram convidados a realizar, durante o Tempo Comunidade, um inventário da cultura popular e tradicional da comunidade onde vivem e/ou trabalham, para que melhor compreendessem a cultura local e os possíveis problemas de extinção de manifestações da cultura popular e tradicional, que podiam, ou não, existir em suas comunidades. Durante essa fase, os estudantes foram levados a pesquisar e registrar as manifestações culturais, de diversas ordens, encontradas nas comunidades, e a refletir sobre as potencialidades e as fragilidades culturais que sua comunidade estaria vivenciando.

Durante os próximos encontros de Tempo Escola, além das leituras e das construções teóricas a respeito das temáticas ensino e aprendizagem, docência para o ensino fundamental, currículo, cultura de massa, etc., os educandos vivenciaram oficinas de Música, corpo e movimento, na sala de aula; A cultura de matriz africana como tema transversal das linguagens e códigos: Cantos e jogos praticados em Gana e na Nigéria; Cantos de Labor – as músicas e a vida do povo do campo; A apreciação artística como componente curricular; Oficinas e jogos e brincadeiras populares do nordeste brasileiro; O cordel e as técnicas de isogravura e xilogravura; Construção de tecnologias educacionais inovadoras, voltadas para a docência dos componentes curriculares de linguagens e códigos para o ensino fundamental II.

Como os professores em formação tinham autonomia de propor o que fazer e como desenvolver sua proposta de regência, era necessário que houvesse uma orientação durante a construção dos planos de aula, e isso era responsabilidade da educadora de Estágio Supervisionado III: estar atenta às escolhas feitas, no intuito de contemplar os conteúdos didáticos de Português, Artes, Educação Física e Línguas Estrangeiras, de forma equilibrada e criativa, a partir das manifestações culturais de sua comunidade ou envolvendo-as.

As habilidades adquiridas na disciplina de Estágio Supervisionado III devem auxiliar os egressos da LEDOC na atuação e intervenção didática dos últimos anos do ensino fundamental, além de contribuir na gestão do conhecimento escolar, enriquecido com os temas sociais que foram tratados, sob a perspectiva transversal, articulados com a comunidade, as organizações e os movimentos sociais. Esse objetivo atingido com sucesso, dentro desse projeto interdisciplinar, superou as expectativas iniciais.

O tipo de prática desenvolvido permitiu que os educadores em formação experimentassem uma maior aproximação do universo escolar com as práticas culturais da comunidade onde vivem os estudantes da educação básica e, com o contato mais aproximado, tornassem o ensino-aprendizagem mais significativo. Além disso, o educador-docente foi percebido como ser social, inserido em condições sócio-históricas específicas, capaz de se apropriar da produção de cultura nas interconexões entre o social e a natureza na escola, como possibilidade pedagógica.

A parte que coube ao componente de Oficina de Leitura e Escrita dentro desse latifúndio do saber ocupado pelo povo do campo

Depois de realizado e registrado o inventário cultural da comunidade, foi elaborado um Projeto de Estágio, no qual os educadores em formação construíram os planos de aulas, organizados como um projeto interdisciplinar, que contemplavam os conteúdos de Português, Artes, Educação Física e Línguas Estrangeiras, a serem desenvolvidos, posteriormente, nas escolas do campo de suas comunidades, de forma a perfazer 20 horas/aula de regência supervisionada.

A disciplina Oficina de Leitura e Escrita tinha dois objetivos de estudo no Tempo Escola. O primeiro seria a edificação de como se dá a aprendizagem dos alunos nos âmbitos da escrita e da leitura. A partir desse entendimento, foi organizada uma forma de ensino-aprendizagem que possibilitaria levar o indivíduo a alcançar as competências de forma mais simples e que, além disso, fosse contextualizada com a realidade dele, que tem vivências e modo de aprender diversos do tipo de ensino que encontramos nas "escolas regulares".

Seguido a tal estudo, o segundo objetivo se pautava nos educadores em formação e suas habilidades referentes a leitura e escrita. Assim, eles deveriam, como já citado, redigir o Projeto de Estágio, englobando a pesquisa feita acerca das manifestações culturais, e ainda lançar mão de leituras já feitas ao longo do curso, ou buscar novas leituras, que tornassem o projeto um texto com embasamento teórico e todos os elementos necessários em sua redação.

Para unir e desenvolver a escrita e a leitura, foram feitas orientações, dentro do Tempo Escola, sobre a redação de projetos, esmiuçando cada elemento e a importância deles, e sobre a relevância de uma fundamentação teórica para a formação dos educandos como acadêmicos. Introduzimos também estudos sobre estruturação e normas técnicas de formatação textual. Isso faria os projetos tomarem um caráter científico.

Depois de devidamente orientados, os projetos foram executados durante o Tempo Comunidade. E a experiência foi registrada nos Relatórios de Estágio. Este tipo textual foi abordado do mesmo modo que o projeto, fazendo o detalhamento de cada elemento que deveria estar presente na estrutura, mas levando cada um deles a ter um sentido para a construção feita e o entendimento da sua relevância.

A orientação se estendeu, em cada etapa de todo o processo, o que oportunizou, além da minoração das dúvidas que surgiam ao longo do percurso, o acompanhamento das escolhas e dos objetivos que estavam sendo alcançados, tanto no que se referia à disciplina, ao projeto transdisciplinar, quanto a cada projeto construído pelos educadores em formação. Com esse acompanhamento, avaliávamos também as nossas escolhas como educadores e percebíamos o quão exitosas e satisfatórias elas estavam sendo.

A parte que coube ao componente de Textos e Fundamentos da Poesia dentro desse latifúndio do saber ocupado pelo povo do campo

Esse projeto propôs que cada professor em formação, dentro do LEDOC com habilitação em Linguagens e Códigos, elaborasse uma proposta que dialogasse sobre estratégias da inter e transdisciplinaridade aplicadas à proposta de regência em sala de aula, proporcionando reflexões epistemológicas e pedagógicas a respeito da prática decente.

O educador responsável pelo componente curricular Textos e Fundamentos da Poesia, além de discutir sobre os aspectos literários de diversos gêneros textuais e a poética encontrada neles, buscou ampliar o conceito de poesia, estabelecendo relações entre a estrutura poética dos textos orais e escritos e as manifestações culturais das mais diversas ordens. Esse educador ficou responsável também por ajudar os professores em formação a encontrar as melhores estratégias de inter-relação dos conteúdos que eles propunham para compor a aula, em diálogo com as manifestações culturais que tomam forma através do registro escrito ou oral, dentro das comunidades rurais.

Os conteúdos dos planos de aula envolveram perspectivas relativas a: poética, leitura, oralidade, escrita, práticas de movimentos corporais, intercalados e/ou relacionados aos conteúdos curriculares, referentes à área de linguagens e códigos. Diante dessa realidade, o educador com mais intimidade com as várias poéticas, sejam elas da oralidade, da escrita ou do gesto, pôde contribuir mais efetivamente na hora de definir que estratégias usar como elemento de ligação entre as manifestações culturais da comunidade e os conteúdos de linguagens e códigos. A orientação ministrada durante a redação dos planos, por vezes, foi reforçada durante a execução do projeto.

Para fazer funcionar toda essa engrenagem, foi salutar o diálogo interdisciplinar constante entre os educadores e destes com os professores em formação, no intuito de gerar um movimento de construção pedagógica harmonioso e colaborativo, superando a fragmentação dos conteúdos, tão corriqueiro nos cursos de licenciatura e nos demais cursos de nível superior, formando um todo homorgânico capaz de consolidar os saberes necessários de cada parte, compondo, dessa forma, uma rede de significações e de aprendizagem próprias.

Caminhando rumo à valorização da cultura popular tradicional na escola

A LEDOC-URCA é, por natureza, uma prática pedagógica contra-hegemônica que foi pensada no intuito de ser uma ferramenta capaz de instrumentalizar a população camponesa, para fazer oposição às relações opressoras do capitalismo. E desse "fazer pedagógico" emerge a reflexão de que a educação e o currículo são atualmente aparelhos ideológicos em disputa.

Nesse sentido, a proposta toma um posicionamento, no intuito de buscar estruturar a prática docente para formação de sujeitos críticos/conscientes e construtores de sua história, discutindo o ensino de forma que ele esteja voltado para a realidade dos indivíduos e suas reais necessidades, pensando, assim, na formação dos sujeitos, para a conscientização e para a emancipação. A perspectiva do conceito de conscientização, que permeia a proposta, revisita Paulo Freire (2001), que toma a compreensão desse vocábulo para além de perceber o que se passa ao nosso redor. A conscientização implica, pois, ultrapassarmos a esfera espontânea de apreensão da realidade, para chegarmos a uma esfera crítica da realidade.

Por esse motivo, o trabalho com cultura popular nas comunidades foi precedido pelo debate e pela compreensão coletiva dos educadores em formação acerca da influência da Indústria Cultural (IC) sobre a vida dos povos camponeses nos tempos atuais. Conversamos sobre o surgimento da IC, que se deu ao mesmo tempo que o processo de mecanização do trabalho e da fragmentação da produção, ocorrida no início do século XIX, em que arte/cultura/entretenimento passaram por uma metamorfose, que converteu o que, até então, era manifestação espontânea em produto/mercadoria, a ser vendida aos trabalhadores em seu tempo livre. Esse movimento foi chamado inicialmente de "cultura de massa", mas o vocábulo não é fiel ao movimento ocorrido, dando a entender que é uma cultura que surge das massas, e não uma estratégia implantada com claro objetivo mercadológico. Ainda refletimos a respeito de quais implicações já se consolidaram dentro das comunidades, absorvendo a relação mercadológica imposta pela IC, que tem colocado a cultura, a arte e o entretenimento como mercadoria. Essa ponderação trouxe para o debate a análise de Gramsci (1979) presente no livro *Os intelectuais e a organização da cultura*, relacionando a ligação umbilical que há entre um projeto de sociedade e o nosso projeto de educação.

Consequentemente, a discussão enveredou pela reflexão de como a IC tem fomentado o empobrecimento dos valores culturais e dos bens materiais pertencentes à cultura. Durante o debate, percebemos que é possível traçar uma analogia entre o agronegócio e a IC, permitindo afirmar que a IC está para a cultura popular como o agronegócio está para a agricultura familiar. Ambas estão intrinsecamente pautadas, no modo de produção capitalista, promovendo o fim da possibilidade de uma convivência harmoniosa e justa entre os seres humanos e a natureza, e têm suas bases na exploração predadora.

Em suma, podemos apontar como principais pontos de reflexão da turma sobre os malefícios gerados nesse contexto, a percepção de que os produtos da IC são carregados de valores e mensagens que reafirmam a necessidade da estrutura capitalista, ao mesmo tempo em que estimulam, permanentemente, a satisfação pelo consumo de mercadorias, que não são correspondentes a reais necessidades. Isso também se configura como uma estratégia engenhosa de articulação entre coação e consentimento, na medida em que os indivíduos (ou mesmo uma classe inteira) se reconhecem realizados diante de determinadas situações que, na verdade, limitam a sua autonomia.

Uma vez reconhecida a dimensão do problema que a indústria cultural se tornou para a cultura popular tradicional, debatemos a respeito de estratégias que possam contribuir para o combate da ideologia pautada pela IC, em paralelo à valorização da cultura popular tradicional, buscando perceber os pontos contraditórios da questão que permitirão a ação da escola rumo à superação do *status quo*. Cada professor em formação fez o exercício teórico de propor um caminho possível para ser trilhado por sua comunidade nesse sentido.

Temos como saldo a compreensão de que todos os indivíduos são produtores de Cultura e, no início da desconstrução ideológica, que os sujeitos, principalmente aqueles pertencentes a grupos culturais, em situações de vulnerabilidade social, estão condenados a meros consumidores. E avançamos com isso na apreensão de que é necessário e urgente respeitar os valores, os saberes e as práticas sociais produzidos pelos estudantes e por toda a comunidade escolar, considerando todos os sujeitos que, de fato, são responsáveis pela escola: os estudantes e familiares, professores e funcionários da instituição e a comunidade circundante, em geral, lançando um olhar sobre o que é local e buscando compreender, de forma crítica, o mundo global.

Ao fomentar a pesquisa e o estudo da cultura popular tradicional, construímos necessariamente a prática do respeito ao contexto cultural da localidade dos educandos e esse foi um possível ponto de partida para que as escolas se tornassem um espaço onde os saberes e as práticas sociais produzidos pela comunidade fossem respeitados.

Em súmula, a realização pedagógica refletida nos relatórios

O livro *Pedagogia da esperança*, de Paulo Freire (2015), nos lembra que não podemos desprezar, dentro da prática docente, o fato de que os educandos, sejam eles crianças, jovens ou adultos, trazem consigo saberes e compreensões de mundo. E nessa perspectiva, buscamos, antes de tudo, compreender o contexto dos professores em formação, na LEDOC, com habilitação em Linguagens e Códigos da URCA. Embora exista uma diversidade de sujeitos que são constitutivas dos povos do campo, a turma é formada, majoritariamente, por professores que atuam em escolas de comunidades de agricultores tradicionais, todos têm antepassados que foram agricultores e dois terços dos professores em formação residem nas mesmas comunidades rurais onde estão situadas as escolas onde atuam.

Isso facilitou o trabalho com o saber local, pois o universo a ser pesquisado fazia parte também do universo de vida e/ou trabalho dos professores em formação, considerando que, com a medida que proporcionamos aos sujeitos de conhecer melhor os saberes e fazeres da cultura popular tradicional de sua comunidade, estaríamos necessariamente fomentando o respeito ao contexto cultural das localidades, dos estudantes e dos professores em formação. Não havia escolha mais acertada a ser feita.

De uma maneira geral, o diagnóstico de pesquisa possibilitou o conhecimento da cultura popular tradicional das várias comunidades onde vivem e/ou trabalham os professores em formação. Podemos destacar as principais manifestações culturais diagnosticadas, simultaneamente, em várias comunidades como sendo: o reisado de congo, o maneiro pau, bandas de pífano, grupos de caretas, cerimônias de renovação, práticas de cura feitas pelas benzedeiras, cantos de labor, padrões estéticos diferenciados das fachadas das casas típicas das comunidades, receitas culinárias próprias da comunidade, receitas de remédios caseiros, brincadeiras e jogos infantis específicos da comunidade, várias manifestações de produção de cordel.

A organização das aulas foi heterógena, tanto em relação aos temas abordados e as estratégias utilizadas quanto ao formato de distribuição da carga horária, posto que essa construção ocorreu dentro da relação autônoma que cada professor em formação tinha para escolher o percurso formativo de sua regência em sala de aula e a disponibilidade da escola em conceder espaço e horários para que ele atuasse na sala de aula.

Podemos apontar alguns elementos em comum quando observamos os relatos de experiência, como o que tange à construção de conteúdos que se desenvolveram de forma interdisciplinar, envolvendo, em maior ou menor grau, os quatro componentes que formam a área do conhecimento de linguagens e códigos: a Arte, a Língua Portuguesa, as Línguas Estrangeiras e a Educação Física.

Em relação aos conteúdos de cada um desses componentes da área do saber, podemos assinalar pontos que também se mostram similares em muitos relatos. Em relação à Arte, várias aulas utilizaram a apreciação artística, a elaboração de coreografias e apresentações de dança e das artes plásticas; a Língua Portuguesa trouxe muitos projetos abordando os gêneros textuais, produção escrita e reescrita de textos; a releitura também foi uma técnica recorrente nesse componente curricular, sobretudo em relação à literatura de cordel. Quase que unanimemente, as aulas que trouxeram a língua estrangeira utilizaram as músicas de matriz africana (apreendidas da oficina vivenciada durante o Tempo Escola dos professores em formação) como vivência em sala de aula; o componente curricular educação física teve seu principal eixo ligado à prática de brincadeiras e danças da cultura popular como vivência. As experiências de alguns desses projetos se tornaram uma vivência ampliada para toda a escola, seja porque algumas das atividades realizadas foram absorvidas por eventos dentro dela, seja porque a aula se deu de forma coletiva, no pátio, propositadamente envolvendo outros estudantes.

Uma caraterística marcante das práticas docentes realizadas durante a regência individual de aulas foi a grande quantidade de roda de conversa, seja como momento de debate de temas, seja como avaliação coletiva do processo, o que traz um reflexo da vivência dos professores em formação, em que eles usaram uma metodologia corriqueira dentro da LEDOC-URCA, de forma orgânica.

Outro ponto notório nos relatórios é a descrição da reação de alegria e o prazer dos estudantes e, por vezes, de toda a comunidade, em apreciar suas manifestações culturais na escola. Com certeza, esse momento foi muito significativo no processo de valorização da cultura de todas as comunidades envolvidas. Tendo em vista que cada localidade tem suas fragilidades, torna-se unânime a percepção de que é urgente reverter os marcos históricos da discriminação e da desvalorização da cultura popular tradicional, o que nos traz a clara compreensão do quanto é frutífero esse tipo de prática.

Relatando a vivência de trazer a cultura do meu povo para a sala de aula

Nada seria mais justo que trazer a fala dos professores em formação para fazer as considerações sobre como foi vivenciar esse projeto interdisciplinar, que trouxe a experiência de pesquisar a cultura da comunidade onde vivem e/ou trabalham, e, a partir dela, construir materiais e metodologias didáticas contextualizadas para sua práxis docente como educador do campo. Com a palavra um dos nosso discentes, que é coautor desta reflexão, Erasmo Dias.

> Ao longo deste texto, já foi tratado e muito bem esclarecido que o espaço campesino difere dos espaços urbanos, não simplesmente devido às condições naturais, mas, especialmente, no que se refere ao modo de vida de seus agentes, pois este foi historicamente construído, tendo como pano de fundo a negação dos direitos desses povos, principalmente direitos básicos como saúde, educação, moradia digna, etc. A existência de vida cultural desses grupos são pontos obscuros de uma história do Brasil que está para ser contada: a história dos negros, dos índios, dos imigrantes e migrantes (BRASIL, 1997). Essas questões passaram em branco no ensino tradicional de História, Geografia, Língua Portuguesa, enfim, em todas as disciplinas a partir das quais a escola está organizada.
>
> Por isso meu profundo orgulho e gratidão em fazer parte de uma experiência exitosa, que busca redesenhar um fazer pedagógico que enxerga os povos/sujeitos do campo como indivíduos que fazem arte, produzem cultura. Digo

isso porque a história desses povos não foi contada e ainda não é, segundo uma visão que os coloquem e os afirmem como sujeitos, mas sim como um amontoado de indivíduos desprovidos de competência que estão à margem das benesses sociais.

A negação da história de vida desses sujeitos perpassa pela recusa de sua cultura, sendo negada, silenciada e, quando contada, é, e sempre foi, pela ideia estereotipada, sendo, portanto, mostrado como indivíduo rude, grosseiro e ignorante, desprovido do que parte da sociedade entende por cultura. As reproduções midiáticas do homem "Jeca Tatu", que nem fala, nem compreende a língua portuguesa, é ainda comum, nos filmes e telenovelas, e assim são, vergonhosamente, reproduzidas através dos sistemas de ensino. Porém, na mão contrária, esse projeto caminha para afirmação de seus espaços como espaços formativos de homens de direitos.

Sabemos que a efetivação de tais ideias perpassa pela compreensão da autovalorização que esses educadores buscam construir, iniciando pela sua afirmação como ser cultural. De acordo com Morin (2001, p. 56):

> A cultura é constituída pelo conjunto dos saberes, fazeres, regras, normas, proibições, estratégias, crenças, ideias, valores, mitos, que se transmite de geração em geração, se reproduz em cada indivíduo, controla a existência da sociedade e mantém a complexidade psicológica e social. Não sociedade humana, arcaica ou moderna, desprovida de cultura, mas cada cultura é singular. Assim, sempre existe a cultura nas culturas, mas a cultura existe apenas por meio das culturas.

Desse modo, é reconhecendo a si mesmo como um ser dotado, naturalmente, de cultura, que o homem do campo rompe com as ideias que minimizam seu espaço de convivência, passando a compreendê-lo, percebendo as relações como fazendo parte da história de vida de seus povos. Esta história não deve ser contada segundo a lógica do que se convencionou, percebendo que ela pode ser modificada nas inter-relações que se estabelecem mutuamente, e não como imposição em se que valoriza o que é do outro e se deprecia o que é meu como vivência de um povo.

A favor de um bloco hegemônico cultural está o que costumamos chamar de globalização – palavra pomposa, sorrateira, cujo real significado poderia ser criticamente colocado como imperialismo econômico e cultural europeu e/ou estadunidense. No entanto, podemos também apontar o processo de globalização como um elemento que liga, entre outras coisas, as diversas culturas. Mas é importante considerar que ela ainda se mantém pela visão do colonizador de que a metrópole produz cultura, que é reproduzida pelas colônias, mantendo e, muitas vezes, excluindo a existência de diferentes elementos culturais, assim reproduzindo, por diversos meios, fundamentalmente ideológicos, a visão do colonizador.

É importante salientar que, dentro de um mesmo espaço, há uma luta pela imposição, cada um de sua cultura, pois é um fator de manutenção e sobrevivência. Quase sempre essa luta se dá pelo campo ideológico, ficando a escola responsável pela reprodução do sistema vigente, por isso acreditamos no poder transformador deste projeto, pois, a partir dele, pudemos compreender melhor como se dá esse jogo cultural. De posse desse entendimento, foi possível nos apropriar de instrumentos que possibilitaram descortinar até que ponto determinada cultura deve ser negada em nome da exaltação de outra.

Assim, percebemos que, na nossa comunidade, somos seres culturais e artísticos, que todo nosso povo precisa saber que, ao longo da história, sua cultura foi silenciada, negada, e, quando falada, sempre foi pelo viés da depreciação: a "Lapinha é feia, as renovações, as macumbas, as festas de reisados são coisas demoníacas".

Então, pudemos perceber a necessidade de nos ouvir, como comunidade, e nos fazer ouvir, aceitando nossas manifestações e tradições culturais como parte de nossa vida, nossa realidade e nossas peculiaridades, e vendo na nossa escola a oportunidade de fazer essa cultura ser repassada para as próximas gerações e, em alguns casos até, resgatada. Nesse sentido, Freire (2003) afirma que:

> Aceitar e respeitar a diferença é uma dessas virtudes sem o que a escuta não se pode dar. Se discrimino o menino ou menina pobre, a menina ou o menino negro, o menino índio, a menina rica; se discrimino a mulher, a camponesa, a operária, não posso evidentemente escutá-las e se não as escuto, não posso falar com eles, mas a eles, de cima para baixo. Sobretudo, me proíbo entendê-los. Se me sinto superior ao diferente, não importa quem seja, recuso-me escutá-lo ou escutá-la. O diferente não é o outro a merecer respeito; é um isto ou aquilo, destratável ou desprezível. (FREIRE, 2003, p. 120)

Nessa mão, é reforçada a ideia da importância de compreender que não existe uma única cultura e, sim, culturas, que, nas relações de manutenção e/ou imposição natural de uma sobre a outra, se unem no que podemos chamar de multiculturalismo, sendo esse um caminho salutar na consolidação da democracia.

Foi nessa direção que o projeto foi construído e executado nas bases democráticas, porque foi tecido através do respeito e dos direitos às peculiaridades da comunidade em que os professores em formação atuam. Por isso asseguramos que esses educadores buscaram, através dessa ação, implementar uma educação no e do campo: "No, porque [...] o povo tem o direito de ser educado no lugar onde vive. Do, porque [...] o povo tem direito a uma educação pensada desde o seu lugar e com a sua participação, vinculada à sua cultura e às suas necessidades humanas e sociais" (CALDART, 2002, p. 26).

Desse modo, cumprimos ao longo do projeto com as competências e habilidades que cada disciplina exigia, bem como os conteúdos propostos. Porém, esses eram estudados tendo como referência o contexto da comunidade, buscando considerar os professores em formação como sujeitos do conhecimento e atores históricos e sociais, "possibilitando um diálogo entre os diferentes saberes que se entrecruzam no cotidiano da escola" (LIMA, 2013).

Foi principalmente através da negação de um trabalho em que o currículo tem sido essencialmente urbano e quase sempre deslocado das necessidades e da realidade do campo (BRASIL, 2006), que esses professores construíram uma proposta curricular que estabelece uma maior articulação entre teoria/prática e entre o conhecimento científico e o saber popular, através de práticas interdisciplinares e contextualizadas que concebam os alunos como protagonistas da produção do conhecimento, no tocante ao conhecimento da arte e da cultura local.

Há muito ainda por ser feito, e o que aconteceu no desenrolar desse projeto foi apenas uma trilha do vasto e longo caminho que temos de percorrer. De modo sucinto, carecemos de mais experiências exitosas por parte dos educadores das LEDOCs e, dos professores em formação, maior compromisso quanto ao cumprimento das atividades propostas.

Está lançado o desafio de que muitos frutos bons estão para ser colhidos, pois, hoje, somam-se a estes três educadores, mais vinte, que, através desta experiência, poderão, entre tantos outros desafios, tratar o campo como um lugar de relações de sujeitos que respeite, dentro das diferenças, as peculiaridades de cada ser, em que a arte e a cultura possam ser experienciadas, deleitadas, criadas e reproduzidas por seu povo.

Referências

ANTUNES-ROCHA, Maria Isabel; DINIZ, Luciane de Souza; OLIVEIRA, Ariane Martins. Licenciaturas em Educação do Campo. In: MOLINA, M. C.; SÁ, L. M. (Orgs.). *Licenciaturas em Educação do Campo: registros e reflexões a partir das experiências piloto*. Belo Horizonte: Autêntica, 2011. (Coleção Caminhos da Educação do Campo, v. 5).

BOGO, Ademar. Terra Sertaneja. In: *Arte em Movimento*. Gravada por Ademar Bogo, 1998. 1 CD.

BRASIL. *Decreto n.º 7.352, de 4 de novembro de 2010*. Dispõe sobre a política de Educação do Campo e o Programa Nacional de Educação na Reforma Agrária – Pronera. Brasília: 2010. Disponível em: <http://www.planalto.gov.br/ccivil_03/_ato2007-2010/2010/decreto/d7352.htm>. Acesso em: 13 set. 2016.

BRASIL. *Diretrizes Curriculares da Educação do Campo*. Curitiba: 2006. Disponível em: <http://diaadiaeducacao.pr.gov.br>. Acesso em: 12 out. 2016.

BRASIL. Secretaria de Educação Fundamental – SEF. *Parâmetros Curriculares Nacionais: terceiro e quarto ciclos; apresentação dos temas transversais.* Brasília: MEC/SEF, 1998.

BRASIL. Secretaria de Educação Fundamental – SEF. *Parâmetros curriculares nacionais: pluralidade cultural, orientação sexual.* Brasília: MEC/SEF, 1997.

CALDART, Roseli Salete. Licenciaturas em Educação do Campo e Projeto Formativo: qual o lugar da docência por área? In: MOLINA, M. C.; SÁ, L. M. (Orgs.). *Licenciaturas em Educação do Campo: registros e reflexões a partir das experiências piloto.* Belo Horizonte: Autêntica, 2011. (Coleção Caminhos da Educação do Campo, v. 5).

CALDART, Roseli Salete. Por uma Educação do Campo: traços de uma identidade em construção. In: KOLLING, Edgar Jorge; CERIOLI, Paulo Ricardo; CALDART, Roseli Salete. (Orgs.). *Educação do Campo: identidade e políticas públicas.* Brasília, DF: Articulação Nacional Por Uma Educação do Campo, 2002.

COUTINHO, E. G. C. *Comunicação e contra-hegemonia*: processos culturais e comunicacionais de contestação, pressão e resistência. Rio de Janeiro: UFRJ, 2008.

DEMO, P. *Metodologia do conhecimento científico.* São Paulo: Atlas, 2000.

FERNANDES, B. M. Por uma Educação do Campo. Campo, políticas públicas, educação. (Org.). In: SANTOS, C. A. Brasília: INCRA/MDA, 2008.

FREIRE, Paulo. *Pedagogia da Autonomia: saberes necessários à prática educativa.* São Paulo: Paz e Terra, 2003.

FREIRE, Paulo. *Pedagogia da Esperança: um reencontro com a Pedagogia do Oprimido.* 22. ed. São Paulo: Paz e Terra, 2015.

FREIRE, Paulo. *Pedagogia dos sonhos possíveis.* São Paulo: UNESP, 2001.

GRAMSCI, A. *Os intelectuais e a organização da cultura.* Rio de Janeiro: Civilização Brasileira, 1979.

KOLLING, E. J.; NERY, I. I. J.; MOLINA M. C. (Orgs.). *MST, Setor de Educação. Por uma Educação Básica Do Campo 1.* Brasília: Fundação Universidade de Brasília, 2002.

LIMA, Elmo de Souza. Educação do campo, currículo e diversidades culturais. *Revista Espaço do Currículo* (Online), v. 06, p. 608-619, 2013.

MEDEIROS. L. S. de. Latifúndio. In: CALDART, Roseli Salete. (Org.). *Dicionário da Educação do Campo.* Rio de Janeiro: Escola Politécnica de Saúde Joaquim Venâncio; Expressão Popular, 2012. p. 466-472.

MOLINA, M. C.; SÁ, L. M. Licenciatura em Educação do Campo. In: CALDART, Roseli Salete. (Org.). *Dicionário da Educação do Campo.* Rio de Janeiro: Escola Politécnica de Saúde Joaquim Venâncio; Expressão Popular, 2012.

MORIN, Edgar. *Os sete saberes necessários à educação do futuro.* São Paulo: Cortez, 2001.

STÉDILE, João Pedro. Reforma Agrária. In: CALDART, Roseli Salete. (Org.). *Dicionário da Educação do Campo.* Rio de Janeiro: Escola Politécnica de Saúde Joaquim Venâncio; Expressão Popular, 2012. p. 659-668.

CAPÍTULO 4 - ARTES MANUAIS
O tecido das narrativas da/na Educação do Campo em Minas Gerais: bordando os territórios no e a partir do LECampo/FaE/UFMG

Álida Angélica Alves Leal
Adriana Angélica Ferreira
Maria de Fátima Almeida Martins

Tece, tece, tece, tece,
Bem tecida essa canção,
Um a um, fio por fio,
Como faz o tecelão
Que fabrica o seu tecido
De cambraia-de-algodão.
Prende os fios coloridos
No labor da tua mão,
Tece, tece, tece, tece,
Bem tecida essa canção,
Com carinho, com cuidado,
Com silêncio e solidão
Marcus Acioly

Com carinho e cuidado, como nos lembra o poeta pernambucano, que também seguirá conosco nas próximas páginas, mas de forma conjunta e solidária, é que nos propomos a costurar este texto, que contém a descrição e a análise de uma experiência referente à primeira oficina do projeto O Tecido das Narrativas do Campo em Minas Gerais. A oficina teve por objetivo articular, através da produção coletiva de "mapas bordados", questões que tecem, ou são tecidas, nas tramas cotidianas dos sujeitos que fazem a Licenciatura em Educação do Campo da Faculdade de Educação da Universidade Federal de Minas Gerais (LECampo/ FaE/UFMG). O texto também se dedica a apresentar e compreender algumas repercussões dessa experiência, mais especificamente no que tange a alguns de seus desdobramentos em territórios outros, quais sejam, do entrecruzamento de atividades realizadas no âmbito do Programa Institucional de Bolsas de Iniciação à Docência (Pibid Diversidade) e da atuação em uma Escola Família Agrícola (EFA), situada na região noroeste do estado, por parte de uma estudante, bolsista e docente que, atualmente, encontra-se vinculada ao curso acima mencionado.

Nossas bases teórico-conceituais assentam-se nas discussões apresentadas por Jorge Larrosa Bondía (2002), para quem a experiência não é algo que passa, acontece ou toca, mas "o que nos passa, o que nos acontece, o que nos toca" (p. 21), sendo cada vez mais rara no mundo moderno. Nesse sentido, partimos do pressuposto de que, através de pontos e bordados realizados com agulhas, linhas e tecidos, seja possível realizar a marcação, a grafia, o registro dos diferentes sujeitos que fazem essa Educação do Campo, bem como de seus contextos e práticas socioculturais territorializadas nas diferentes regiões de Minas Gerais. Além da dimensão prática que envolve o projeto, também faz parte de nossos objetivos fomentar, entre os discentes do referido curso, ricos momentos de sociabilidade e de troca de narrativas e de experiências para e sobre suas vidas. Acreditamos que a tarefa manual do bordado permite àqueles que se dedicam a ela a possibilidade de realização simultânea das atividades intelectuais/cognitivas da fala e do pensamento. Enquanto as mãos costuram o fio da linha, a fala delineia o fio da nossa história pessoal, que, na sociedade moderna, tem ficado cada vez mais restrita ao espaço privado, em detrimento do coletivo. De modo geral, destacamos que a tessitura das narrativas dos territórios dos educandos envolve ressignificações das manifestações culturais dos e nos territórios e sua relação com a identidade, permitindo reflexões sobre a ludicidade na prática educativa, entre outros aspectos.

Salientamos que tal oficina faz parte de um projeto mais amplo, atualmente em curso, que culminará na produção de um grande mapa bordado de Minas Gerais, a partir da base cartográfica de cada uma das macrorregiões do estado, nas quais serão aplicadas as contribuições dos participantes do LECampo/FaE/UFMG, com base nos referenciais de suas respectivas regiões. Ao final do processo, todos os mapas menores serão unidos formando um grande mapa de Minas Gerais, feitos a partir de diferentes mãos camponesas, as mãos dos estudantes do curso.

A oficina e seu contexto: a formação de professores do campo

Apresentar, neste artigo, a oficina O Tecido das Narrativas do Campo em Minas Gerais na experiência formativa da Educação do Campo nos remete, já de início, à simbiose da proposição da referida atividade com a prática pedagógica do LECampo/FaE/UFMG. Com uma trajetória de mais de dez anos de formação, o curso, inicialmente nomeado de Pedagogia da Terra, teve início no ano 2005, como um projeto experimental da faculdade, em parceria com o Programa Nacional de Educação na Reforma Agrária e o Instituto Nacional de Colonização e Reforma Agrária (Pronera/Incra/Minas Gerais). Com o sentido de atender às necessidades e demandas das populações campesinas, um de seus objetivos específicos era habilitar professores para a docência, em escolas do campo, nas áreas de Ciências da Vida e da Natureza (CVN); Línguas, Artes e Literatura (LAL); Ciências Sociais e Humanidades (CSH) e Matemática (MAT). A habilitação em áreas do conhecimento, e não em disciplinas, como geralmente ocorre nas licenciaturas, é uma das inovações do curso, que prioriza as iniciativas interdisciplinares.

A partir de 2009, o curso tornou-se regular, passando a se chamar Licenciatura em Educação do Campo (LECampo) e ofertando uma área a cada ano para uma turma de 35 estudantes. O curso funciona em regime de alternância de espaços e tempos, sendo o Tempo Escola (TE) aquele que acontece presencialmente, nos meses de janeiro e julho, nas dependências da FaE/UFMG, e o Tempo Comunidade (TC), que se realiza entre esses módulos, nas comunidades onde vivem os alunos licenciandos. Atualmente, é composto por cinco turmas, totalizando 140 alunos.

Desde 2011, a maioria dos estudantes atua como bolsista no Programa Institucional de Bolsas de Iniciação à Docência (Pibid Diversidade). De abrangência nacional, ele visa aperfeiçoar a formação inicial de professores, para atuação específica em escolas indígenas e do campo, oportunizando a participação na vida escolar, com vistas à criação de experiências metodológicas, tecnológicas e práticas de caráter inovador e interdisciplinar que levem à superação de problemas identificados no processo de ensino-aprendizagem (CAPES, 2015, *apud* VIEIRA *et al.*, 2015).

O curso no contexto da criação da política pública

A formação de professores do campo na UFMG tem suas bases assentadas no contexto da expansão das novas licenciaturas nas universidades, com a abertura da discussão e de espaços instituídos sobre e para as políticas públicas pensadas e concretizadas pelo governo federal, a partir de 2003, quando elas foram claramente definidas com focos específicos para os setores mais vulneráveis da população. Dessa forma, o curso, como concretude da luta por uma Educação do Campo demandada pelos movimentos sociais, insere-se no esforço mais amplo realizado pelo Programa Nacional de Formação de Educadores do Campo (Pronacampo, Brasil, 2007), no sentido da universalização e melhoria da oferta para formação de educadores. Tal programa foi estruturado em quatro eixos de ação, a saber: 1) Gestão e Práticas Pedagógicas; 2) Formação de Educadores; 3) Educação Profissional e Tecnológica e 4) Infraestrutura, cujo sentido é garantir condições para as populações do campo, condições essenciais ao projeto de desenvolvimento em curso no país, significando um avanço na melhoria das condições materiais para essas populações.

A LECampo, pensada para atender as populações e a escola do campo, tem, no Decreto 7.352, de 4 de novembro de 2010 (BRASIL, 2010), formas e contextos de sua efetivação. Em seu inciso § 1º, define e caracteriza os sujeitos e os espaços constitutivos da Educação do Campo, explicitando formas de escolarização nas escolas do campo, quando remete os incentivos à formulação de projetos político-pedagógicos específicos, capazes de articular as diferentes experiências formativas no diálogo com os contextos territoriais, fortalecendo os sujeitos em suas práticas e identidades.

Imbuído desses propósitos é que o curso foi organizado, tendo como centralidade a garantia de uma educação de qualidade às populações do campo, articulada a uma proposta de desenvolvimento do e para o campo. Cabe destacar que a UFMG foi pioneira e só mais recentemente é que 48 cursos, em diferentes instituições de ensino superior – incluindo universidades federais, estaduais e autarquias –, foram criados no país, oriundos das demandas dos movimentos sociais.

Para Molina (2014), essa formação de educadores foi ganhando corpo, à medida que novos sujeitos organizados também passaram a reivindicar abertura de novos cursos, como forma de ampliar a oferta concreta de formação de educadores e, com isso, conquistar os fundos públicos do estado para manutenção de tais graduações. Foi, portanto, a partir desta e de outras experiências que efetivamente a ampliação dos referidos cursos ganhou concretude. Espacializados em todo o território brasileiro, adquiriram vários contornos, consubstanciados pelos aspectos geográficos, culturais, sociais e econômicos dos diferentes territórios e sujeitos, em nível nacional.

É importante salientar que o nome Educação do Campo envolve uma dimensão que é própria da vida e da diversidade de sujeitos do campo, contendo uma ação educativa transformadora e emancipatória, por ter em conta os processos formadores dos sujeitos, de forma a favorecer sua autonomia. Esse termo surge a partir das lutas dos movimentos sociais no campo, por melhorias nas e das escolas do campo, contrapondo-se aos sentidos que foram dados à educação "rural" (formatada sob o signo do assistencialismo latifundiário, que reforçava a dominação assentada na prática da benemerência e a permanência da desigualdade do direito à terra) e servindo de base para pensar e formular, sob outros contornos e significados, a educação dos que vivenciam o campo e se relacionam com a terra como lugar da existência e realização da vida.

Principais características da Licenciatura em Educação do Campo

A formação de professores no Brasil é um tema historicamente presente nos debates acadêmicos, nas discussões dos gestores públicos, no cotidiano das escolas, ocupando e preocupando a sociedade como um todo. Não sem razão, visto que, ao longo do tempo, observa-se que várias necessidades da prática escolar se referem à fragilidade na formação docente no país. Ao longo do tempo, novas demandas surgem e vão-se acumulando a situações ainda não resolvidas. Quando focalizamos a formação de professores para atuação em escolas do campo, a situação fica um pouco mais complexa.

A preocupação com a escolarização da população campesina, agora implementada, tenta dar alguma resposta aos índices alarmantes de analfabetismo existente no país há muito tempo. Em 1953, Lourenço Filho (*apud* Martins 2015) alertava que, entre os inúmeros fatores a serem equacionados com relação à escola rural, era necessário focalizar na formação de educadores. Segundo esse renomado educador, somente professores que tivessem sintonia com a população rural poderiam fazer um trabalho de qualidade, visto que a escola nesse contexto demandava compromisso com o modo de vida e de trabalho vinculado à agricultura, à criação de animais, ao extrativismo, entre outras atividades. Tal ação necessitava de grande empenho, haja vista o contexto em que o campo se situava, qual seja, de um intenso fluxo migratório para os centros urbanos, catapultado pelo processo de industrialização, a partir dos anos 1930, que favoreceu a acumulação e a produtividade das atividades urbanas, como bem ressalta Francisco de Oliveira (2006, p. 40).

Florestan Fernandes (1979), em suas reflexões sobre as mudanças sociais no Brasil, já havia denunciado o quanto a educação rural no país era claramente reconhecida como um ponto a ser enfrentado pelas políticas públicas. Para ele, a constatação e as evidências de que era necessário pensar e agir no combate ao analfabetismo eram recorrentes. Jargões como "'O maior problema brasileiro é o educacional', 'devemos democratizar a cultura'" (FERNANDES, 1979, p. 132) povoaram as cabeças de governantes e parte da elite governante no país. Ele denunciava: "a questão não é simplesmente humanitária" (p. 133), mas de uma transformação profunda e geral do nosso sistema de ensino.

A realidade escolar do campo na atualidade continua como um desafio. Nas últimas décadas, tem se orientado por políticas públicas que indicam para o fechamento de escolas do ensino fundamental 1 (EF1), ensino fundamental 2 (EF2) e ensino médio, localizadas no campo, e a criação dos estabelecimentos em áreas distritais ou urbanas por meio da nucleação (Brasil, 2007b).

A literatura tem demonstrado que a rotatividade docente em escolas situadas no meio rural permanece nos estabelecimentos nucleados em distritos e nas áreas urbanas. A indicação para um cargo no campo para professores que residem nas cidades é considerada como castigo por muitos, que assumem a função na perspectiva de uma transferência para escolas mais próximas dos núcleos urbanos (Antunes-Rocha, 2004). Pesquisas em andamento têm indicado que os docentes consideram as crianças e jovens do campo *mais fracos*. Em alguns municípios, a população urbana resiste em colocar seus filhos nessas escolas por considerá-las como de menor rendimento. Vale ressaltar que o tema rural não é abordado nos currículos dos cursos de Pedagogia e de Licenciatura oferecidos pelas instituições de ensino superior. Em pesquisa sobre o curso de magistério de nível médio, Marlucy Paraíso (1996) utilizou a expressão "campo do silêncio" ao constatar a ausência do referido tema nos currículos daqueles cursos.

Nessa perspectiva, tendo esta e outras questões em vista, o curso de Licenciatura em Educação do Campo emerge como oposição a esta realidade. Dessa forma, compromete-se com a construção de um processo de escolarização articulado aos interesses da população que reside e/ou trabalha nos diferentes espaços que, atualmente, configuram o campo brasileiro. Assim, alia-se ao compromisso com a construção de uma escola de qualidade, com o protagonismo dos sujeitos e com a compreensão de que a escola é uma ferramenta essencial na construção de um novo modelo de organização social, política, econômica e cultural, não somente para o campo, mas para a sociedade como um todo.

Enfatiza-se que a escola do campo, demandada pelos sujeitos do campo, vai além da escola das primeiras letras, da escola da palavra, da escola dos livros didáticos. É um projeto de escola que se articula com os projetos sociais e econômicos do campo, que cria uma conexão direta entre formação e produção, entre educação e compromisso político. Uma escola que se transforma em ferramenta de luta para a conquista de seus direitos de cidadãos. Corroborando com os anseios supracitados, a Licenciatura em Educação do Campo objetiva concretizar formas de estruturação, buscando a formação de educadores e educadoras comprometidos/as com um projeto educativo que valorize o sujeito e sua diversidade. Nesse sentido, a Educação do Campo se constitui, em sua essência, como uma forma de contraposição à educação rural, por ter como base e centralidade do processo educativo o sentido atual do trabalho camponês, das lutas sociais e culturais dos segmentos sociais do campo hoje. Enquanto a educação rural se caracterizava por práticas desvinculadas das culturas e das identidades dos sujeitos do campo, atendendo a interesses das classes dominantes (produtores rurais, grandes proprietários de terra, latifundiários, etc.), visando à manutenção das relações de produção marcadas pela subordinação do trabalhador ao capital e à propriedade da terra, a Educação do Campo emergiu das necessidades e lutas das populações do campo.

A Educação do Campo, que nasceu na/da luta do campesinato, constitui-se, na atualidade, como um território imaterial, como evidencia Fernandes (1979), efetivada pelo protagonismo dos movimentos sociais. Trata-se de uma educação voltada para e a partir do conjunto dos trabalhadores e trabalhadoras do campo, na diversidade de seus sujeitos, que vivem e trabalham no meio rural brasileiro. O espaço/tempo da luta, da conquista, da construção de vínculos solidários, societários e do trabalho cooperativo colocam a alternância não somente como afirmação do que está dado, mas como processo capaz de gerar o novo, nas alteridades, nas culturas e na sociedade, provocando alterações nos sujeitos e na cultura, vivenciada como um processo coletivo.

A luta dos movimentos e dos sujeitos do campo pela escola é marcada por suas relações com o trabalho e com o território, que constituem processos bastante significativos da forma de estar e ser do campo. A relação com o trabalho é colocada em primeiro plano, por ser e ter essa escola uma perspectiva formadora do mesmo como princípio educativo. Como campo de luta política, demarcando seus territórios, desde as primeiras décadas do século XX, os sujeitos do campo lutam para que os educadores das escolas do campo sejam da própria região onde irão trabalhar. Dessa forma, a Educação do Campo encontra base para fixar seu argumento teórico-metodológico no trabalho e nos territórios, porque eles se constituem como condições educativas, por potencializarem o desenvolvimento e o modo de vida dos povos do campo.

Nesse contexto, o protagonismo como parte da formação dos educadores do campo expressa uma forma de luta e, portanto, de uma educação compreendida como aquela que contempla as relações mais amplas de inserção na vida social e que garanta e contemple os interesses e o desenvolvimento sociocultural e econômico dos povos que habitam e trabalham no campo. Não basta ter escolas no campo; quer-se construir escolas do campo com um projeto político-pedagógico vinculado às causas, aos desafios, aos sonhos, à história e à cultura do povo trabalhador do campo.

Assim é que destacamos que o reconhecimento do sujeito do campo como sujeito que se coloca como coletivo é um dos princípios estruturadores da Educação do Campo. Sua condição de participante de movimentos sociais e sindicais, e também como integrante de grupos cuja identidade está definida pelas formas de produção da vida, traz para a alternância TE/TC a função de articular essas identidades. Como criar condições para que as diferentes expectativas e demandas desses sujeitos possam ser sistematizadas, problematizadas e teorizadas? Um desafio para a escola que, conforme Molina (2009):

> [...] um dos aspectos relevantes para o funcionamento de uma escola que possa ser considerada "do campo" é o reconhecimento e a valorização da identidade de seus sujeitos. Reconhecer e valorizar implica construir e desencadear processos educativos, dentro, e ao redor e no entorno da escola que não destruam a autoestima dos sujeitos pelo simples fato de serem do meio rural; de serem sem-terra; de serem filhos de assentados; filhos de agricultores familiares; extrativistas; ribeirinhos; quebradeiras de coco [...] (MOLINA, 2009, p. 32).

Esse é o contexto no qual os estudantes se envolvem nos processos formativos propiciados pelo LECampo/FaE/UFMG, com atividades que propiciam momentos de diálogos dos saberes ali presentes. A oficina que deu origem a este texto coloca-se como um espaço de valorização do universo cultural campesino, com seu viés caracteristicamente genuíno, a saber, o artesanato na sua vertente do bordado, como será explicitado adiante. A atividade foi pensada como um desses momentos de interatividade e sociabilidade entre os sujeitos que lutam pela Educação do Campo, a fim de que possam, através de suas manifestações culturais, comunicar e reafirmar suas identidades, explicitando os modos como produzem, cotidianamente, seus territórios camponeses.

A prática formativa no LECampo: o tecido das narrativas na FaE/UFMG

Tece, tece, que tecendo
Cresce, cresce a fiação,
Urde as formas das estampas,
Firma as cores do padrão,
Roda a roda, tece, tece,
Bem tecida essa canção.
Noite e noite, sempre e sempre,
Nunca inútil, nunca em vão
Marcus Acioly

No contexto de realização da formação de professores para atuarem na Educação do Campo, durante o TE na UFMG de julho de 2015, materializamos o desejo de propor aos educandos do LECampo novas experiências narrativas ou, em outros termos, novas formas de contarem e compartilharem seus modos de vida no campo. Para tanto, enquanto docentes relacionadas ao curso e/ou envolvidas com a temática, tomamos como ponto de partida a partilha de nossos afetos, vinculados às memórias e aos fazeres relacionados à costura e ao bordado, seja manual ou mediado pelas antigas e/ou modernas máquinas de bordar e costurar. Ternuras gestadas em nossos contextos familiares desde a infância, o entrecruzar das linhas nos tecidos passou a se constituir como uma possibilidade a ser experimentada em atividades de formação docente, ressignificando outras experiências nossas, realizadas em outros contextos. Para nós, a urdidura das formas e o firmamento das cores, quando feitos através da costura e do bordado, representam aquilo que Larrosa (2015) nos diz sobre a experiência, como aquilo que nos passa, nos acontece e nos toca, realizando-se em nós de modo forte e fecundo também nos campos da educação, enquanto processo formativo.

Não queremos dizer com isso que a experiência é algo que pode ser operacionalizado a partir de determinadas práticas, como o próprio autor pontua, mas um processo que desperta o desejo de narrar (Larrosa, 2015, p. 13). São narrativas que podem estar permeadas de sentidos ocultos, que por vezes querem gritar sua existência, como foi possível perceber nas produções realizadas.

> Assim insistirei, para terminar, que não se pode pedagogizar, nem didatizar, nem programar, nem produzir a experiência; que a experiência não pode fundamentar nenhuma técnica, nenhuma prática, nenhuma metodologia; que a experiência é algo que pertence aos próprios fundamentos da vida, quando a vida treme, ou se quebra, ou desfalece; e em que a experiência, que não sabemos o que é, às vezes canta (Larrosa, 2015, p. 13).

Nesse sentido, cabe salientar que uma das inspirações para a realização da atividade desenvolvida diz respeito ao trabalho das *arpilleras* da resistência chilena, conforme apresentam Leal, Silva e Dias (2014), em artigo sobre o encontro entre o cinema e o bordado, na formação continuada de professores da educação básica. Os autores explicam que *arpillera* é uma técnica têxtil chilena, que tem raízes numa antiga tradição popular, iniciada por um grupo de mulheres bordadeiras da Isla Negra, situada na costa central chilena. Consiste em *contar histórias através do bordado*. A conhecida folclorista Violeta Parra foi quem ajudou a difundir esse trabalho artesanal, em meados da década de 1960. Para ela, que nos versos de suas canções também mostrou a vida e os sentimentos dos camponeses latino-americanos, a técnica consiste em *"uma linguagem para poder transmitir histórias, sonhos e conceitos". "As arpilleras são como canções que se pintam",* declarou a artista.

Os autores seguem destacando que, no período da ditadura militar chilena (1973-1990), muitas mulheres que tiveram seus familiares torturados, sequestrados e/ou desaparecidos confeccionavam bordados de maneira coletiva, em associações, igrejas ou outros lugares, contando suas histórias de dor e resistência. Em geral, o tamanho das obras era determinado pelos recortes de um saco de *arpillera* (juta, em português), utilizados como telas de fundo dos bordados. Após o consumo de conteúdo (farinhas, grãos, etc.), esses tecidos eram lavados e divididos em partes, possibilitando assim que aquelas mulheres bordassem suas histórias individuais e coletivas. Atrás de cada tela, as mulheres costuravam um bolsinho, onde contavam, em pequenos textos, o significado do bordado.

Por meio desse trabalho, aquelas mulheres denunciavam as situações de opressão, "constituindo expressões da tenacidade com que levavam adiante a luta pela verdade e pela justiça. As mulheres costuravam suas histórias à mão, banhadas em lágrimas, saudades e indignação" (LEAL; SILVA; DIAS, 2015, p. 5). Como forma de registrar a vida cotidiana e de afirmar sua identidade, as oficinas de *arpilleras,* ao mesmo tempo em que expressaram e denunciaram a realidade vivida por aqueles coletivos femininos, também se transformaram em fonte de sobrevivência em tempos adversos, constituindo-se como uma atividade cooperativa e de produção de uma fonte de renda.

Inspiradas pela expressão estética e política do bordado, especialmente das *arpilleras* da resistência chilena, na primeira oficina do projeto, as atividades foram realizadas nos dias 9 e 13 de julho de 2015, durante a realização do TE do curso, na FaE/UFMG. A oficina envolveu cerca de 70 estudantes de todas as áreas de formação do curso, que se inscreveram de maneira voluntária. O local de realização da abertura da oficina foi o Jardim Mandala, da FaE/UFMG, um agradável espaço-projeto de intervenção urbana, por meio da arte do paisagismo, que propõe refletir sobre uma maneira diferenciada de lidar com espaços sem visibilidade.

Cercados por plantas as mais diversas, com destaque para as medicinais, e com o lugar devidamente ornamentado, com destaque para o uso de vários objetos de inspiração e afeto do grupo de proponentes da atividade (FIG. 1), deu-se início à apresentação da proposta por parte das organizadoras. Com base no mapeamento dos locais de moradia dos estudantes do LECampo, analisado anteriormente, foi possível identificar a presença marcante desses docentes em formação em quase todas as macrorregiões, ou Regiões de Planejamento, do estado de Minas Gerais. Em determinadas macrorregiões, essa presença apresenta destaque, em função do número de alunos do LECampo que ali residem, como é o caso do norte de Minas Gerais, entre outras. No entanto, em outras macrorregiões, a presença ainda é inexistente ou pouco efetiva no curso realizado na UFMG, como acontece com o Triângulo Mineiro.

Tendo em vista tal distribuição, para a realização dos bordados, foi proposto que os participantes se dividissem em nove grupos diferentes, conforme a proximidade geográfica de seus locais de moradia. Cada grupo recebeu um pedaço de tecido (algodão cru), com dimensões de 30 × 30 cm (aproximadamente), para registrarem suas narrativas. Inicialmente, foram debatidas as impressões dos sujeitos presentes acerca de seus espaços de vivência, mediados por suas representações mais amplas sobre o mundo, a docência, a cultura local, a alteridade, etc. Em seguida, cada um dos grupos procedeu à escolha dos aspectos mais representativos e realizou bordados coletivos sobre um tecido que, ao final do projeto, seriam costurados e recortados no formato da macrorregião que representa.

Para esse momento, foram utilizadas técnicas de bordado em pontos cheio, haste, corrente, assim como aplicação de tecidos, peças de artesanato, fitas, sementes, fotografias, etc. (FIG. 2). Também se abriu a possibilidade de que os estudantes que tivessem acesso a imagens fotográficas digitais de seu espaço de vivência, de suas práticas pedagógicas, de manifestações socioculturais de sua localidade também pudessem disponibilizar os arquivos de tais imagens, no primeiro dia da oficina, a fim de que fossem impressas em tecido e posteriormente aplicadas sobre o bordado em construção.

Figura 1: Inspirações e afetos – máquinas
Figura 2: Início da oficina de costura, 9 jul. 2015
Foto: Álida Angélica Alves Leal

Entre as duas datas de realização dos encontros propostos, os estudantes deram continuidade à produção iniciada no primeiro dia, o que foi possível perceber, no espaço físico da FaE, nos intervalos de aulas e horários do pós-refeições.

Eles entenderam que necessitavam dessa organização externa para a dinâmica dos dois encontros da oficina para concluírem sua produção. Ao mesmo tempo em que alinhavavam suas histórias nos pequenos retalhos do tecido, marcavam presença, no espaço da faculdade, com um uso diferenciado de suas instalações.

Deixar a sua marca no retalho de pano não se limitou à tentativa de expressar artisticamente suas lides cotidianas, mas, em alguns casos, se materializou na grafia dos próprios nomes. Mais de um grupo bordou uma cercadura para suas paisagens com os nomes de todos os seus membros. Dar a saber sua existência pela cena representada não foi suficiente. Apropriar-se do tecido também nos parece revelar o sentido de registro de uma conquista, tal qual o direito de usufruir de parte de uma política pública de democratização do acesso à educação, que por muitos anos lhes foi negada.

Ao analisar a realização das atividades propostas na oficina, chamou a atenção a grande adesão dos estudantes à atividade extracurricular. Destaca-se a presença de mulheres e homens que, juntos, como também observaram Leal, Silva e Dias (2014), tiveram a oportunidade de desnaturalizar atributos considerados essencialmente femininos, problematizando relações de gênero.

Através do ato de bordar, também percebemos que os estudantes tiveram a oportunidade de contrapor sensações e sentimentos despertados por atividades outras, desempenhadas ao longo do período do TE, no qual dedicam-se aos estudos e às atividades correlatas em período integral, geralmente nos turnos da manhã e da tarde. "Como é que o corpo se cansa tanto ao sentar-se na cadeira por horas a fio, participando de uma aula, e sequer é percebido quando a gente se põe a bordar?" Este era um comentário recorrente entre alguns estudantes.

O encontro com o outro através do bordado, salientando-se aí o exercício da alteridade, também precisa ser aqui enfatizado, tendo em vista que a oficina se colocou como possibilidade de construção daquilo que Brandão (2010) chamou de "Pedagogia da dádiva", ou seja, a beleza de compartilhar o que se sabe e aprender o que não se sabe. Quantos/as foram aqueles/as que, pela primeira vez, tiveram contato com a arte e o ofício de costurar, seja por meio do olhar, do ouvir ou do tocar agulhas, tecidos e fitas que, diariamente, velam e recobrem corpos e objetos? Quão encantador foi o relato de uma estudante, surpresa, ao compreender que era capaz de aprender a pregar um botão, habilidade desconhecida até então!

Faz-se necessário salientar, ainda, os ricos momentos de sociabilidade e de troca de narrativas e de experiências para e sobre as vidas dos sujeitos envolvidos. Reunidos em grupos, os participantes puderam dialogar sobre suas vivências cotidianas, selecionando aspectos que constituem seus territórios camponeses, para que ali pudessem ser apresentados e representados. Trocas entre diferentes grupos também puderam ser percebidas em atos de cotejamento de realidades camponesas, tão próximas e, ao mesmo tempo, tão distintas. Consideramos, também, que os momentos de partilha levaram à problematização da importância do trabalho coletivo, entre outros aspectos, salutar no processo de construção da Educação do Campo que desejamos construir.

No que tange aos bordados propriamente ditos (FIG. 3), nessa primeira oficina, observou-se que, de modo geral, a macrorregião mineira norte de Minas foi aquela que mais contou com representantes, se comparada com as demais. Logo, foi a região mais representada através dos bordados. Observou-se a ênfase dada às referências dos povos tradicionais "Geraizeiros", através de representações do seu cotidiano, seus costumes e práticas. Segundo a descrição de Nogueira (2009, p. 8), os Geraizeiros são:

> [...] os camponeses da porção de Cerrado no norte de Minas Gerais – paisagem que teve grande parte de sua extensão convertida em maciços de eucalipto, a partir da década de 1970. O plantio empresarial de eucalipto implicou em expropriação de terras comunais e grande impacto ambiental, com a redução da oferta de água, frutos nativos, ervas medicinais e madeira – recursos estratégicos para reprodução física e social dos Geraizeiros. Em aliança com sindicatos de trabalhadores rurais, entidades ligadas à Igreja Católica, organizações não governamentais (ONGs) e redes socioambientais, como a Rede Cerrado, os Geraizeiros, hoje, reagem à violência sofrida, denunciam o caráter predatório do monocultivo de eucalipto e reivindicam o reconhecimento de seus direitos territoriais enquanto população tradicional.

Figura 3: Bordados confeccionados na primeira oficina do Projeto O Tecido das Narrativas do Campo em Minas Gerais. Estudantes do LECampo/FaE/UFMG, julho de 2015
Foto: Álida Angélica Alves Leal

Ao observar um pouco mais de perto as tessituras apresentadas pelos estudantes, notam-se os modos como o espaço de vida do camponês foi apresentado, representado e compartilhado nos tecidos bordados. Através da mobilização de suas vivências, esses sujeitos nos deram a ver sua religiosidade e seus locais de devoção; suas festividades e modos de comemoração da fertilidade da terra e da colheita; os modos de realização do trabalho para a reprodução da família e da comunidade; e a expressividade de homens e mulheres camponeses, com seus saberes e fazeres do e no campo. Ainda nos deram a ler que, no Vale do Jequitinhonha, as relações étnico-raciais e de gênero – representadas por uma mulher negra que observa o mundo pela janela – precisam ser mais bem discutidas, pensadas e problematizadas no âmbito da produção das identidades camponesas.

Os bordados também nos deram a ouvir que, nos territórios do cerrado brasileiro, ganham força expressões de pertencimento e valorização das belezas e encantos do lugar por seus moradores, para além de certo senso comum que insiste em dizer que "lá não tem nada, só cerrado!". As tramas ainda nos deram a sentir o quão importante é nomear a si mesmo/a e ao seu local de vida – Cleidiana, Lucas, Verônica,[1] Herbert de Souza, Paracatu, Grão Mogol, comunicando e reafirmando seu lugar no mundo, suas identidades. De modo amplo, contaram sobre o território camponês que, tal como aponta Fernandes (2012, p. 746), pode ser compreendido como "o lugar ou os lugares onde uma enorme diversidade de culturas camponesas constrói sua existência".

Apontando outros aspectos, por um lado, avaliamos que questões relacionadas aos tempos, espaços, apresentação e organização da proposta precisam ser repensadas para a realização de futuras oficinas. Compreendemos ser necessário nos atentarmos, em especial, para a dimensão temporal. Os ritmos das trocas para a realização do bordado manual não podem (ou não devem) seguir as mesmas lógicas da produção industrial, marcados pela celeridade, para que possa se constituir como uma experiência de formação e transformação dos sujeitos, de modo paciente, leve, delicado e sensível.

No entanto, por outro lado, salientamos que, a despeito das técnicas que envolvem a atividade do bordado, essa oficina se valeu da vontade de seus participantes de imprimirem no tecido aquilo que foi vivido (e de algum modo também tecido) nas tramas das lidas cotidianas de moradores, estudantes, educadores, agricultores, homens e mulheres do campo brasileiro. Isso nos faz acreditar nas potencialidades de sua continuação dentro do LECampo da FaE/UFMG.

---

[1] Todos os nomes aqui apresentados são verdadeiros e, para isso, no momento da realização da oficina, todos os participantes assinaram o Termo de Consentimento Livre e Esclarecido (TCLE).

A prática formativa a partir do LECampo: o tecido das narrativas na Escola Família Agrícola de Natalândia

> *Não te falte uma esperança,*
> *Nem te falte uma razão*
> *Que tecida por ti mesmo*
> *Faz nascer essa canção.*
> *Tece, tece, muito e muito,*
> *Por dever e obrigação,*
> *(Pois tecer é teu ofício/ De poeta e tecelão)*
> Marcus Acioly

Remexer no baú do bordado, com seus materiais característicos, tais como linhas, tecidos, agulhas, botões, entre outros elementos, exige uma discussão que envolve também a reflexão sobre a transição do Brasil Agrário Exportador para o dito Brasil Urbano Industrializado. Isso porque, se, até cinquenta anos atrás, pouco se encontravam no campo brasileiro os produtos oriundos de uma indústria, hoje eles se fazem presentes em diferentes rincões do país, reforçando a oposição entre indústria e artesanato.

Foi na ausência de produtos de massa industrializados que muito do artesanato se constituiu como uma representação singela da população campesina. Martins (2000), ao se dedicar à discussão da nossa modernidade hesitante, destaca como, historicamente, na economia brasileira, a mercadoria entra como um fetiche para determinadas parcelas da população. O autor aponta elementos dessa fetichização que, até bem pouco tempo, eram fartamente encontrados ou que ainda coexistiam em determinados lugares no campo. Exemplos que certamente fizeram parte do repertório de vida de muitos dos avôs e pais dos estudantes dessa Licenciatura do Campo em andamento, conforme aponta o autor:

> Latas e garrafas de plástico são reutilizadas muito além de suas funções originais. Copos descartáveis de plásticos são lavados e reempregados no uso doméstico. Por muito tempo, os latoeiros do interior transformavam latas vazias de leite condensado em canecas para água ou café, e ainda o fazem (MARTINS, 2000, p. 38).

No entanto, se, por um lado, a inserção desses produtos como um fetiche era uma tônica da mudança nacional em curso, foi na escassez deles que muitas formas de artesanato se gestaram, ou mesmo que algumas manifestações artísticas se colocaram de pé nos lares do nosso interior. Um raro papel de pão que, recortado cuidadosamente, vira uma renda para a prateleira da cozinha;

flores secas que, envoltas em preciosos retalhos de tecido, vão enfeitar os vasos sobre as mesas; latas de diferentes tipos de enlatados que vão se tornar utensílios, dispostos de forma aráutica e ornamental em cozinhas calhadas com barro branco. Esses são apenas alguns dos muitos exemplos de como mercadorias industriais foram utilizadas no desejo do homem de habitar como poeta. Isso porque, para além do seu fetiche, elas também indicam uma estética, um desejo de tornar o seu lugar belo aos olhos de si mesmo e dos outros.

Antes de serem peças de artesanato valiosas, hoje comercializadas quase como obras de arte, dependendo de quem as produz, as bonecas do Vale do Jequitinhonha, possivelmente, serviram para ornamentar as casas de suas artesãs, por exemplo. O mesmo serve para as bonecas feitas de palha de milho, de diferentes regiões do Brasil, que, durante anos, eram as únicas bonecas a que as crianças tinham acesso para suas lúdicas brincadeiras. Semelhantemente, podem-se destacar as bonecas de pano, os boizinhos entalhados na madeira, as bolas de meias velhas, entre outros brinquedos que hoje são considerados artesanais. Não por acaso, quantas crianças, no nosso passado recente, sonharam com as bolas de gude de vidro, posto que, até então, se valiam das pedrinhas do quintal para realizarem a brincadeira de Cinco Marias? Meninos que, ao se tornarem adultos, chamam pela criança que foram um dia, para lhe dar coragem para prosseguir como humano: "Há um menino / Há um moleque / Morando sempre no meu coração / Toda vez que o adulto balança / Ele vem pra me dar a mão" (Milton Nascimento).

Em um curto espaço de tempo, à medida que algumas dessas manifestações foram se perdendo porque cederam espaço para os produtos de uma forte indústria nacional e internacional, o artesanato, como manifestação popular, passa a ter diferentes significações. Por vezes, é adicionado no rol das raridades mercadológicas e, em consequência disso, alguns tipos de trabalho são supervalorizados, até mesmo porque, de fato, são raras as pessoas que ainda o sabem fazer. As rendas de bilros, os pedaços de tecidos bordados com pontos casinhas de abelha, entre outros, são provas desse tipo de raridade. Em outros casos, são perdidos do repertório popular como uma prática social. Afinal, para que tecer uma peça de roupa de criança em crochê ou tricô, por exemplo, se a indústria coloca no mercado, em lojas de departamentos, infinitas opções, inclusive impressas com os personagens da indústria cinematográfica? É ilusório achar que a cultura de massa, que se apresenta através da moda, por exemplo, não chegou ao campo. Com a indústria televisiva, crianças e adolescentes espalhados por este país "aprendem" todos os dias o que está e o que não está na moda. Desse modo, o artesanato, assim como muitas outras manifestações do modo de vida tradicional, vão se perdendo no turbilhão da vida moderna.

As reflexões realizadas até aqui têm por objetivo fomentar a ideia de que existe a necessidade de que essa discussão seja realizada também entre os estudantes da educação básica do campo, não se restringindo aos âmbitos da formação em nível superior. Tal proposta não emerge no sentido de um resgate acrítico de práticas tradicionais em desuso, como as que o bordado muitas vezes representa, mas na busca de atribuir um sentido mais amplo para as formas de narrativas que, por meio do artesanato, se fazem presentes, como modos de contar a vida, ou, ainda, estimulando aquilo que precisa persistir. Nesse sentido, o relato, a seguir, vem corroborar a importância de que vivências como a que se efetivou, a partir da oficina, sejam incorporadas no cotidiano escolar da Educação do Campo.

Assim, se fazer nascer novas práticas, parafraseando o poeta em epígrafe, pode ser considerada uma perspectiva fundante no processo de formação de professores, especialmente considerando a urgente tarefa de discussão sobre as significações do artesanato na vida moderna, destacamos que, a partir das experiências vividas na oficina realizada na Faculdade de Educação, em Belo Horizonte, região central do estado, recriações e ressignificações da mesma seguiram viagem para o noroeste de Minas Gerais, através das práticas de uma das estudantes do curso, que também atua como bolsista do Pibid Diversidade LECampo e docente na Escola Família Agrícola de Natalândia. Essa escola é organizada em regime de alternância, em que os alunos passam um período de 15 dias na escola e um período igual em casa, alternando espaços e tempos na sua formação.

Numa perspectiva histórica, a alternância tem uma de suas raízes fincadas na França e na Itália, nas décadas iniciais do século XX. Agricultores e agricultoras, preocupados/as com a escolarização e o futuro dos filhos no campo, empreenderam esforços para criar uma escola cujo funcionamento possibilitasse a permanência deles junto à família. Em meados do século, houve um processo de expansão dessa experiência para vários continentes. A primeira experiência brasileira ocorreu em 1969, na cidade de Anchieta, no estado do Espírito Santo. O movimento se iniciou como uma experiência educativa alternativa, isto é, fora do sistema oficial de ensino, realizando uma formação de caráter profissional. Ao longo das décadas, estabeleceu diálogos com o sistema público e passou a ofertar as séries finais do ensino fundamental e o ensino médio articulado à formação profissional (BEGNANI, 2010).

O contexto dado por essa organização curricular permitiu que, em suas atividades como bolsista do Pibid Diversidade e como professora da escola, uma estudante do curso encontrasse ressonância da proposta das narrativas em atividades a serem propostas aos seus jovens estudantes e suas famílias, no contexto da disciplina Arte, lecionada em uma turma do ensino médio do curso Técnico de Agropecuária. Nesse contexto, uma importante questão veio à tona, por parte dos estudantes: em que medida conseguiriam produzir aquilo que estava sendo proposto pela professora, sem grandes investimentos financeiros na compra da matéria-prima para o bordado? Discussões sobre indústria e artesanato se colocam, puxando os fios para novas significações e problematizações, conforme apontamos anteriormente.

Quanto aos bordados feitos pelos estudantes, que formam uma grande colcha, é possível perceber, na delicadeza de uma mandala bordada por uma aluna-neta e sua avó (FIG. 4), as possibilidades do encontro geracional no processo de ensino-aprendizagem de relações outras, marcadas por lógicas não mercantis, entre os sujeitos e a mãe-terra. Também se nota a força da propriedade camponesa na constituição de seus modos de ser e estar no mundo, marcada pelo cuidado com os cultivos e as criações (FIG. 5). Destaca-se a presença do sol, um elemento constante em nossas representações humanas desde as artes rupestres, símbolo de poder e força vital e, no caso das *arpilleras* chilenas, símbolo de esperança em tempos de dores e sofrimentos.

Ainda ganham destaque as representações da escola feitas pelos educandos (FIG. 6) e, em seu espaço, a expressividade da mística[2] (FIG. 8), entendida como expressão "da cultura, da arte e dos valores como parte constitutiva da experiência edificada na luta pela transformação da realidade social, indo em direção ao *topos*, a parte realizável da utopia" (Bogo, 2012, p. 476).

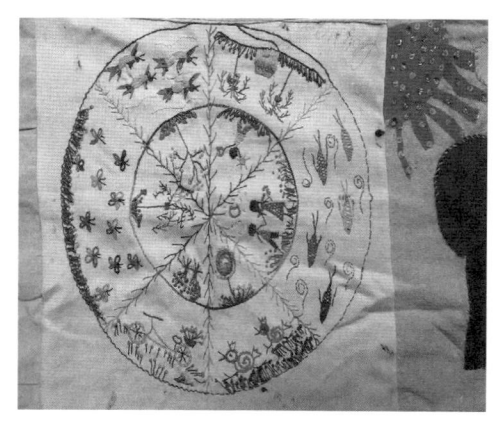

Figura 4: Mandala bordada por uma estudante da EFA Natalândia
Foto: Andréia Campos Cordeiro

---

[2] A mística, como conhecemos, tem sua entrada no campo com o Movimento dos Trabalhadores Sem Terra, mais especificamente em 1979, quando ocorreu a primeira grande Marcha Nacional por Reforma Agrária, Emprego e Justiça, saindo de três pontos diferentes do país, atravessando-o a pé por dois meses, com destino a Brasília. Autores como João Pedro Stédile (2001), Ademar Bogo (2003), entre outros, fazem referência à mística como um momento e um ponto de sustentação da identidade do povo camponês na construção de um projeto político para a classe trabalhadora.

Figura 5: Representação da moradia, criação e cultivo em propriedades camponesas
Foto: Andréia Campos Cordeiro

Figura 6: Representação da EFA de Natalândia e da realização de mística
Foto: Andréia Campos Cordeiro

De modo geral, através das ressignificações propostas pela estudante, em ações de protagonismo assumidas por ela e por seus educandos, nota-se a construção de uma escola do campo que, em seus processos de ensino e de aprendizagem, considera o universo cultural e as formas próprias de aprendizagem dos povos do campo, que reconhece e legitima esses saberes construídos a partir de suas experiências de vida.

Considerações finais

Tece como se tecesses
tua morte ou redenção,
Com amor e sacrifício,
Rapidez e lentidão,
Muito embora ninguém saiba
Que teceste esta canção

com os fios do teu pranto
No tear do coração.
Marcus Acioly

De modo geral, ao longo da realização da oficina, duas indagações foram se configurando, quais sejam: o que estes bordados dizem sobre as tramas das vidas destes sujeitos do campo? Quais os limites e as potencialidades do uso desta técnica e do material produzido em práticas educativas da Educação do Campo, dentro e fora da escola?

Sobre a primeira questão, acreditamos que as respostas convergem, no sentido de indicar que os bordados dizem sobre o que ocupa a centralidade ou o "coração", como diz o poeta, das tessituras da Educação do Campo, ou seja, seus sujeitos, individuais e coletivos que, com suas histórias tecidas, nos mostram suas práticas, vinculadas às suas culturas e identidades, na produção de seus territórios.

Acerca da segunda questão, destacamos que o encontro com o bordado evidencia, por um lado, a necessidade de pensarmos na produção de espaços e tempos mais lentos, nos processos formativos relativos à Educação do Campo, a fim de que a experiência possa, de fato, acontecer e tocar aos sujeitos, como nos diz Larrosa (2015). Por outro lado, nos mostra, em função do envolvimento dos educandos com as atividades propostas, que tal atividade possui potencialidades de sua continuação, tanto dentro do LECampo/FaE/UFMG como em outros espaços formativos relacionados à Educação do Campo.

Referências

ANTUNES-ROCHA, Maria Isabel. *Representações sociais de professores sobre os alunos no contexto da luta pela terra*. Belo Horizonte: UFMG, 2004. Tese (Doutorado em Educação) – Programa de Pós-Graduação em Educação, Faculdade de Educação, Universidade Federal de Minas Gerais, Belo Horizonte, 2004.

BEGNANI, João B. Pedagogia da Alternância. *Revista Presença Pedagógica*, Belo Horizonte: Dimensão, v. 16, n. 91, p. 32-38, jan./fev. 2010.

BOGO, Ademar. *Arquitetos de sonhos*. São Paulo: Expressão Popular, 2003.

BOGO, Ademar. Mística. In: CALDART, Roseli Salete *et al*. *Dicionário da Educação do Campo*. São Paulo: Expressão Popular, 2012. p. 473-479.

BONDÍA, Jorge Larrosa. Notas sobre a experiência e o saber de experiência. *Revista Brasileira de Educação*, n. 19, p. 20-28, 2002.

BRANDÃO, Maria Luciana. *Uma pedagogia da experiência do encontro bordado nas trocas*. Tese (Doutorado em Educação). Faculdade de Educação – Universidade Federal de Minas Gerais. Belo Horizonte, 2010. Disponível em: <https://goo.gl/F2ccqR>. Acesso em: 23 mar. 2017.

BRASIL. Ministério da Educação. Instituto Nacional de Estudos e Pesquisas Educacionais Anísio Teixeira. *Panorama da Educação do Campo*. Brasília: MEC/INEP, 2007a.

BRASIL. Ministério da Educação. Secretaria de Educação Continuada, Alfabetização e Diversidade. *Educação do Campo: diferenças mudando paradigmas*. Brasília: fev. 2007b. (Cadernos Temáticos).

CALDART, Roseli S. et al. *Dicionário da Educação do Campo*. São Paulo: Expressão Popular, 2012.

FERNANDES, Florestan. *Mudanças Sociais no Brasil: aspectos do desenvolvimento da sociedade brasileira*. 3. ed. São Paulo: Difel, 1979.

FERNANDES, Bernardo Mançano. Prefácio: territórios da Educação do Campo. In: ANUNES-ROCHA, Maria Isabel; MARTINS, Maria de Fátima Almeida; MARTINS, Aracy Alves (Orgs.). *Territórios educativos na Educação do Campo: escola, comunidade e movimentos sociais*. Belo Horizonte: Autêntica, 2012. p. 15-20. (Caminhos da Educação do Campo, 5).

LARROSA, Jorge. *Tremores: escritos sobre experiência*. 1. ed. 1. reimp. Belo Horizonte: Autêntica, 2015.

LEAL, Álida A. A.; SILVA, Josaniel V.; DIAS, Marília. S. A. *Do cinema ao bordado: (re)inventando experiências narrativas na formação de professores/as*. Salvador: Rede Estrado, 2014.

MARTINS, José de Souza. *A sociabilidade do homem simples: cotidiano e história na modernidade anômala*. São Paulo: HUCITEC, 2000.

MARTINS, Maria de Fátima Almeida. Educação do Campo e trabalho: questões para pensar a formação do educador. In: NIEP MARX, 2015, Niterói. *Anais*. Niterói: UFF, 2015.

MOLINA, Mônica C. Possibilidades e limites de transformações das escolas do campo: reflexões suscitadas pela Licenciatura em Educação do Campo, da Universidade Federal de Minas Gerais. In: ANTUNES-ROCHA, Maria Isabel. (Org.). *Educação do Campo: desafios e possibilidades para a Formação de Professores*. 1. ed. Belo Horizonte: Autêntica, 2009. v. 1.

MOLINA, Mônica C.; ANTUNES-ROCHA, Maria Isabel. Educação do Campo: história, práticas e desafios no âmbito das políticas de formação de educadores – reflexões sobre o Pronera e o Procampo. *Revista Reflexão e Ação*, Santa Cruz do Sul, v. 22, n. 2, p. 220-253, jul./dez. 2014. Disponível em: <http://online.unisc.br/seer/index.php/reflex/index>. Acesso em: 3 jan. 2017.

NOGUEIRA, Mônica Celeida Rabelo. *Gerais a dentro e a fora: identidade e territorialidade entre Geraizeiros do Norte de Minas Gerais*. 2009. 233 f. Tese (Doutorado em Antropologia), Departamento de Antropologia, Universidade de Brasília, Brasília, 2009.

OLIVEIRA, Francisco de. *Crítica à razão dualista: o ornitorrinco*. Rio de Janeiro: Boitempo, 2006.

PARAÍSO, Marlucy A. Lutas entre culturas no currículo em ação da formação docente. *Educação e realidade*, v. 1, n. 21, p. 137-157, jan./jun., 1996.

STÉDILE, João Pedro. Uma porta de entrada para compreender o MST. In: SUSIN, L. C. *Terra prometida*: *movimento social, engajamento cristão e teologia*. Rio de Janeiro: Vozes, 2001.

VIEIRA, Daniela Campolina *et. al.* Pibid, Diversidade LECampo/UFMG: caminhos para a formação de professores do campo. In: ENCONTRO MINEIRO DE EDUCAÇÃO DO CAMPO: DA LUTA À CONQUISTA DE POLÍTICAS PÚBLICAS – QUE CAMINHOS ESTAMOS CONSTRUINDO?, 3, 2015, Belo Horizonte. *Anais*... Belo Horizonte: FaE/UFMG, 2015.

Sites

<https://arpillerasdaresistencia.wordpress.com/arpilleras-da-resistencia/>. Acesso em: 10 jul. 2015.

<http://www.sul21.com.br/jornal/mab-lanca-campanha-para-financiar-documentario-sobre-arpilleras/>. Acesso em: 10 jul. 2015.

<http://www.revistacontinente.com.br/conteudo/980-revista/literatura/18728-A-descoberta-de-um-poema.html>. Acesso em: 4 ago. 2016.

<https://www.letras.mus.br/milton-nascimento/102443/>. Acesso em: 4 ago. 2016.

CAPÍTULO 5 – FESTIVAL DE CULTURA
Educação do Campo e cultura: possíveis influências do mundo camponês no Festival de Folclore de Jordânia

André Sales Lacerda

Introdução

Na cidade de Jordânia-MG, situada no Vale do Jequitinhonha, ocorre todos os anos o Festival de Folclore de Jordânia, que chega à sua 16ª edição em 2016, como um evento obrigatório na agenda da Escola Estadual de Jordânia, criadora do projeto.

Idealizado pelo professor de Geografia, Cônico Mário de Almeida Gobira, o primeiro festival ocorreu em 2000. Segundo ele, o objetivo era disseminar a cultura popular regional, que se perdeu no tempo ou que era praticada mas não conhecida e apresentada no ambiente escolar, através da música, do teatro e da dança, e também comemorar com um evento de caráter pedagógico o Dia do Folclore. Nos seus primeiros anos, o festival dedicou-se a trazer encenações de peças teatrais, baseadas em histórias regionais de tradição oral, como a do Boi de Janeiro e a do Bicho da Fortaleza.

Com a sua consolidação, a partir do ano 2006, o festival começou a contar com danças que eram apresentadas no Festival Nacional de Folclore de Olímpia, no estado de São Paulo. No período entre 2006 e 2010, foram abortadas as apresentações teatrais e foi dado espaço apenas para a dança. A justificativa foi que, por serem peças baseadas em narrativas orais da região, havia uma dificuldade de julgamento, uma vez que não havia a possibilidade de distanciamento para avaliação por parte dos jurados. Isso prejudicava as demais apresentações, já que as peças e danças baseadas em expressões culturais da região tinham favoritismo.

A partir de 2006, foram inseridas no festival danças do Sul, do Nordeste e da Amazônia, além de danças regionais, como é o caso da quadrilha. Em 2010, foram retomadas apresentações teatrais e também inseridas danças de outros países, como Egito, Rússia e Índia, tornando-se, assim, um Festival de Folclore de Teatro e Dança, com apresentações da cultura regional, nacional e internacional.

É importante ressaltar que o conceito de cultura usado aqui diz respeito à produção do conhecimento através de manifestações artísticas que, em geral, representam práticas cotidianas ou religiosas de um povo.

A partir da experiência do Festival de Folclore promovido pela escola estadual de Jordânia, surge, então, o necessário questionamento que norteará a todo momento este artigo: de que forma as práticas artísticas e culturais produzidas nos ambientes escolares e não escolares podem contribuir para promoção da Educação do Campo? Fazendo um recorte mais específico, como práticas culturais e artísticas locais (como é o caso da Folia de Reis, do Bumba meu boi) podem ser inseridas no cotidiano escolar, sem perder seus traços populares?

Tal interesse surgiu das observações feitas no Estágio Supervisionado, na área de Línguas, Artes e Literatura, do curso de Licenciatura em Educação do Campo da Faculdade de Educação da UFMG. Nesse curso, foi possível trazer a discussão sobre o que é arte, manifestações artísticas, oralidade e contos de tradição oral, ao lado da experiência pessoal de participação, por três anos, na realização e apresentação no festival, quando ainda cursava o ensino médio na escola.

O relacionamento com o Festival de Folclore é, desde cedo, próximo. Primeiro, como aluno e participante do projeto, dentro da escola, depois como estagiário, em que foi possível observar tais práticas artísticas como objeto de pesquisa para o estágio e, posteriormente, discutir os diálogos que a tradição oral e o teatro popular poderiam ter na apresentação da história do Bicho da Fortaleza. Por fim, retorno à mesma escola como educador, no momento como professor de Língua Portuguesa no ensino médio, com envolvimento direto com o Festival de Folclore. O festival integra, atualmente, ao lado de outros seis projetos, o programa Ciranda Cultural e faz parte da agenda da Secretaria de Educação do Estado de Minas Gerais. A necessidade de retomar esse tema e debater as contribuições do festival para a Educação do Campo é que norteia este texto.

Educação do Campo: conhecendo o contexto educacional local

O desenvolvimento da educação brasileira revela que o campo brasileiro, em sua maioria, ficou à margem das propostas educacionais que visavam melhorar o ensino nas escolas. No Brasil, a chamada Educação Rural foi concebida considerando apenas alfabetizar os filhos dos trabalhadores rurais das grandes fazendas, sem compromisso com as concepções de uma educação libertadora, porque o campo era visto como lugar do inferior e do atrasado. Sendo assim, a educação dos camponeses resumiu-se apenas a aprender a ler e escrever. Contudo, contrapondo-se a esse modelo de educação descontextualizada, emergem discussões que iriam contribuir para a construção da Educação do Campo e, seguindo os ideais de Freire (1996, p. 30) em *Pedagogia da autonomia*, a educação que leva em conta os saberes e fazeres do aluno ganha forma:

> [...] o dever de não só respeitar os saberes com que os educandos, sobretudo os das classes populares, chegam a ela saberes socialmente construídos na prática comunitária – mas também, como há mais de trinta anos venho sugerindo, discutir com os alunos a razão de ser de alguns desses saberes em relação com o ensino dos conteúdos.

Essa nova proposta educacional, direcionada ao campo brasileiro, nasce das discussões dos movimentos sociais camponeses, que discutiam sobre os desafios do campo, o êxodo rural, a desvalorização camponesa e outros aspectos (ARROYO, 1999). Nessas discussões, observou-se que um dos pontos-chave para a superação das dificuldades camponesas e para a emancipação do trabalhador rural era questionar a educação que estava sendo oferecida e propor novas ideias, a fim de que a educação no meio rural levasse em consideração as experiências camponesas acumuladas ao longo do tempo, e que tornasse o camponês protagonista de sua própria educação. Portanto, a Educação do Campo nasceu vinculada aos trabalhadores pobres do campo, aos trabalhadores sem-terra, sem-trabalho, dispostos a reagir, a lutar.

O município de Jordânia, no Baixo Vale do Jequitinhonha, onde foi realizada a pesquisa, é um município predominantemente de agricultura familiar. Segundo dados do Instituto Brasileiro de Geografia e Estatística (IBGE), o município possui 10.324 habitantes, sendo que destes, 3.103 habitantes moram na zona rural, representando 30,06% da população total. Segundo estimativa da Secretaria Municipal de Desenvolvimento Rural Sustentável, as 3.103 pessoas estão espalhadas por 500 propriedades rurais no município, sendo 400 enquadradas como agricultura familiar, além de existir também um acampamento sem-terra com 60 famílias. Nessas propriedades, há uma produção expressiva de leite, hortaliças, frutas e cereais, que abastecem suas próprias casas, a feira livre e fornecem a alimentação escolar.

Para garantir o acesso à educação no município, segundo a Secretaria Municipal de Educação, há oito escolas municipais, sendo que, destas, seis são localizadas em comunidades rurais do município, duas atendem aos anos iniciais e finais do ensino médio, e as outras quatro atendem apenas aos anos iniciais do ensino fundamental. Há também três escolas estaduais situadas na sede do município; uma delas atende aos anos iniciais do ensino fundamental, uma atende aos anos iniciais e finais do fundamental, e a terceira atende aos anos finais do ensino fundamental e o ensino médio.

Nos últimos anos, não fugindo à regra dos demais municípios do Brasil, o município fechou as portas de três escolas situadas na zona rural, apoiando-se sempre na mesma justificativa: economizar recursos. É dentro desse contexto que chegamos ao desafio do nosso pensamento crítico como educador. Se há um processo permanente de fechamento de escolas, como discutir produção artística nesse ambiente? Talvez seja possível encontrar um modo de pensar nas afirmações de Brandão (2006, p. 10), em que relata um diálogo com um Búlgaro.

> Isso tudo que você me disse que aqui é folclore lá na minha terra; foi o que tivemos para não perdermos a unidade de nação e também um sentimento de identidade que não podia ser destruído. Eu acho que durante muitos anos as nossas bandeiras eram as saias das mulheres do campo e os hinos eram canções de ninar.

Partindo dessa afirmação, olho para o município de Jordânia, que tem na criação de gado sua principal atividade econômica. Não fica difícil entender por que algumas das manifestações culturais mais fortes da região têm, no seu enredo, forte influência da relação com o gado, com o vaqueiro e o fazendeiro (Bumba meu Boi e Folia de Reis).

Figura 1: Comunidade do Janjão, a 16 km da sede do município, preparando-se para sair em folia pelas casas dos vizinhos
Foto: André Sales Lacerda

Conta a história que o senhor João Caló, fazendeiro, considerado pessoa carrancuda da cidade, veio do sertão da Bahia a convite de uns parentes que tinha em Jordânia, para comprar uma fazenda em Jordânia. Já nessa altura da vida, o homem tinha aprontado bastante. O comentário era que ele, quando criança, ia levar comida para o pai na roça e, no meio do caminho, comia tudo, deixava só os ossos para o pai e dizia que foi o que a mãe tinha mandado, causando desavenças constantes na família. Depois da morte de seu pai, ele só piorou: certo dia, já na juventude, cismou de montar de cela, chicote e espora, em sua própria mãe, e assim o fez. Sua mãe, antes de morrer, o excomungou e disse que ele estava destinado a vagar pela terra, mesmo quando morresse. João continuou sua vida fazendo malvadezas, aqui e acolá, até vir residir em Jordânia, onde comprou um fazendão. Os trabalhadores que prestavam serviço a ele sempre reclamavam de surras, maldades, maus tratos e às vezes matava alguém torturando, só por discordar da opinião dele. Até que, certo dia, o sujeito morreu de uma doença misteriosa. Assim que o enterraram e fizeram a carneira, chegaram uns pistoleiros da Bahia querendo matá-lo. Por acharem o homem já morto, resolveram descarregar toda a munição na carneira dele. Aconteceu que, na noite, o homem voltou à vida, mais violento, cabeludo e robusto, quase um monstro; matou os ditos pistoleiros, degolando-os. Até hoje vive a vagar por aí, em busca de gente que faz maldade, para se divertir. É sempre visto na Semana Santa. É acuado por cachorros; tiros não entram na pele dele. Essa história é conhecida em Jordânia como o Bicho da Fortaleza. As pessoas do local costumam contá-la, junto a outras histórias de assombração, sendo ela a de maior recorrência.

Para que a história seja popularizada e recontada, é necessário empenho e interpretação do contador, como afirma Pereira (1996, p. 25):

> O caso tem o seu significado amplificado no desempenho do contador, que joga em cena, para atrair e prender a atenção do recebedor, a emoção sedutora da voz que acentua, modula, marca e emite falsetes para imitar vozes femininas ou de animais. Explora ainda habilmente todo o corpo, para enfeitar, expandir, gravar fundo na memória dos ouvintes o seu texto.

Na história contada acima, é possível observar a presença de um homem opressor em relação aos seus empregados. Fazendo uma comparação entre os elementos da história e o cotidiano das primeiras fazendas de exploração pecuária na região, é possível afirmar que a realidade, em certos momentos, influenciará a tradição popular. O mesmo ocorre com o Bumba meu Boi.

A arte de educar ou educar com arte

No campo brasileiro, as primeiras formas de representação cênica estão ligadas a festas religiosas, como a Folia de Santos Reis, os Ternos de Congo e

Moçambique, homenagem a determinados santos. Brandão (2006, p. 63) descreve alguns elementos da Folia de Reis:

> Longe da presença e do controle direto de agentes eclesiásticos, o ritual votivo da Folia de Reis constituiu pequenas confrarias de devotos: mestres, contramestres embaixadores, gerentes, foliões distribuídos segundo seus tons de voz e os instrumentos que tocavam. Com base em uma mesma estrutura cerimonial, ampliaram o circuito das visitações de casa em casa, "o giro da Folia"; introduziram novos personagens como os "palhaços", "bastiões" que acompanham a maior parte da Folia de Reis até hoje.

Nessa citação, é possível ver a forma de organizar um drama popular, a criação de novos personagens. Tudo isso mostra a preocupação com a organização, a divisão de papéis e a organização da Folia. Ainda segundo Brandão (2006, p. 64):

> Acrescentando uma série de novos elementos ao mundo do camponês, tornaram aos poucos o ritual parte de sua cultura e hoje, em muitos lugares, a Folia é uma prática comunitária que redefine todo um vasto território de sua passagem, envolve um número imenso de pessoas durante "giro" e retraduz, com os símbolos do sagrado popular, aspectos tão importantes do modo de vida camponês, marcados essencialmente por trocas solidárias de bens, serviços e significados.

Partindo dessa afirmativa, concorda-se que o campo foi e é influenciado por esses rituais, levando para a vida cotidiana valores e ações que, ainda hoje, se percebem presentes na vida camponesa, como a realização de mutirões (trocas solidárias) e a troca de dias de serviço, para contribuir com o bom andamento do serviço do vizinho.

Até aqui foram discutidos elementos que orientam a Educação do Campo, características sociais da região e manifestações culturais locais. Deve-se ressaltar que o conceito de arte trazido aqui se aproxima da ideia de arte como interpretação da cultura produzida pelo povo. A título de exemplo, olhemos para o Bicho da Fortaleza, uma manifestação da tradição oral, que ganha interpretação cenográfica no Festival de Folclore. A arte se concretiza naquele momento, no instante em que os alunos se tornam produtores artísticos que, a partir da narrativa de uma história popular, conseguem imaginar cenários, roupas, elementos que tornem a encenação mais interessante, efeitos visuais.

Um ex-aluno da Escola Estadual de Jordânia afirma: "O melhor momento das vezes que apresentei era quando a luz apagava e o Bicho (da Fortaleza) começava a se remexer no caixão. Todo mundo gritava" (J. C.). A mãe de um aluno relata: "Nossa! Eu fecho os olhos quando vejo aquilo! Como uns meninos não têm medo de fazer esses trem?". Ao ouvir tais relatos, identificamos o ex-aluno como alguém que se sente realizado ao produzir uma manifestação artística, e uma espectadora impactada pelo que viu.

É nesse momento que a arte pulsa na escola. Mas é preciso avançar. Iniciativas como estas do Festival de Folclore da Escola Estadual de Jordânia é algo necessário e plausível, mas um projeto como esse, por si só, não consegue pautar ou reconhecer elementos camponeses nas apresentações folclóricas. De todo modo, tomando ainda o Festival de Folclore como exemplo, é necessário destacar alguns pontos:

- O Festival de Folclore surgiu, inicialmente, como forma de preservação e reconhecimento da cultura local, colocando em evidência o que era falado, cantado e produzido pelo povo do Vale do Jequitinhonha, com enfoque em Jordânia. Depois veio a inserção de tradições de outras regiões e de outros países. Ações como essas trazem relevo à contextualização e ao reconhecimento do lugar de vivência, algo esperado na Educação do Campo. Além do mais, a inserção de diferentes tradições populares no projeto torna o festival mais amplo e com maiores possibilidades de interpretação, pois a arte não é um fim em si mesmo, mas um emaranhado de possibilidades de diálogos diversos com outras manifestações culturais.
- Com a proposição do projeto por uma escola, a tradição popular começa a ocupar lugar dentro do ambiente escolar, passando, assim, por um processo de escolarização, no qual os alunos passam a ver a cultura local a partir de uma ótica investigativa.
- Durante os três meses de realização do projeto, os alunos se tornam diretores de peças teatrais e danças típicas, assim como se tornam atores e figurinistas. Dessa maneira, vivenciam, na prática, todo o processo de produção artística.

Uma deficiência encontrada no projeto é que não se consegue debater certos temas com os alunos, como: Qual a origem de tal história ou encenação? Por que a recorrência de determinados personagens nas mais variadas versões de uma mesma história? O que as histórias e folguedos podem dizer sobre a população local? Questionamentos como estes tornam a produção artísticas mais rica e instigadora.

A arte que até aqui vem sendo falada não é uma arte feita sob encomenda; é uma arte que emana do povo e, neste caso, sobretudo, dos povos camponeses e, como tal, é necessário que tenha espaço nas salas de aula. É importante trazer, para o ambiente escolar, os produtores da cultura da comunidade (cancioneiros, poetas, instrumentistas, atores trabalhadores, entre outros) para apresentar o que eles sabem fazer. A partir daí será possível rompermos os muros da escola com a comunidade.

Mais inquietações do que conclusões...

O assunto sobre arte na escola, o que ensinar e o que não ensinar na escola continua sendo o foco de discussões na educação. Na Educação do Campo não é diferente: os camponeses produzem arte, em vários momentos, nos roçados, na colheita, na hora de fazer o biscoito, bater o feijão, festejar a fartura, falar de injustiças, na hora da morte e na hora da vida. Desde os primeiros momentos, o termo "folclore" é usado como sinônimo de cultura, e cultura como sinônimo de arte. É que aqui, nesse lugar onde o povo nem gosta muito de falar sobre Bicho da Fortaleza, onde Folia de Reis todo ano é comemorada, onde o boi gira pelas comunidades visitando casas, onde no São João a quadrilha é dançada, é difícil dizer onde começa o folclore e onde termina a arte.

Uma das conclusões deste texto é que é urgente a percepção dos gestores para o potencial pedagógico que a arte (sobretudo popular, que é aqui discutida) representa para o ensino básico no campo. Mas é importante lembrar que o reconhecimento de tais práticas artísticas depende da organização social e política dos sujeitos do campo e de seus parceiros. Historicamente, a educação do campo ocupa espaços através de luta e coletividade.

O teatro é um exemplo clássico de que nenhuma construção sociocultural é isenta de influências; seja ele popular ou erudito, sempre haverá diálogo entre o ato de contar, o ato de escrever e o ato de encenar. No popular, o teatro não se prende a regras canônicas de encenação; ele acontece longe de salas de teatro, e longe dos olhos dos críticos. Alegra comunidades e se configura como preservação cultural de um povo.

Há constante transição entre popular, erudito, conto popular, escrita e cultura de massa. Embora, em determinado momento, se descaracterize um gênero, é através dessas transições que as artes vão resistindo, ao longo do tempo, e formando novas linhas de pensamento artístico. Em verdade, a pesquisa, por mais objetiva que seja, gera mais perguntas do que respostas. Muitas são as questões que não foram debatidas neste texto.

Referências

ARROYO, Miguel G. Educação Básica e Movimento Social do Campo. In: _____.; FERNANDES, Bernardo M. (Orgs.). *A educação básica e o movimento social do campo.* Brasília: Articulação Nacional Por Uma Educação Básica do Campo, 1999. (Coleção por uma Educação Básica do Campo, v. 2).

BRANDÃO, Carlos Rodrigues. *O que é Folclore.* São Paulo: Brasiliense, 2006. (Coleção Primeiros Passos).

FREIRE, Paulo. *Pedagogia da Autonomia*: saberes necessários à prática educativa. São Paulo: Paz e Terra, 1996.

INSTITUTO BRASILEIRO DE GEOGRAFIA E ESTATÍSTICA – IBGE. 2010. Disponível em: <http://7a12.ibge.gov.br/vamos-conhecer-o-brasil/nosso-povo/caracteristicas-da-populacao>. Acesso em: 10 jan. 2015.

LACERDA, André Sales. *Tradição oral e teatro popular no Festival de Folclore da Escola Estadual de Jordânia: a história do Bicho da Fortaleza*. Belo Horizonte: UFMG, 2015. Trabalho de Conclusão de Curso (Graduação em Licenciatura em Educação no Campo – LECAMPO), Faculdade de Educação, Universidade Federal de Minas Gerais, Belo Horizonte, 2015.

PEREIRA, Vera Lúcia Felício. *O artesão da memória*. Belo Horizonte: Ed. da UFMG; Ed. da PUC Minas, 1996.

CAPÍTULO 6 – CONTAÇÃO DE HISTÓRIAS
Contando histórias, tecendo saberes

Veridiana Franca Vieira

O que as diferentes expressões artísticas têm em comum com a proposta da Educação do Campo? É sabido que as artes contribuem para fortalecer, enriquecer e ampliar as nossas capacidades cognitivas. As atividades de leitura, produção e reprodução de saberes podem ser praticadas através do teatro, da música, do texto literário, das narrativas orais, da pintura, do desenho, da ciranda, da contação de histórias, da arte em geral (IANNI, 2003). Esse vasto arco de possibilidades de leitura faz parelha com as propostas da Educação do Campo, cujo objetivo consiste na construção de conhecimentos e saberes a partir da experiência de vida de seus alunos no espaço rural.

Este texto propõe uma abordagem sobre a oralidade como linguagem artística na sala de aula em Escolas do Campo, com foco na contação de histórias como prática pedagógica. De uma perspectiva histórica temporal, a contação de histórias nos remete às relações sociais humanas anteriores à escrita (PATRINI, 2005; CAMPBELL, 2005; RAMOS, 2011). Essa prática se diversificou e se estendeu ao longo dos tempos e ainda hoje pode-se considerá-la uma estratégia para despertar o imaginário nos processos de ensino-aprendizagem que viabilizam a percepção, a interpretação e a compreensão do real (RODRIGUES, 2005).

Para Pennac (1993),

> A contação de histórias é um momento mágico que envolve a todos [...]. Ao contar histórias, o professor estabelece com o aluno um clima de cumplicidade que os remete à época dos antigos contadores que, ao redor do fogo, contavam a uma plateia atenta as histórias, costumes e valores do seu povo. A plateia não se reúne mais em volta do fogo, mas, nas escolas, os contadores de história são os professores, elo entre o aluno e o livro (PENNAC, 1993, p. 124).

Villardi (1997) observa que a contação de histórias nos processos de ensino-aprendizagem viabiliza diversas possibilidades de conhecimento e apropriação da história, de transformação dos indivíduos e da realidade social. É assim ao "convocar imagens e ideias de sua lembrança, misturando-as às convenções contextuais e verbais de seu grupo, para adaptá-las segundo o ponto de vista cultural e ideológico de sua comunidade" (PATRINI, 2005, p. 106, *apud* RAMOS, 2011).

Baseado nessas concepções sobre a contação de histórias, procura-se dialogar com alunos e professores sobre a importância da oralidade em sala de aula, valorizando o direito de expressão e construindo um ambiente de interação através de gêneros orais que lhes possibilitem melhor desenvolvimento da sua capacidade de comunicação a partir de experiências concretas vivenciadas no seu cotidiano, dentro e fora do ambiente escolar.

Ciranda com arte e leitura

Considerando a experiência de contação de histórias, usando a narrativa oral, teatro, desenhos, cirandas com crianças do Assentamento Dom Pedro Casaldáliga, e na Escola Municipal de Educação Básica (EMEB) Demétrio Rodrigues Pontes, que as atende, procura-se mostrar que a contação de histórias significa compreensão e expressão da realidade vivida e uma forma de produção e difusão de saberes de um grupo social, de um povo. Ao final, procura-se apontar para a importância de viabilizar, em sala de aula ou espaços alternativos, dinâmicas artísticas da contação de histórias como práticas pedagógicas no processo de produção e difusão de conhecimentos, saberes e fortalecimento de vínculos de interação social.

Sabe-se que as práticas artísticas são extremamente importantes para fortalecer, enriquecer e ampliar as nossas capacidades de percepção e expressão. A própria leitura pode ser realizada de diversas formas, através do teatro, da música, do texto literário, das narrativas orais, da pintura, do desenho, da ciranda da contação de histórias, enfim, da arte em geral. Esse vasto arco de possibilidades de leituras faz parelha com as propostas da Educação do Campo, que busca, entre seus principais objetivos, proporcionar a construção de conhecimentos e saberes a partir das experiências de vida concreta de seus alunos no espaço rural. A Educação do Campo procura fazer isso, articulando o trabalho pedagógico, de forma crítica, às questões políticas, culturais, sociais e econômicas das comunidades onde vivem os alunos, com as questões sociais mais abrangentes do seu país. E também com as questões do mundo globalizado, que impõe transformações rápidas e profundas de percepção do tempo, espaço, costumes, valores e sociabilidades cotidianas das pessoas nos campos e nas cidades (AUGÉ, 2010).

Nesse contexto, práticas de leitura e de linguagem são muito importantes como formas de compreensão e de expressão da realidade vivida. Por isso, é importante que se viabilizem, em sala de aula ou em espaços alternativos, dinâmicas de interação que permitam o uso diversificado e criativo da leitura e da linguagem na interação social, na produção de conhecimentos e de saberes, e no processo de reprodução social em geral, tenso e conflituoso, entre grupos sociais. No caso deste texto, procura-se fazer uma discussão voltada para a importância da contação de histórias como prática pedagógica para a apreensão da realidade e para a produção de saberes.

A ideia é chamar atenção para o resgate desse costume, que acompanhou nossos antepassados, continua nos acompanhando, mas que corre o risco de se perder por entre os caminhos das mudanças profundas em curso no mundo globalizado. Globalização que prioriza a difusão e o acesso a determinadas mídias e tecnologias dissociadas de práticas pedagógicas que vêm se constituindo como instrumentos de sociabilidade das pessoas e dos grupos familiares. Já faz algum tempo, a TV e outras mídias de comunicação e lazer portáteis passaram a prender a atenção das pessoas. Como um fenômeno global, isso tem alcançado grupos sociais nos grandes centros urbanos, campos e mares. As características principais dessas mídias são o contato e a convivência virtuais, a informação mínima e rápida, a conectividade em rede, mas, ao mesmo tempo, individualizada das pessoas.

Hoje não é mais comum as famílias ou os amigos se juntarem em volta da fogueira para contar causos e histórias, ricos em detalhes e interação presencial. A televisão e as redes sociais eletrônicas adquiriram mais importância social, cultural, e impuseram a convivência virtual entre famílias e amigos. As histórias têm se tornado escassas e perdidas na imensidão.

As cirandas de contação de histórias, brincadeiras, artes, etc. fazem parte do conjunto de leituras e são adequadas para trabalhar com grupos de crianças, jovens e adultos, como práticas pedagógicas que acionam sentidos cognitivos, memória histórica, percepção e interpretação de realidades, e ações criativas que podem transformá-las.

Trago aqui uma experiência vivenciada durante a pesquisa desenvolvida para o meu trabalho de conclusão de curso, que foi desenvolvido no Assentamento Dom Pedro Casaldáliga e na EMEB Demétrio Rodrigues Pontes, escola que atende aos alunos do mesmo assentamento, ambos situados na área rural do município de Cajamar – SP. O trabalho foi realizado durante os anos 2013 e 2014.

O desenvolvimento deste trabalho se deu a partir de três etapas. A primeira e a segunda etapas foram desenvolvidas na EMEB Demétrio Rodrigues Pontes e a terceira etapa foi realizada no referido assentamento.

Conhecendo a escola

Uma vez na EMEB Demétrio Rodrigues Pontes, apresentei primeiro o curso de Licenciatura em Educação do Campo e, em seguida, uma proposta de trabalho que consistia no desenvolvimento de práticas de leituras com base na contação de histórias. A diretora da escola acolheu a proposta com carinho, observando que crianças e jovens do assentamento Dom Pedro Casaldáliga estudavam na escola, o que poderia ampliar o interesse deles, além de proporcionar maior aproximação entre a escola e o assentamento rural. As atividades propostas foram desenvolvidas durante as aulas de Língua Portuguesa.

A segunda etapa teve como foco conhecer a EMEB Rodrigues Pontes, amparada na observação sobre o seu funcionamento, as práticas de leitura literária aplicadas em sala e como essas práticas acontecem. A escola tem como base de orientação das suas atividades o seu Projeto Político Pedagógico (PPP) e visa atender pontualmente os educandos, buscando compreender suas necessidades, conhecer suas realidades e até que ponto essas realidades afetam o seu desempenho na escola.

Até aqui, a proposta de práticas de leitura que apresentei tem como objetivo atender à realidade dos alunos de todas as comunidades rurais. Contudo, não há tópicos específicos que abordem questões relacionadas aos alunos do assentamento rural Dom Pedro Casaldáliga. Diante disso, a proposta apresentada poderia contribuir para a reparação dessa lacuna.

Além do PPP, a escola desenvolve outras ações, como o Projeto Qualidade de Vida, que tem como principal objetivo incentivar a pesquisa, leitura e escrita, o desenvolvimento da oralidade, melhorar o processo discursivo dos alunos e incentivá-los a desenvolver outras práticas, principalmente no que se refere aos cuidados com a saúde e o lazer (praticar esportes, relaxamento muscular, saúde física e mental, responsabilidade pessoal e social).

Ao desenvolver atividades e a observação participante em sala de aula, pude perceber que a interação entre aluno e professor está relacionada ao método que o professor utiliza. São as formas de dar a aula e as ferramentas utilizadas que fazem com que o aluno possa sentir mais ou menos interesse em participar e despertar a curiosidade para o conhecimento. Para estimular esse interesse, a escola desenvolve algumas práticas como peças teatrais, a partir da leitura de obras literárias e recital de poesias.

Brincando também se aprende

A terceira etapa se desenvolveu dentro do Assentamento Dom Pedro Casaldáliga e também na escola, através de atividades de mediação e rodas de leitura, que consistiam na organização das pessoas em círculos e a leitura orante de textos, desenhos, fotografias, paisagens, etc. As atividades envolveram todos os moradores que se dispuseram a participar (crianças, jovens e adultos). Foram utilizados livros literários e livros de biologia (vegetal e animal) direcionados ao público infantil e juvenil. As ações foram desenvolvidas dentro da escola e do assentamento.

O Assentamento Dom Pedro Casaldáliga, onde realizei a terceira parte desta pesquisa, está localizado no km 26 da Rodovia Anhanguera, nos limites do município de Cajamar, que, por sua vez, fica a 38 km de São Paulo-SP. O assentamento rural possui uma área territorial de 123 hectares e 32 famílias. Sua formação se iniciou no ano 2003 na condição de acampamento. Em 2006, a ocupação das terras foi reconhecida como legítima e elas foram destinadas a fins de reforma agrária. O então acampamento tornou-se o Assentamento Dom Pedro Casaldáliga. Em 2014 completaram-se doze anos de lutas e elaboração de estratégias para permanecer na terra. Há nove anos, as famílias vivem ali sendo reconhecidas, no aspecto jurídico, político e social, como assentadas. O assentamento faz parte de um grupo de assentamentos organizados em forma de comuna da terra.

De acordo com o Movimento dos Trabalhadores Rurais Sem Terra (MST), as comunas da terra são assentamentos dentro da orla das grandes cidades. Essas comunas buscam trabalhar com uma concepção de reforma agrária que, além do acesso à terra, reivindica a participação social, cultural, política e econômica, que viabilize às famílias assentadas o efetivo gozo dos direitos sociais, acesso à riqueza socialmente produzida e fundamentalmente lhes permita implementar estratégias e formas de produção a partir de seus conhecimentos e saberes, tendo em vista o manejo sustentável de recursos naturais. Uma nova matriz tecnológica que tem se destacado nesse processo é a agroecologia, como uma base alternativa de produção e equilíbrio ambiental. Essas formas de organização são as chamadas comunas da terra.

> O plano das *Comunas da terra* voltado para os assentamentos se fundamenta sobre a concepção de uma "reforma agrária de novo tipo" ou "reforma agrária popular", na qual a luta pela terra e a reforma agrária deixam de ser apenas luta econômica social, tornando-se uma disputa por projetos políticos entre o agronegócio e a agricultura camponesa. A essência deste novo tipo de reforma agrária está na substituição dos poderes hegemônicos existentes hoje no campo por um novo poder popular. A denúncia dos malefícios do modelo do agronegócio para a sociedade é acompanhada da necessidade de se dinamizar e inovar as experiências no processo de luta pela reforma agrária. O primeiro passo desta, entretanto, permanece sendo a democratização da propriedade da terra, na visão do MST (Neto, 2013, p. 115).

Os assentamentos organizados em forma de comunas da terra baseiam-se na ideia de que é preciso buscar uma organização que não tenha como referência apenas os modelos convencionais de assentamentos. De acordo com essa nova forma de organização, é preciso assumir um caráter funcional e social. Comuna da terra é um sistema de organização que possibilita uma comunidade urbana ou rural ter total autonomia administrativa; também tem a ver com o uso comum da terra, que é muito frequente em setores do campesinato, como povos indígenas, quilombolas, comunidades parentais, etc. Segundo Neto, essa nova forma de organização em comuna da terra tem como base a cooperação e a propriedade coletiva, o que as torna muito diferentes das Cooperativas de Produção Agropecuária (CPAs), que utilizam o "pacote tecnológico da modernização". Tal pacote se baseia fortemente no uso de defensivos agrícolas, fertilizantes químicos, a produção em grande escala e as monoculturas (NETO, 2013, p. 115-123).

Aos finais de semana, as atividades aconteciam no assentamento. No período da semana, eram concentradas na escola, durante as aulas de Língua Portuguesa e Literatura.

No que se refere às rodas de leitura no Assentamento Dom Pedro, elas aconteciam duas vezes ao mês, sempre aos domingos. Ao chegar ao assentamento, a professora Marilene Camargo e eu reuníamos as crianças na casa de farinha.[1] Antes de iniciarmos as leituras, fazíamos exercício de alongamento com as pessoas participantes. Em seguida, o chão era coberto com panos coloridos e em seguida dispunham-se os livros para que as pessoas presentes pudessem escolher aquele que lhe interessava mais. Na sequência, começavam as leituras. As pessoas não alfabetizadas ouviam as leituras dos colegas alfabetizados. Enquanto isso, as crianças menores participavam de oficinas de pintura e desenho.

Geralmente as atividades duravam a manhã inteira, encerrando-se ao meio-dia, com um lanche coletivo.

Foram feitas também duas atividades na Escola Rodrigues Pontes, sendo uma na área de arte e outra na área de literatura. Para a atividade realizada na área de arte, foram utilizados os seguintes materiais: ferro de passar roupa, giz de cera, tecido e lixa de parede. Essa atividade foi desenvolvida com alunos do 7º ano e teve duração de três aulas. A ideia foi criar uma colcha de retalhos a partir de desenhos que os alunos fizessem.

---

[1] A *casa de farinha* é o local onde se transforma a mandioca em farinha e outros derivados. Também funciona como ponto de encontro. É o local de uso coletivo que a comunidade utiliza para, além de produzir farinha, ser um local de produção de conhecimento. É na casa de farinha que são realizadas as festas e reuniões da comunidade.

Já a segunda atividade foi voltada para a literatura e começou com uma discussão interativa com os alunos, a fim de perceber os conhecimentos deles prévios sobre a cultura local. Nesse sentido, mencionamos para os educandos que a atividade teria como objetivo possibilitar, por meio de etapas a serem desenvolvidas posteriormente, adquirir uma compreensão sobre o tema em questão e retratar, através da arte e da oralidade, suas histórias, sonhos e anseios.

Com vistas a atingir o objetivo proposto, foram abordadas, neste trabalho, questões relacionadas à importância social da cultura e o direito; os modos de produção agrícola e pecuária da região; as unidades de medidas utilizadas pela população local. Foi feito também um estudo sobre a oralidade/escrita, tendo como referência o gênero conto popular. Os alunos acolheram as sugestões de ambas as atividades e participaram significativamente delas.

Intervenções em sala de aula: práticas de leitura em atividades lúdico-pedagógicas

Na escola, desenvolvi algumas atividades, como a análise do livro didático de Língua Portuguesa do 6º ano, análise do PPP da escola e realização de atividades lúdico-pedagógicas (desenhos, colcha de retalhos, roda de leitura, narrativas orais sobre crenças, etc.) em sala de aula ligadas à arte e à literatura. Participei também de algumas atividades no assentamento, fora da sala de aula, como é o caso das cirandas de arte e leitura desenvolvidas pelo Setor de Educação do MST da Grande São Paulo.

A ideia das cirandas de leitura foi levar e difundir a leitura literária a lugares onde as pessoas têm acesso precário ou ainda não têm acesso a essa forma de cultura e conhecimento ou não são estimuladas a praticá-la no seu cotidiano, nem mesmo como atividade lúdico-pedagógica. Brincando também se compartilham conhecimentos e se constroem novos saberes. Ademais, há o objetivo de que a leitura literária e a arte ultrapassem os muros da escola e alcancem os galpões, varandas e quintais das comunidades e dos assentamentos rurais. Afinal, a literatura e a leitura constituem direitos humanos, sem os quais a prática da cidadania fica seriamente prejudicada, como já observou Paulo Freire (2003) no seu livro clássico, *Pedagogia do oprimido*.

É também nessa perspectiva que Antônio Candido (1971) faz uma reflexão sobre direitos humanos e literatura. Ele afirma que todos têm direito aos "mínimos vitais sociais" (alimentação, saúde, educação, lazer, informação). No entanto, muitas pessoas consideram os bens culturais como bens compressíveis, isto é, bens desnecessários a determinadas pessoas que não estariam acostumadas a desfrutá-los ou acessá-los no seu cotidiano. Para os setores sociais que defendem esse argumento, nem todas as pessoas precisam desse tipo de bem (compressível) ou têm direito a eles. Nessa visão, entre esses bens estariam a literatura e a informação, e também a educação.

Nesse sentido, as práticas artísticas, entre elas as cirandas de contação de histórias, são ações estratégicas, pois possibilitam o gozo de um direito e estimulam a produção e a reprodução de saberes, ampliando e renovando as capacidades cognitivas dos sujeitos sociais envolvidos. E é com base nesses pressupostos que as cirandas de leitura e arte foram pensadas e desenvolvidas junto às crianças, jovens e adultos do Assentamento Dom Pedro Casaldáliga.

As atividades de cirandas desenvolvidas no assentamento aconteciam duas vezes ao mês, sempre nos finais de semana, de preferência aos domingos, e tinham início às 9 horas. As atividades eram realizadas durante os finais de semana, porque durante a semana as crianças estavam na escola, as famílias do assentamento e os/as educadores/as estavam trabalhando.

Antes de iniciar os trabalhos, as crianças eram divididas em grupos por faixa etária. Em seguida, colocava-se um tecido no chão para dispor os livros de forma que elas pudessem visualizar o título e a capa do livro, o que facilitava a escolha. Era necessário colocar o tecido porque o chão era de cimento grosso e soltava bastante areia. O tecido servia também para que as crianças pudessem se assentar ao redor dos livros se quisessem. Ao verem os livros expostos, a primeira atitude era observar e manusear com um cuidado e uma expressão de encantamento e surpresa.

Figura 1: Rodas de leitura no Assentamento Dom Pedro Casaldáliga, 2013
Foto: Veridiana Vieira

Ao chegarmos com os livros, eles despertavam uma admirável curiosidade por parte dos moradores ali presentes, principalmente as crianças e adolescentes. Alguns nem mesmo sabiam ler ou nunca tinham frequentado uma escola, mas folheavam os livros, fazendo uma leitura das imagens ou tentando decifrar o que as letras estavam dizendo.

A organização das cirandas se dava da seguinte forma: a cada ida ao assentamento levávamos os livros, que eram na sua maioria obras literárias. Levávamos também os materiais para pinturas e escritas (lápis, giz, tinta e papel). Quem fazia mediação era a professora Marilene Camargo (integrante do Setor de Educação do MST da Grande São Paulo), eu e algumas meninas adolescentes do assentamento. Cada uma de nós ficava responsável por acompanhar um grupo, que geralmente era de quatro a cinco componentes.

Quanto àqueles que não sabiam ler, Marilene Camargo, eu e algumas adolescentes moradoras do assentamento fazíamos a leitura, uma leitura pausada que prendia a atenção das crianças, aguçando a curiosidade delas.

Durante as rodas de leituras, aquelas crianças e adolescentes que já eram alfabetizados liam para as pessoas que ainda não sabiam ler e escrever. Esse grupo dos "não leitores" era formado por crianças abaixo de 6 anos e também adultos, sobretudo mães, avós e pais. Os adultos gostavam e expressavam satisfação ao ouvir as leituras. Estava ali um estímulo ao seu aprendizado a partir da habilidade dos próprios filhos. Já as crianças com idade inferior a 6 anos, gostavam mesmo era das oficinas de pintura, especificamente quando os materiais utilizados eram tinta e papel.

Em geral, enquanto alguns ouviam a leitura, outros liam sozinhos, ainda outro grupo pintava e desenhava, e havia aqueles que folheavam os livros atraídos pelas gravuras. Se percebêssemos que as crianças estavam entediadas com as atividades, fazia-se o intervalo e partia-se para as atividades esportivas, ou cantava-se uma cantiga de roda, geralmente cantigas infantis. As atividades encerravam-se por volta do meio-dia com um lanche coletivo.

Com o passar do tempo, a professora Marilene Camargo foi divulgando o trabalho e convidando novos colaboradores. As atividades de mediação de leitura ganharam maior visibilidade e novos colaboradores chegaram, e estudantes universitários e integrantes de grupos teatrais passaram a participar da equipe de educadores populares. À medida que iam participando das atividades da ciranda, também foram surgindo novas ideias, de acordo com a área de trabalho e estudo de cada um. Essas atividades foram se ampliando, abrindo lugar para o teatro, contação de histórias, música e pintura.

Entre as práticas de leitura, também foram desenvolvidas atividades lúdicas e físicas, como alongamento, futebol, campeonato de peteca e queimada e cantigas de roda. Essas atividades eram desenvolvidas antes das rodas de leitura e funcionavam como forma de aquecimento, levando em consideração a animação e a disposição dos participantes, especialmente das crianças. O lúdico também é pedagógico e constitui uma forma de interação e conhecimento (FREIRE, 2003). Durante as brincadeiras surgiam bate-papos muito ricos sobre o dia a dia no assentamento, as dificuldades, as conquistas e a sociabilidade das famílias, favorecendo a troca de experiências.

Nesse contexto, as cirandas de leitura e arte adquiriram mais intensidade, diversidade e visibilidade. O público participante também foi se diversificando e já não era mais só de crianças e jovens, mas os adultos (pais, mães e avós) também participavam. De tal modo, ocorreu o despertar do interesse e o envolvimento das pessoas do Assentamento Dom Pedro Casaldáliga nas cirandas como práticas de leituras, que elas passaram a se compor por grupos familiares inteiros. Isso proporcionou a construção de conhecimentos e troca de saberes entre pessoas de diferentes gerações e uma percepção mais ampla e complexa de cada uma delas sobre o seu espaço vivido.

A cada encontro, procurava-se desenvolver uma atividade diferente para diversificar as possibilidades de leituras dentro da ciranda e também para que elas não se tornassem cansativas, como músicas de roda, teatro, futebol, pintura e outros.

Uma das atividades que mais chamava a atenção da juventude era o teatro de improviso. Cada grupo montava uma peça improvisada para apresentar na hora aos outros grupos que compunham a ciranda. Geralmente escolhia-se um tema relacionado a alguma experiência vivenciada no assentamento para a montagem da peça teatral. Às vezes eles escolhiam abordar temas sociais como política, preconceito, educação e a questão agrária. Todos esses temas eram discutidos naquele curto espaço de tempo e então se fazia a montagem improvisada, espontânea da apresentação.

Essas práticas de leituras ajudaram a mostrar que o momento da ciranda não se resumia apenas em passar o conhecimento dos livros para as pessoas ali presentes, mas, acima de tudo, era um momento de ensino e aprendizagem, de forma muito dinâmica entre os educadores, as crianças, os jovens e seus familiares. A realização da ciranda de leituras ajudava a perceber que a leitura, como atividade pedagógica, não pode ser pensada apenas para o estudo na escola, mas, ao contrário, deve ser estimulada em espaços informais, como quintais, galpões, etc. Ademais, confirma e fortalece a percepção de que não basta o aluno preencher fichas de leitura para a assimilação e produção de um novo conhecimento. O improviso das peças teatrais a partir da leitura de sua realidade aponta para a fundamental importância de aprender a interpretar os textos, os discursos e a realidade social que o autor tenta expressar. De igual modo, as cirandas contribuíram para identificar outros tipos de leitura e de linguagem que extrapolam a escrita e a verbal. Isso foi percebido principalmente no grupo dos leitores que não dominavam a linguagem escrita, mas que liam os livros através das imagens, que, por sua vez, eram associadas, ou não, a fatos de sua vida cotidiana, dentro ou fora do assentamento rural.

Infelizmente, sabemos que não é isso que acontece no ensino de literatura na maioria das escolas. Estamos no século XXI e algumas pessoas ainda pensam que o direito à literatura pertence à classe alta da sociedade (CANDIDO, 2011). Também Rojo (2004) fala sobre essa falsa percepção do direito à literatura como sendo exclusividade de classes sociais abastadas.

> Mas ser letrado e ler na vida e na cidadania é muito mais que isso: é escapar da literalidade dos textos e interpretá-los, colocando-os em relação com outros textos e discursos, de maneira situada na realidade social; é discutir com os textos, replicando e avaliando posições e ideologias que constituem seus sentidos; é, enfim, trazer o texto para a vida e colocá-lo em relação com ela. Mais que isso, as práticas de leitura na vida são muito variadas e dependentes de contexto, cada um deles exigindo certas capacidades leitoras e não outras (ROJO, 2004, p. 1-2).

A partir dos trabalhos desenvolvidos no Assentamento Dom Pedro Casaldáliga e na EMEB Demétrio Rodrigues Pontes, é possível considerar que as práticas de leitura desenvolvidas com base na proposta de Educação do Campo possibilitam essa capacidade de articulação entre as diversas realidades e conhecimentos experimentados pelos alunos. Caberia aprofundar a pesquisa para conferir a densidade político-pedagógica dessa proposta e o grau de adesão espontânea dos alunos a ela.

As diversificadas práticas de leitura embasadas na proposta da Educação do Campo também possibilitaram aos alunos do assentamento transitar pelo mundo literário a partir de diversas linguagens (literária, música, teatro e outras artes), e perceber que há diversas formas de contar, ler e interpretar uma história.

As atividades desenvolvidas na EMEB Demétrio Rodrigues Pontes podem ser sintetizadas em duas intervenções, sendo uma na área de arte e outra na área de literatura.

A primeira atividade: Recortes de uma história através da arte, desenvolvida na EMEB Demétrio Rodrigues Pontes, foi na área de arte. O objetivo dessa atividade foi verificar se o fato de alguns alunos serem de um assentamento de reforma agrária influenciaria na escolha do conteúdo pelos professores. As atividades tiveram como ponto central a importância da arte em nosso dia a dia, mostrando para os sujeitos envolvidos como a nossa realidade pode ser criada e recriada através da arte. Esta primeira atividade foi dividida em três etapas. Os Recortes de uma história através da arte consistiram na ideia de criar uma colcha de retalhos a partir de desenhos que os alunos fizessem, e observar se algum ou alguns deles poderiam estar diretamente relacionados ao modo de vida no campo. Uma constatação positiva disso poderia indicar se havia conexões entre as práticas de leitura e o seu lugar de vida.

Figura 2: Atividade de leitura e arte na EMEB Demétrio Rodrigues Pontes, 2014
Foto: Veridiana Vieira

Nessa primeira atividade, o material utilizado consistiu em ferro de passar roupa, giz de cera, tecido e lixa de parede. Antes de iniciar os trabalhos, foi feito um pequeno bate papo com os alunos sobre História da arte. A atividade teve duração de duas aulas e contou com a participação dos alunos da 7ª série.

Os alunos fizeram a leitura de diversas realidades por meio de desenhos. Seus olhares e imaginações transpuseram os limites do assentamento e recriaram expressões de um mundo além da realidade vivida por eles. Desenharam paisagens rurais, desenhos românticos, bandeiras de outros países, personagens de desenho animado e até logotipos de marcas. Cada desenho expressava uma prática de leitura de mundo diferente; por exemplo, três alunos desenharam a bandeira dos Estados Unidos. Quando perguntei qual era a motivação que os levou a desenhar essa bandeira, disseram que tinham o sonho de migrar para aquele país. As histórias foram diversas; se eu fosse narrar, renderia outros textos.

Por sua vez, a segunda atividade, Conto ou Verdade!!!!, estava relacionada à área de literatura, e fez uma abordagem sobre o tema "campo/cidade", focando no subtema "cultura camponesa". O gênero trabalhado foi o conto. Essa atividade teve início com uma discussão interativa com os alunos, a fim de perceber os conhecimentos prévios deles sobre a cultura local. Nesse sentido, foram informados de que a atividade teria como objetivo possibilitar, por meio de etapas a serem desenvolvidas posteriormente, uma compreensão sobre práticas de leitura e a sua relação com as nossas crenças, visões de mundo, costumes, hábitos, etc.

Para alcançar o objetivo proposto, foram abordadas questões relacionadas à importância social da cultura e do direito; os modos de produção agrícola e pecuária da região; as unidades de medidas utilizadas pela população local. Também foi feito um estudo sobre oralidade/escrita, tendo como metodologia o gênero literário conto popular.

Durante o desenvolvimento dessa atividade, falou-se sobre as características desse gênero, com aprofundamento nos contos populares. Posteriormente foi abordado o tema cultura local como afirmação identitária dos sujeitos como pertencentes ao território, com o objetivo de observar se havia, ou não, influência da cultura nessa relação. Discutiu-se como e se estão sendo garantidos os direitos desses sujeitos em relação a esse território, e se essa era uma preocupação dos jovens da comunidade. Ao final da aula, as carteiras foram colocadas em forma de círculo, folhas com contos foram dispostas no chão para que os alunos pudessem escolher e ler; assim encerrou-se a atividade com uma grande roda de leitura, em que os alunos trouxeram alguns casos como "a mula sem cabeça", "a galinha americana" e "conversa dos bichos". Esses casos vieram de forma escrita, motivando assim a leitura em sala de aula e valorizando a oralidade, porque os alunos os coletaram oralmente com moradores da comunidade.

Durante o período de realização das atividades, constatou-se que a escola utiliza diversas ferramentas de ensino, como filmes, poesias, músicas, jornal, revista, jogos, aulas na biblioteca; organiza peças teatrais, recitais de poesias, saraus, leituras dramatizadas de textos literários e contação de histórias. De acordo com a direção da escola, essas ações têm proporcionado a aquisição de novos conhecimentos, fazendo com que os alunos fortaleçam o vínculo com a leitura, aperfeiçoem a escrita, aprofundem o desenvolvimento da oralidade e aprimorem o processo discursivo. De acordo com a diretora, essas atividades têm ajudado bastante e estimulado os alunos a participarem das atividades em sala de aula e atividades desenvolvidas envolvendo toda a EMEB Demétrio Rodrigues Pontes, que atende também os alunos do Assentamento Dom Pedro Casaldáliga.

Entre as atividades de cirandas de leitura com arte desenvolvidas com crianças e jovens do assentamento, ler no livro didático, especificamente as tirinhas e os textos literários, foi apontada como sendo a preferida pela maioria dos participantes da ciranda. Por essa resposta percebe-se a carência de incentivo à leitura de deleite, que pode ser corrigida através da mediação entre o professor, os alunos e o PPP da escola, pois a leitura que você faz fora da escola reflete suas práticas de leitura dentro da escola. O professor, como mediador, precisa também ser um leitor assíduo, para saber dialogar com seus alunos, indicar leituras, inovar dentro da sala de aula, planejar atividades diferentes, que vão ao encontro do interesse dos alunos, despertando neles a curiosidade e a vontade de ler.

As atividades de cirandas com leitura e artes também viabilizaram a percepção de que, talvez pelo fato de os livros estarem fora de um local formal (biblioteca ou sala de aula), tenham despertado um entusiasmo maior para a leitura. Observei que as crianças manuseavam os livros de forma espontânea e faziam leituras sem demonstrar preocupação em ter que responder a questionários ou preencher fichas de leitura. Elas diziam que a leitura feita, naquele espaço, era "prazerosa", que podiam "pegar o livro que quisessem"; leitura de deleite, de interesse. O momento era de descontração, mas, ao mesmo tempo, era de compromisso, de tentar entender outro mundo que vai muito além daquele espaço onde vivem, mas também entender a sua realidade, o seu espaço na relação histórica e social com o mundo externo. Assim, eram criadas oportunidades de conhecer outros pontos de vista através da visão dos autores, e recriá-los a partir de suas próprias experiências; de trocar conhecimentos, de enriquecer seu vocabulário, não só através da leitura e da escrita, mas das outras linguagens que perpassavam aquele espaço, como a música, o teatro, a poesia, a contação de histórias.

Essas atividades simples, mas ricas em conteúdos e construídas em espaços coletivos informais, podem contribuir para o fortalecimento da proposta política pedagógica da Educação do Campo. Caberia mapear de forma mais abrangente e profunda as suas limitações políticas, sociais e culturais. Todavia, experiências locais, ainda que breves, como essa do Assentamento Dom Pedro Casaldáliga, têm revelado forte potencial de transformação da realidade de educação escolar e letramento de alunos, tomando como ponto de partida a sua realidade local. Nessa perspectiva, e observadas as devidas diferenças de método, conteúdo, formação de professores, etc., a proposta da Educação do Campo apresenta potencialidades de maior contribuição para valorização e produção de saberes. Ela pode ser adaptada para contextos urbanos, considerando devidamente as realidades dos alunos nesses espaços, ora marcados por diversos tipos de violência, pela ausência do poder público, pela carência de políticas públicas, mas também pelo potencial de criatividade e solidariedade das comunidades que aí vivem e buscam construir alternativas de organização social, em face do acesso efetivo aos direitos humanos e de cidadania.

A partir da ciranda de leituras, pode-se perceber a importância da oralidade dentro e fora da sala de aula, além de valorização do direito de expressão dos alunos e da comunidade. Também se pode dizer que a ciranda de leituras viabiliza a construção, tanto na sala de aula quanto em espaços alternativos (extensão da sala de aula), de ambientes de interação que oferecem aos alunos diversas possibilidades de gêneros orais fundamentais ao desenvolvimento de sua capacidade de comunicação.

Durante o período de realização das cirandas no Assentamento Dom Pedro Casaldáliga, houve um fato que chamou muito a atenção. Observei, durante algum tempo, que até os que sabiam ler ouviam as leituras, pois, segundo eles, ao ouvir, entendiam melhor a história. Perguntei o porquê e uma das crianças me respondeu:

> Quando vocês leem a gente entende melhor, porque vocês falam como se fossem os personagens da história. Assim fica mais interessante. A gente não consegue ler assim (Ana Júlia,[2] 11 anos).

Isso me tocou profundamente e também me mostrou o quanto pequenas atitudes fazem a diferença, principalmente quando estamos em sala de aula. Inovar um pouco, criar, sair da mesmice de todos dias, trazer conteúdos interessantes que vão ao encontro dos interesses da turma já é um primeiro passo significativo para melhorar a qualidade do ensino e da aprendizagem.

Uma boa iniciativa seria reservar um tempo das aulas para ouvir os anciões da comunidade. Eles poderiam compartilhar vários saberes e conhecimentos que fertilizariam velhas ideias e criariam outras novas, disseminando ainda mais a semente do conhecimento.

Considerações finais

Resgatar nossa história significa valorizar nossos ancestrais, conhecer nossas origens, poder construir o presente de forma sólida e desenhar nosso futuro com os personagens que quisermos. Contar história significa se comunicar através dos tempos. Isso porque a oralidade está presente desde as mais antigas civilizações e suas histórias podem ser contadas através das mais diversas linguagens: escrita, fala, música, dança, teatro, gestos, sinais, desenho e muitas outras.

Muitos personagens, tesouros, lendas, importantes acontecimentos do passado continuam vivos através da contação de histórias. Elas são o combustível que mantém vivas as tradições de um povo, de uma comunidade, de uma nação. Assim como a experiência das crianças e jovens do Assentamento Dom Pedro Casaldáliga, a história contada ultrapassa o mundo, desperta sentimentos escondidos, curiosidades, sensibilidades, imaginação, criatividade e cumplicidade entre contadores e ouvintes.

Contar história é uma prática que o ser humano desenvolveu para facilitar a comunicação, uma forma que não carece de muita instrução, mas de uma imaginação incrível, capaz de criar e perpassar pelos mais diversos mundos sem sair do lugar. É estado de encantamento que permite relatar experiências vivenciadas, transmitir conhecimentos, costumes, cultura, entendimento,

---

[2] Nome fictício para proteger a identidade do entrevistado. Todos os nomes dos demais entrevistados seguem a mesma orientação.

valores e compreensão de um mundo que está sempre em movimento e formação. O narrador tem uma facilidade enorme em criar e recriar o mundo de acordo com o enredo que ele quer compartilhar com os ouvintes.

A ciranda de leituras no Assentamento Dom Pedro Casaldáliga e na EMEB Demétrio Rodrigues Pontes ajuda a mostrar que a contação de histórias pode ser utilizada de diversas maneiras em sala de aula, para divertir, para incentivar o hábito da leitura, provocar reflexão, estimular as mais diversas formas de conhecimento, aguçar o lado criativo dos alunos, buscando no imaginário o que o artístico tem de mais belo para nos oferecer. O mais interessante é que a história não é contada por uma pessoa só; ela é construída em conjunto; cada contador adapta de acordo com as necessidades do momento ou da região, tanto que é possível ouvir uma mesma história em diversas regiões. O que diferencia de uma região para outra é a forma como essa história é contada: cada narrador coloca uma pitada de imaginação, e é aí que está o belo, o encanto, a emoção, é o dom de criação se manifestando na mente de cada pessoa que recria aquela história.

O mais bonito e encantador é que o dom de contar histórias não está restrito apenas aos intelectuais, mas a qualquer pessoa que se disponha a viajar pelo mundo das ideias e da fantasia. Basta querer dar continuidade a essa maravilha que é a difusão do saber, o resgate da memória, a preservação dos costumes, e deixar que pensamento possa voar livre pelos campos da imaginação e da criação.

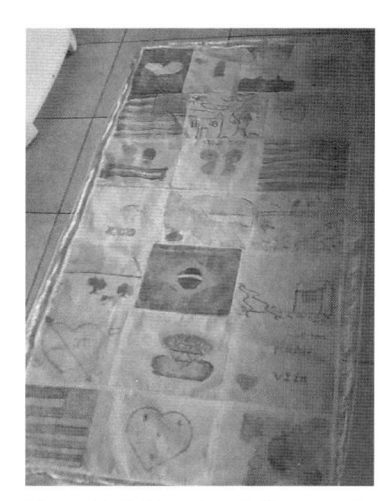

Figura 3: Colcha de retalhos pronta na EMEB Demétrio Rodrigues Pontes, 2014
Foto: Veridiana Vieira

Grandes escritores se baseavam em histórias orais para escreverem suas obras. Guimarães Rosa foi um deles; muitos dos seus livros, em especial o *Grande Sertão Veredas*, reúnem uma seleção de histórias ouvidas no sertão de Minas Gerais.

Vejam trecho de uma entrevista em que o próprio Guimarães fala sobre a contação de histórias:

> [...] nós, os homens do sertão, somos fabulistas por natureza. Está no nosso sangue narrar estórias; já no berço recebemos esse dom para toda a vida. Desde pequenos, estamos constantemente escutando as narrativas multicoloridas dos velhos, os contos e lendas, e também nos criamos em um mundo que às vezes pode se assemelhar a uma lenda cruel. Deste modo a gente se habitua, e narra estórias que corre por nossas veias e penetra em nosso corpo, em nossa alma, porque o sertão é a alma de seus homens [...] Eu trazia sempre os ouvidos atentos, escutava tudo o que podia e comecei a transformar em lenda o ambiente que me rodeava, porque este, em sua essência, era e continua sendo uma lenda (LORENZ, 1994).

Trazer essa prática para a sala de aula faz com que a convivência se torne mais harmoniosa entre aluno e professor, proporcionando um ambiente que incentiva a criatividade sem qualquer forma de repressão; onde cada um/uma possa ter o direito de expressar seus costumes culturais, sociais e políticos. Cabe a nós, educadores e educadoras, preparar e proporcionar esse ambiente, tornando a sala de aula um espaço agradável, onde conhecimento e cultura possam andar de mãos dadas, oferecendo diversas formas de ensino e de aprendizagem.

Referências

AUGÉ, Marc. *Por uma antropologia da mobilidade*. Maceió: Edufal/Unesp, 2010.

CAMPBELL, Joseph. *Os primeiros contadores de histórias*. História & Antropologia. 2005. Disponível em: <http://www.botucatu.sp.gov.br/Eventos/2007/contHistorias/artigos/osPrimeirosContadoresHist.pdf>. Acesso em: 13 jan. 2017.

CANDIDO, Antônio. O direito à literatura. In: *Vários escritos*. Rio de Janeiro: Ouro Sobre Azul, 2011.

CANDIDO, Antônio. *Os parceiros do Rio Bonito*. São Paulo: Duas Cidades, 1971.

FREIRE, Paulo. *Pedagogia do Oprimido*. 36. ed. Rio de Janeiro: Paz e Terra, 2003.

IANNI, Otávio. *Estilos de pensamento: explicar, compreender, revelar*. Araraquara-SP: Unesp, 2003.

LORENZ, Günter. Diálogo com Guimarães Rosa. In: *Obras completas de João Guimarães Rosa*. Rio de Janeiro: Nova Aguilar, 1994. v. 1, p. 12-27. Disponível em: <http://www.tirodeletra.com.br/entrevistas/GuimaraesRosa-1965.htm>. Acesso em: 5 jan. 2017.

NETO, João Augusto de Andrade. *Cooperação e organização em assentamentos rurais: a proposta das comunas da terra e a virada do MST para os "urbanos"*. Tese (Doutorado em Ciências Sociais) – Instituto de Ciências Humanas e Sociais, Programa de Pós-Graduação de Ciências Sociais em Desenvolvimento, Agricultura e Sociedade, Universidade Federal Rural do Rio de Janeiro, 2013.

PATRINI, Maria de Lourdes. *A renovação do conto: emergência de uma prática oral*. São Paulo: Cortez, 2005.

PENNAC, Daniel. *Como um romance*. Rio de Janeiro: Rocco, 1993.

RAMOS, Ana Claudia. *Contação de histórias: um caminho para a formação de leitores?* 2011. 133p. Dissertação (Mestrado em Educação) – Centro de Educação, Comunicação e Artes, Universidade Estadual de Londrina, Londrina, 2011. Disponível em: <http://www.uel.br/pos/mestredu/images/stories/downloads/dissertacoes/2011/2011_-_RAMOS_Ana_Claudia.pdf>. Acesso em: 21 mar. 2017.

RODRIGUES, Edvânia Braz Teixeira. *Cultura, arte e contação de histórias*. Goiânia: Gwaya, 2005.

ROJO, Roxane. Letramento e capacidades de leitura para a cidadania. In: CONGRESSO LETRAMENTO E CAPACIDADES DE LEITURA PARA A CIDADANIA – SEE/CENP, 2004, São Paulo. *Anais...* São Paulo: SEE/CENP, 2004.

VILLARDI, Raquel. *Ensinando a gostar de ler*: formando leitores para a vida inteira. Rio de Janeiro: Qualitymark, 1997.

SEGUNDA PARTE

Linguagens artísticas

Capítulo 7 – Literatura
Memórias reinventadas: autoria literária na formação de professores do campo

Maria Zélia Versiani Machado
Josiley Francisco de Souza
Guilherme Trielli Ribeiro

> *[...] o presente não é somente ponto de inflexão indiferente entre o antes e o depois; e o passado não é simplesmente algo encerrado e morto. Em seu encontro recíproco, ambos, passado e presente, assumem uma intensidade sensível que lhes outorga novamente aquilo que parecia perdido: a abertura sobre o possível [...]*
> Jeanne Marie Gagnebin

> *O tempo da memória, afinal, não é apenas o tempo que já passou, mas o tempo que nos pertence, como diz Ismaël, o protagonista do filme francês* Reis e rainha *(2004, direção de Arnaud Desplechin), vivido pelo ator Mathieu Amalric.*
> Katia Canton

Por que a escrita de textos autobiográficos

No texto que tem como título "A autobiografia dos que não escrevem", Philippe Lejeune afirma:

> Escrever e publicar a narrativa da própria vida foi por muito tempo, e ainda continua sendo, em grande medida, um privilégio reservado aos membros das classes dominantes. O "silêncio" das outras classes parece totalmente natural: a autobiografia não faz parte da cultura dos pobres (LEJEUNE, 2008, p. 113).

A partir dessa evidência histórica, Lejeune (2008) aponta mudanças nesse quadro quando se inicia um movimento de perspectiva etnográfica na década de 1960, que passa a mostrar outras vozes em "autobiografias" que ele prefere chamar "relatos de vida", pelo fato de serem escritas por uma outra pessoa e não pelo sujeito biografado.

Lejeune (2008) analisou, em autobiografias escritas a partir de gravações de relatos de pessoas do povo, vozes dos discursos de diferentes sujeitos que se incluem no grupo daqueles que não escrevem: "velhos operários, aposentados, camponeses, artesãos, trabalhadores imigrantes, etc." (p. 128). Narrativas que, segundo o autor, passavam "a ter valor, aos olhos do leitor, pelo fato de que eles pertencem (ou são percebidos como se pertencessem) a uma cultura diferente, que se define pela exclusão da escrita" (p. 128). Diferentemente da proposta de produção autobiográfica de textos pelos alunos do curso de Licenciatura do Campo,[1] objeto deste texto, interessavam a Lejeune, em seu estudo, textos que eram construídos por uma espécie de "colaboração clandestina", em que "o 'verdadeiro' é ele próprio um artefato e que o 'autor é um efeito de contrato" (p. 118). Interessa-nos, neste artigo, o efetivo exercício da autoria por pessoas que não viam a própria vida como matéria passível de registro pela escrita e eventual interesse de leitura até que lhes foi proposto registrá-la por escrito.

Já na primeira turma do LECampo – projeto piloto implantado em 2004 que ficou conhecido como Pedagogia da Terra –, a equipe de professores da LAL deu início à proposta de produção de livro que reunisse textos memorialísticos dos estudantes. Em apresentação de um desses primeiros livros, que ganhou o título *Memórias, mãos e terra*, o estudante responsável pelo texto destaca o forte vínculo identitário dos seus autores:

> Este livro relata a memória da infância de mulheres e homens que um dia pensaram em transformar a sociedade injusta em que viviam numa sociedade justa, igualitária e solidária. Começaram a construir alicerces para transformar esse sonho em realidade, cada qual no seu lugar de origem. Um belo dia como que por encanto se encontraram para constituírem a primeira turma do *Pedagogia da Terra* de Minas Gerais, que além de mineiros de todas as regiões do Estado, acolheu também: paulistas, carioca, baianas, capixabas, goiano e candangas. Coletivamente o grupo foi tecendo conhecimentos e saberes, acumulando lutas, partilhando sonhos e fragilidades[2] (Souza, 2007, p. 5).

---

[1] O curso de Licenciatura em Educação do Campo da Faculdade de Educação da Universidade Federal de Minas Gerais (LECampo/FaE/UFMG), oferece quatro habilitações: Ciências da Vida e da Natureza (CVN); Línguas, Artes e Literatura (LAL); Matemática (MAT); Ciências Sociais e Humanidades (CSH).

[2] Trecho de apresentação do livro artesanal *Memórias, mãos e terra*, de autoria de Waldeci Campos de Souza, educando do LECampo – Pedagogia da Terra/UFMG (2007), Agente da Cáritas Diocesana de Leopoldina e da Comissão Pastoral da Terra, Zona da Mata de Minas Gerais.

A forma de ingresso dos estudantes naquela que foi a primeira turma do LECampo da UFMG exigiu a escrita de um memorial que desenhasse a trajetória daqueles que pleiteavam uma vaga na universidade, até aquele decisivo momento de suas vidas. Depois de aprovados, no decorrer do curso, esses memoriais foram retomados na proposta de produção de um livro de memórias das turmas, que levou a um processo de reescrita e também de leitura de outros textos de memória.[3]

Além da escrita e da leitura de vários textos memorialísticos, havia também a necessidade de definição do gênero autobiográfico que seria escrito. Isso se deu por um trabalho de leituras diversas – que incluíram textos literários e filmes – que ajudaram a dar forma às memórias dos estudantes, a partir de alguns objetivos básicos:

> 1. Instituir, por meio do livro de memórias, uma função e um uso social significativo para a leitura e a escrita, no momento em que permite compartilhar, através da escrita, a história dos sujeitos que interagem no cotidiano da escola; 2. propor desafios e estratégias linguísticas particulares relacionadas ao texto narrativo, considerado objeto de ensino-aprendizagem na escola; 3. refletir sobre o aprendizado da leitura e da escrita e as influências desse aprendizado na construção de práticas docentes.[4]

Postos os objetivos, era necessário trazer para a cena outros textos autobiográficos para que os estudantes percebessem relações entre o que se conta e o como se conta, aspectos entrelaçados que imprimem às memórias a liberdade da autoria. Dentro de uma seleção denominada no projeto como "Memórias da infância", os estudantes leram textos de diversos autores,[5] para o compartilhamento de impressões sobre o modo de narrar de cada um dos textos. Os alunos tiveram também a oportunidade de assistir a filmes como o drama biográfico *Memórias do cárcere* (1984), de Nelson Pereira dos Santos, baseado na obra de Graciliano Ramos, e *Narradores de Javé*[6] (2004), de Eliane Caffé. A leitura desses

---

[3] O artigo "Ler e escrever memórias: práticas de letramento no campo", de autoria de Amarilis Coelho Coragem, Maria Zélia Versiani Machado, Marildes Marinho e Miriam Lúcia dos Santos Jorge, relata essa experiência construída a várias mãos.

[4] Objetivos explicitados no guia do estudante elaborado para o módulo didático em que se desenvolveu o primeiro projeto.

[5] RAMOS, 1995; MORLEY, 1998; SABINO, 2001; GULLAR, 1978; TELLES, 1978; QUEIRÓS, 1995; BARROS, 2003; ANDRADE, 1997.

[6] Sobre a experiência com o filme *Narradores de Javé*, ver o artigo "Narradores de Javé: duas leituras na formação de educadores do campo" (2010), de autoria de Maria Emília Caixeta de Castro Lima e de Maria Zélia Versiani Machado, que trata da exploração do filme, em duas áreas do LECampo, a LAL e a CVN.

autores trouxe aos leitores recordações de experiências pessoais da infância, num processo em que se perceberam muitos elos comuns entre as vidas lidas e vividas. Além desse efeito agregador de experiências, as memórias de infância mostravam-se de diferentes modos, em diferentes gêneros, menos ou mais distanciados, conforme o tom que lhe quis dar cada narrador. Era importante recuperar, na experiência de leitura de textos autobiográficos, aquela defasagem de que fala Lejeune (2008, p. 160), quando se buscam organizar as lembranças do passado: "[...] é óbvio que uma narrativa de vida não fornece diretamente o vivido de outrora, mas o que permanece dele na memória de hoje".

Na escrita do gênero que nomeamos "crônicas autobiográficas", naquele que foi o primeiro projeto de produção de um livro dos alunos do LECampo, em sua grande maioria, os autores iniciavam o texto escolhendo uma fase decisiva da vida ligada a sua formação escolar; falando das dificuldades enfrentadas na infância; lembrando de brincadeiras no contexto familiar; focalizando pessoas com as quais conviveram na infância, entre outras formas de entrada, como se pode ver nos exemplos a seguir:

> Em meados do inverno do ano 2001, iniciei uma nova etapa de minha vida. Estava eu com 16 anos, saindo da adolescência, mas já tinha juízo – segundo Dona Maria, minha querida mãe. Lá fui eu para meu primeiro curso de formação política, conviver com pessoas de idades e estados diferentes. Foi mais que uma aprendizagem social, foi humana também. [...] (Trecho de crônica autobiográfica, de Maria Aline de Jesus Roxa)
> Recordar a minha infância não é nada fácil, porque já vivi momentos muito difíceis que me trazem muitas emoções, mesmo tendo boas recordações, não posso esquecer das grandes dificuldades. [...] (Trecho de crônica autobiográfica, de Maysa do Carmo de Paula)
> Minha descoberta do ensino foi bem diferente da de outras histórias de educadoras que conheço. Fui descobrir minhas habilidades de educadora quando aprendi a costurar e a ensinar às pessoas que estavam ao meu redor. [...] (Trecho de crônica autobiográfica, Rosângela Santos)
> Quando criança, eu e meu irmão brincávamos no quintal com latas, vidros e bonecas de sabugo de milho. Brinquedos confeccionados por nós. Meu pai achava que comprar brinquedo era um grande desperdício. [...] (Trecho de crônica autobiográfica, Rosânia de Oliveira França)
> A minha história de vida é comum como a vida de muitas outras pessoas. E antes de falar da minha história é necessário falar um pouco da história de Sebastião Almeida Costa e Maria Aparecida de Oliveira Costa, meus pais, que se conheceram numa cidadezinha do interior chamada Córrego do Bonito, onde todos se conheciam. [...] (Trecho de crônica autobiográfica, Sueli Costa Oliveira Pereira)

Lendo os textos desses estudantes/escritores, reunidos em volumes feitos por eles, opera-se uma espécie de dissolução da individualidade de cada sujeito em que "cada vida é relativizada e posta em perspectiva pelas outras" (LEJEUNE,

2008, p. 184). Embora a *madeleine*,[7] para a *busca do tempo perdido,* se materialize sob múltiplas formas, revela-se, no conjunto, uma identidade coletiva que se transforma na apropriação da escrita dos textos autobiográficos publicados em livro, indicando pertencimentos culturais e de classe:

> Os relatos autobiográficos, obviamente, não são escritos apenas para "transmitir a memória" (o que é feito pela fala e pelo exemplo em todas as classes). Eles constituem o espaço em que se elabora, se reproduz e se transforma uma identidade coletiva, as formas de vida próprias às classes dominadas (LEJEUNE, 2008, p. 131).

No exercício da autoria, há também aqueles casos de uma maior autonomia e criatividade na organização das memórias do passado, para arranjá-lo de forma menos linear ou estruturada segundo tópicos relativos às memórias de leitura e de escrita que orientaram as escolhas de grande parte do grupo. Nesses casos, a *madeleine*, ou seja, o elemento desencadeador do processo de rememorar, não se prendeu exclusivamente ao foco privilegiado das memórias do aprendizado da leitura e da escrita proposto aos alunos. Um tratamento mais livre no processo de registro de lembranças pode ser visto, por exemplo, em uma crônica autobiográfica que recebeu o título "Sagrado Coração", de autoria da estudante Suely Maria dos Santos. Fugindo a regularidades, a crônica se estruturou em três partes, na seguinte ordem nomeadas: "1. Minha tia Maria"; "2. Minha casa"; "3. As lembranças que guardei da infância ao lado de meu pai".

O primeiro fragmento do texto foi dedicado à figura da tia, que provocava a um só tempo atração e medo, no qual prevalecem imagens de uma relação antagônica:

> Minha tia Maria era uma figura assustadora. Vestia-se de preto, marrom, vinho ou verde bem escuro. Cada vez que eu ia a sua casa, geralmente forçada, evitava me afastar da porta, assim imaginava que era mais fácil correr. [...] (Trecho da crônica autobiográfica de Suely Maria dos Santos.)

No segundo fragmento em que se apresenta a família propriamente dita, as pessoas e os espaços compõem o mosaico inicial, dando forma a relações e ambientações afetivas do passado:

> Para mim, nós éramos todos juntinhos. Eu era criança e adorava a velha Rua do Mercado. Éramos seis. Minha mãe (Aracy), meu pai (Paulo), meus três irmãos (Lindenberg, Ana Bela, Aracelly), e eu. Vivíamos numa casa com três quartos, duas salas, cozinha, um banheiro e um quintal enorme. Era no quintal de casa,

---

[7] O escritor francês, Marcel Proust, atribuiu ao paladar e ao olfato a função de "convocar o passado". Foram as *madeleines*, bolinhos em formato de concha, e uma xícara de chá que ativaram as reminiscências.

> junto às árvores e nas brincadeiras que inventávamos que passava a maior parte do dia. Era lá que eu concretizava minha imaginação com as coisas que eu via e ouvia. [...] (Trecho da crônica autobiográfica de Suely Maria dos Santos.)

E por fim, o último fragmento, no qual o centro das atenções dessa memória afetiva se volta para a figura paterna, por meio da qual se desenha ao redor o universo cultural da infância:

> Eu achava que meu pai parecia com o personagem Zé Carioca. Usava chinelos de dedo Havaianas, bermudão e camisa de botão estampada, como as de praia. Gostava de deitar-se no sofá da sala e assistir televisão. Via O gordo e o magro, Mazzaropi e não perdia um programa do Chaves. Trabalhador autônomo, tinha sua própria selaria. Não sei se era bom, isso o fazia trabalhar quando quisesse. [...] (Trecho da crônica autobiográfica de Suely Maria dos Santos.)

Os fragmentos mostrados acima são alguns exemplos de apropriação da escrita de forma autoral, em que prevalece a liberdade de escolhas linguísticas e expressivas na produção de efeitos de sentido. O que se vê, por exemplo, na contenção quase burocrática da seguinte construção: "Vivíamos numa casa com três quartos, duas salas, cozinha, um banheiro e um quintal enorme", rompida pelo único adjetivo que encerra o período para ressaltar a importância do espaço que interessa mais à narradora.

A escrita de autobiografias em contextos de formação de professores tem levado os estudantes do LECampo/FaE/UFMG, hoje com aproximadamente 10 anos de existência, a uma permanente reflexão sobre o que é escrever, sobre o exercício da autoria e também sobre os sentidos da leitura dos textos do outro. Esse movimento, que tem se desenvolvido paralelamente à escrita, à leitura e às práticas da oralidade de outros textos como os voltados aos letramentos acadêmicos, tem viabilizado sobretudo a emergência de dois importantes aspectos: 1) a flexibilidade do gênero que transita entre o pacto de realidade e o pacto literário; 2) a consciência da condição autoral, que tem a sua maior evidência no nome próprio que assina os textos. A escrita autobiográfica por alunos do LECampo, por situar-se no limiar de dois sistemas *um referencial que tem valor de ato* e *um literário que não tem pretensões à transparência*, tal como a define Lejeune (2008, p. 57), tem mobilizado fortemente os estudantes no exercício da leitura e da escrita na universidade.

Além disso, considerando-se os anos de desenvolvimento do projeto de produção de um livro com as turmas do LECampo, nota-se que, em muitos casos, os textos autobiográficos foram os primeiros a serem redigidos para serem lidos e apreciados de fato, dando sentido à atividade da escrita e da leitura para alunos e alunas do curso. A autobiografia como forma de apropriação da escrita tem se mostrado, portanto, potencialmente favorável a trocas nesse contexto específico de formação de professores. Espera-se que a experiência exitosa seja a primeira de muitas outras que envolvam a produção de textos na trajetória desses estudantes.

A seguir abordaremos a continuidade do projeto, no contexto de uma disciplina de literatura do LECampo.

Enredos de um *Livro de memórias*

Entre as experiências envolvendo livros com textos memorialísticos no LECampo, no segundo semestre de 2014[8] foi produzido o *Livro de memórias*,[9] que reuniu textos em verso e prosa de estudantes do LECampo da turma de LAL.

Como expresso em seu próprio título, a disciplina abordou as relações entre literatura e memória, considerando-se perspectivas teórico-metodológicas que pudessem contribuir para o desenvolvimento de uma relação de intimidade entre alunos e textos literários. Desse modo, nosso objetivo era o trabalho com o texto literário a fim de que, tomando aqui a expressão de Magda Soares (2011), fosse desenvolvido um processo de "escolarização adequada da literatura". Apesar de tratarmos de uma disciplina ministrada em um contexto diferente daquele abordado por Magda Soares (2011) ao refletir sobre a escolarização da literatura – ou seja, anos iniciais da educação básica –, acreditamos que sempre há o perigo de que o trabalho com o texto literário em contextos escolares, nos diferentes níveis de ensino, promova, caso seja desenvolvido de modo inadequado, uma deturpação, uma falsificação ou distorção da literatura, "afastando, e não aproximando, o aluno das práticas de leitura literária" (SOARES, 2011, p. 47).

Retomando o tema da disciplina, *literatura e memória*, observa-se que a intimidade com o texto literário torna-se ainda mais importante quando consideramos a produção de um livro composto de textos memorialísticos, uma vez que esse contato com o texto literário envolveria não só a leitura, mas, também, a produção de textos, cuja matéria-prima seriam as histórias de vida dos próprios alunos.

Os textos de memórias selecionados para a leitura durante a disciplina fizeram parte de uma pequena antologia a exemplo de experiências já desenvolvidas no contexto do LECampo mostradas na primeira parte deste artigo.

---

[8] Entre a experiência do LECampo do ano 2004 e do ano 2014, outras turmas iniciaram sua formação. Sendo elas: 2009 – habilitação em Ciências da Vida e da Natureza; 2010 – habilitação em Línguas, Arte e Literatura; 2011 – habilitação em Ciências Sociais e Humanidades; 2012 – Habilitação em Matemática; 2013 – Habilitação em Ciências da Vida e da Natureza; 2014 – Habilitação em Línguas, Arte e Literatura.

[9] O livro foi elaborado na disciplina Artes, Linguagens e Sociedade: Literatura e Memória, ministrada por Josiley Francisco de Souza (Cf. SOUZA, 2006).

Essa antologia reuniu textos de diferentes autores em que o tema da memória se faz presente. Assim, lemos, entre outros, poemas de Manoel de Barros, extraídos de *Memórias inventadas*; trechos do livro *Por parte de pai*, de Bartolomeu Campos Queirós; e trechos da obra de Graciliano Ramos, extraídos dos livros *Infância* e *Memórias do cárcere*. Também foram indicadas duas obras para leitura, escritas na forma de diário, cujo processo de construção tem como ponto de partida as memórias pessoais das próprias autoras: *Minha vida de menina*, de Helena Morley (Alice Dayrell Caldeira Brant), e *Quarto de despejo: diário de uma favelada*, de Carolina Maria de Jesus.

Conforme destacado anteriormente, a leitura de textos de memórias muitas vezes provoca nos leitores recordações de suas próprias experiências pessoais, num processo em que se entrecruzam diferentes memórias de vidas. Assim, esses textos literários acabaram por proporcionar momentos em que os alunos puderam, por intermédio da leitura, interagir com ressonâncias de sua própria vida. Situações narradas em textos como "um cinturão", de Graciliano Ramos, ou passagens da infância de Helena Morley em *Minha vida de menina*, fizeram com que os leitores visitassem suas próprias lembranças da infância. Nesse entrecruzamento, aquilo que era lido *de outrem* pôde, de alguma forma, tornar-se *nosso* e permear memórias de leitores que, posteriormente, também transformariam suas experiências de vida em texto escrito.

Buscamos na disciplina abordar a literatura não como um conjunto de obras, em muitos momentos, tornadas inacessíveis em práticas escolares que acabam por distanciar o leitor do texto literário. Houve sempre a busca por uma concepção teórico-metodológica de abordagem da literatura como expressão artística, considerando a leitura e a produção de textos como práticas sociais. Acreditamos que essa estratégia pode contribuir para que se instaure no contexto escolar uma dinâmica efetiva de circulação e apropriação do texto literário, a fim de que tenhamos ali autores e leitores de literatura. Afinal, muitas vezes, os contextos escolares apenas delegam aos alunos o direito a um acesso inadequado ao texto literário. Nesse acesso, ausenta-se a possibilidade de que os alunos-leitores também se configurem como alunos-autores. Conforme observa Vera Casa Nova (2011, p. 108), a "libertação da leitura deve ser também a libertação da escrita. Se a leitura engendra uma rede de desejos, e com eles projeções e fantasmas, a escrita deverá também produzir além de sentidos, outros fantasmas, outras projeções, voltada para a multiplicidade".

Assim, considerando os alunos do LECampo como leitores e autores de textos literários, fizemos reflexões durante a disciplina que buscaram ampliar e problematizar o próprio conceito de *literatura*. Faz-se interessante retomar aqui, por exemplo, o texto de Marisa Lajolo (1985) lido durante a disciplina:

> Será que são literatura os poemas adormecidos em gavetas e pastas pelo mundo afora, os romances que a falta de oportunidade impediu que fossem publicados, as peças de teatro que, como dizia Fernando Pessoa, jamais encontrarão ouvidos de gente? Será que tudo isso é literatura? E, se não é, por que não é? Para uma coisa ser considerada literatura tem de ser escrita? Tem de ser editada? Tem de ser impressa em livro e vendida ao público? Será então que tudo o que foi publicado em livro é literatura? Mesmo aquele romance de alta sacanagem, que todo mundo lê escondido e gosta? E os livros que nenhum professor manda ler ou de que crítico nenhum fala, que jornais e revistas solenemente ignoram? (LAJOLO, 1985, p. 14-15)

Como arte que tem na palavra a sua matéria-prima, torna-se importante superar perspectivas teórico-metodológicas que, muitas vezes, impõem limites à literatura e a definem apenas como lista de obras e autores que foram selecionados em diferentes períodos históricos. Assim, é importante que a literatura seja encarada como um exercício de criação artística que envolve a palavra. Como observa Marisa Lajolo, a literatura nasce no momento em que a linguagem escapa do seu uso cotidiano e busca outros significados.

> A linguagem parece tornar-se literária quando seu uso instaura um universo, um espaço de interação de subjetividades (autor e leitor) que escapa ao imediatismo, à predictibilidade e ao estereótipo das situações e usos da linguagem que configuram a vida cotidiana. Parece que o milagre se dá quando, através de um texto, autor e leitor (de preferência ambos) suspendem de alguma forma a convenção da significação corrente. Assumindo ou recusando o câmbio oficial da linguagem de seu tempo, mas de qualquer forma fecundando-o, têm, no texto, um momento de verdade que, com licença do poetinha, "não seja imortal posto que é chama, mas que seja infinito enquanto dure" (LAJOLO, 1985, p. 14-15).

Não se pretendeu com isso diminuir ou negar o valor de obras historicamente reconhecidas no âmbito da crítica e dos estudos literários, mas estabelecer uma relação íntima com o texto literário na busca por uma escolarização adequada da literatura, em que, como se observou anteriormente, se fizesse presente no contexto escolar a dinâmica social de produção e circulação do texto literário. Nessa perspectiva, como exercício com a linguagem, como desejo de expressão por intermédio da linguagem figurada ou de fuga do cotidiano racional, a literatura pode ser lida de outras formas, apropriada como prática social em que interagem leitores e escritores.

Outra questão importante abordada no desenvolvimento da disciplina Artes, Linguagens e Sociedade: Literatura e Memória foram as relações entre oralidade, escrita e memória. Tais relações estiveram sempre presentes nas atividades da disciplina, afinal, muitas memórias registradas no livro produzido pelos alunos eram antes transmitidas oralmente em narrativas de lembranças que se configuraram no jogo do ouvir e do contar. Assim, a produção do *Livro de memórias* acabou por se instaurar, em muitos momentos, como um processo de registro daquilo que se contou ou que se ouviu. Desse modo, muitos dos textos se deixaram permear na escrita por um ritmo do discurso oral, como na estrofe abaixo do poema intitulado "Memória", de Adriana de Oliveira:

> Nos tempos de chuva
> Não íamos pra escola
> Era lama era cheia
> O rio não tinha como passar
> Saía de casa às seis
> Pra nas outras comunidades passar
> O ônibus ia lotado
> Pensava na escola

Na abordagem acerca das relações entre oralidade e escrita, foi possível explorar uma relação de complementaridade, sem que se estabelecesse uma relação hierárquica entre essas duas formas de linguagem, em que a escrita fosse considerada superior e como única referência para a língua. Nessa relação de complementaridade entre o oral e o escrito por intermédio do trabalho com memórias, fronteiras e preconceitos linguísticos que opõem português padrão e demais variedades linguísticas puderam ser discutidas e questionadas, a fim de que o oral se configurasse como matéria para o fazer literário e meio de expressão de histórias de vida.

Nessa abordagem entre oralidade, escrita e memória, a exibição e discussão de *Narradores de Javé* trouxe interessantes contribuições, pois esse filme proporciona reflexões acerca da memória e sua relação com a escrita e com a oralidade. O enredo apresenta a história de uma comunidade do interior do Brasil onde poucos escrevem, sob ameaça de ser destruída devido à construção de uma usina hidrelétrica. Diante do risco iminente de desaparecimento, os moradores buscam registrar por escrito a história do lugar e, com isso, provar sua importância histórica e impedir a construção da usina. Além disso, é interessante destacar que o enredo do próprio filme nasceu de relatos de memória. A diretora Eliane Caffé visitou várias localidades do interior do Brasil e ouviu histórias que serviram de inspiração para a composição do enredo.

Uma das passagens do filme, por exemplo, em que o personagem Antônio Biá garante seu emprego nos Correios e o movimento de correspondências escrevendo cartas de próprio punho, foi inspirado em um fato ocorrido no povoado do Vau, na região de Diamantina, em Minas Gerais. Nesse povoado, de pouco mais de cem habitantes, o contador de histórias Pedro Braga garantiu o funcionamento do posto dos Correios, único meio de comunicação do povoado nas décadas de 1980 e início dos anos 1990, com suas próprias cartas enviadas a visitantes e antigos moradores.

A exibição e discussão do filme, ao lado de uma exposição da história e dos escritos de Pedro Braga – que frequentou a escola apenas por cerca de três anos e, com uma escrita que foge às regras do português padrão, registrou histórias, e escreveu poemas e cartas –, permitiram reflexões e ressignificações acerca da oralidade, escrita e memória. E, mais uma vez, tais abordagens promoveram momentos de que emergiram memórias que alimentaram textos na composição do livro.

Seguindo os caminhos que buscaram estabelecer uma relação íntima entre leitores e textos literários, a confecção dos exemplares do *Livro de memórias* foi feita pelos próprios alunos. Houve uma oficina de costura dos livros, em que cada aluno confeccionou seu exemplar, utilizando-se de uma técnica de encadernação medieval. Com isso, a autoria dos alunos esteve presente desde a composição dos textos até a confecção final de cada exemplar. Acreditamos que tal estratégia, mais uma vez, contribui para a instauração da dinâmica social da literatura no contexto escolar, já que os alunos, futuros professores, poderão em sua prática docente desenvolver produções de livros artesanais com seus alunos.

Além disso, durante o processo de confecção dos livros, observa-se que os alunos, no contato físico com a feitura de cada exemplar, com a sua materialidade e com seus rituais – que envolvem escolha da linha, escolha do papel, escolha da capa – estabelecem com o texto literário mais do que uma relação de efetiva leitura, pois constrói-se uma leitura com um caráter afetivo reforçada pelo próprio conteúdo do livro: as histórias de vidas de seus autores.

Desse modo, acreditamos que o texto literário pode ser abordado como prática social, em que se conjugam de modo íntimo as relações entre leitores, autores, textos, livros e memórias. Nessa prática, observa-se que o próprio contato com o texto literário pode ser ressignificado por intermédio de uma dinâmica em que os atos de ler, escrever, costurar e contar garantem à experiência poética o caráter de fazer criativo presente na etimologia do termo *poiésis*, origem da poesia.

O tempo que nos pertence

O *Livro de memórias* convida o leitor a distanciar-se de si e das abstrações que lhe são impostas pela cultura burguesa e a mergulhar em um mundo regido por uma outra ética e uma outra estética – um mundo marcado, como observa Alfredo Bosi (2000), "pela relação afetiva direta com a Natureza e o semelhante". Não é por acaso que a escrita de si, nesse livro, é simultaneamente a escrita das identidades coletivas que se mostram na reinvenção do passado pelos estudantes/escritores, futuros professores das escolas do campo.

Nesses termos, e considerando a experiência de escrita do *Livro de memórias* como uma experiência poética, poderíamos afirmar, com Leopardi: "Tudo pode ser contemporâneo deste século, menos a poesia".[10] É que:

> Mesmo quando o poeta fala do seu tempo, da sua experiência de homem de hoje entre homens de hoje, ele o faz, quando poeta, de um modo que não é o do senso comum, fortemente ideologizado; mas de outro, que ficou na memória infinitamente rica da linguagem. O tempo "eterno" da fala, cíclico, por isso antigo e novo, absorve, no seu código de imagens e recorrências, os dados que lhe fornece o mundo de hoje, egoísta e abstrato (Bosi, 2000, p. 131).

Consequentemente, o *Livro de memórias*, considerado como instância poética, diverge do mundo de hoje, tal como descrito acima. Retira a matéria de seus textos tanto do passado individual dos autores quanto do momento que eles vivenciaram coletivamente ao frequentarem o LECampo na UFMG, tal como foi indicado nas duas primeiras partes deste artigo.

No caso da experiência na disciplina Artes, Linguagens e Sociedade: Literatura e Memória, no segundo semestre de 2014, textos do *Livro de memórias* como "Recordações da UFMG" (p. 9), "Uma parte da minha história" (p. 20-21) e "Memórias do campo" (p. 53) enunciam de modo explícito a experiência da disciplina, apresentada, no entanto, a partir de uma perspectiva temporal mais ampla, cujo período corresponde aos anos do LECampo, referente, nesse caso, ao percurso da turma de habilitação em LAL de 2014. "Meu sonho de menina" (p. 34), "Descobrindo as letras: a porta mágica" (p. 40) e "João Viana Laranjeira" (p. 43-44) são exemplos de um outro grupo de textos, bem mais numeroso, e voltam-se efetivamente para o passado "pessoal" dos autobiografados. Em ambos os casos, o passado não corresponde a um tempo estritamente cronológico (de tempos já vividos), mas a um *passado presente*, entidade viva "que já se adensou o bastante para ser reevocado pela memória da linguagem" (Bosi, 2000, p. 132).

Tal ambivalência temporal dos textos, interpretada aqui como um valor, por derivar de um *tempo forte* (social e individual), também se traduz na relação entre o livro e o coletivo de autores que o produziu. Enquanto os autores se dispersaram ao concluírem a disciplina, o livro continuou a conduzi-los como coletivo – pois a comunidade de estudantes de certa forma deixa de ser efêmera ao comparecer no livro com suas vozes. O livro, por sua vez, em sua condição de objeto feito para durar, passa a ser o espaço em

---

[10] O trecho do diário de Leopardi foi traduzido por Alfredo Bosi, que também nos oferece a citação: LEOPARDI, Giacomo. *Opere*, aos cuidados de Francesco Flora, Milão, Mondadori, v. II, p. 183-184.

que o coletivo temporário de autores se recria. Porque um livro pressupõe um tempo de leitura, após o qual é abandonado, possuindo, portanto, uma dimensão efêmera.

Além dos processos mais gerais descritos acima, ganha corpo na dinâmica interna da obra uma espécie de dialética entre o efêmero e o contínuo, o que se observa na forma como durante a leitura os relatos individuais vão tecendo um amplo texto de sentido coletivo sem que este, no entanto, jamais perca de vista as perspectivas individuais que o compõem. Geralmente breves, escritos em prosa e verso, os textos são elaborados a partir de variada matéria. Alguns fazem referência ao grupo, integral ou parcialmente, apontando para a memória do grupo na UFMG, como já foi indicado acima; porém, na maioria das vezes, memórias bem mais recuadas ocupam o espaço dos textos.

A brevidade dos textos denota um trabalho cerrado de seleção cuja principal consequência é a criação de um inventivo contraponto entre memória e esquecimento. Como se as escolhas individuais silenciassem a maior parte do que poderia haver sido relatado individualmente pelos autores e abrisse espaço para as outras vozes. Esse corte drástico na matéria rememorada, motriz dos relatos-relâmpago do livro, é um elemento comum a todos os textos e subvertem o que deliberadamente "ficou esquecido" no plano individual, conduzindo a uma desabusada visão da memória coletiva. Esse trabalho de seleção efetuado pelos autores do *Livro de memórias* nos remete a um processo que ocorre normalmente nos trabalhos da memória, tal como entrevisto por Walter Benjamin no texto "O jogo das letras", de *Infância em Berlim por volta de 1900*:

> Nunca podemos recuperar totalmente o que foi esquecido. E talvez seja bom assim. O choque do resgate do passado seria tão destrutivo que, no exato momento, forçosamente deixaríamos de compreender nossa saudade. Mas é por isso que a compreendemos, e tanto melhor, quanto mais profundamente jaz em nós o esquecido. Tal como a palavra que ainda há pouco se achava em nossos lábios, libertaria a língua para arroubos demostênicos, assim o esquecido nos parece pesado por causa de toda a vida vivida que nos reserva. Talvez o que o faça tão carregado e prenhe não seja outra coisa que o vestígio de hábitos perdidos, nos quais já não nos poderíamos encontrar. Talvez seja a mistura com a poeira de nossas moradas demolidas o segredo que o faz sobreviver (BENJAMIN, 1994, p. 104-105).

Postos lado a lado, os textos do *Livro de memórias* formam um tecido que é imagem da comunidade dos autores definida a partir de seu convívio na universidade. As memórias individuais, reunidas no "livro-sala de aula", sem deixarem de ser pessoais, convertem-se em memória coletiva, tanto do grupo quanto do campo, considerado sob a designação geral de *interior* do território brasileiro. Poderíamos dizer sobre o percurso desses alunos-autores que o campo migrou temporariamente para o *campus* da universidade, realizando em Belo Horizonte uma síntese de si próprio: uma comunidade e um livro por ela produzido, dentro do tempo-escola, contraposto ao tempo-comunidade, para o qual essa comunidade retornará com novos sentidos, reconstituindo-se em diáspora e enunciando o fato de que memória "é também o território de recriação e reordenamento da existência – um testemunho de riquezas afetivas que o artista oferece ou insinua ao espectador, com a cumplicidade e a intimidade de quem abre um diário" (CANTON, 2015, p. 22).

Da mesma forma como o leitor estabelece pontos de contato entre os textos e a vida dos autores, os próprios autores devem ter passado por algo semelhante ao construírem os textos. Pois, se há algo marcadamente ficcional no texto autobiográfico, tal ficção também comparece nessa autobiografia coletiva. Nesse trabalho individual/coletivo de construção da memória, destacam-se alguns elementos literários: as repetições temáticas (a infância, as brincadeiras de criança, a família, a vida no campo, a dificuldade dos estudos, a fome, etc.); o ritmo criado pela alternância entre textos em verso e textos em prosa; o vocabulário simples em contraposição à descontinuidade narrativa;[11] ou mesmo a assinatura dos textos, que é uma forma de manter vivos na memória os nomes de seus membros, e o corte estilístico de cada texto, uma forma de manter na memória a dicção e a personalidade de cada um.

As autobiografias dos autores do campo apontam para o fato de que o período em que vivemos talvez esteja se tornando substancialmente diverso daquele em que Philippe Lejeune (2008) escreveu "A autobiografia dos que não escrevem", sendo que o nosso tempo parece marcado por uma presença significativa do subalterno[12] no âmbito da escrita, o que nos permite dizer, parafraseando o estudioso francês, que sim, hoje *a autobiografia faz parte da cultura dos pobres*. Vem se processando, em nosso tempo, um empoderamento dos *relatos de vida* por parte dos sujeitos biografados, uma vez que eles próprios muitas vezes se lançam à escrita de suas memórias. Nesses termos, a exclusão da escrita não faz mais parte da realidade dos camponeses, que não se identificam mais, em sua totalidade, com "os que não escrevem". A cultura do campo não se trata

---

[11] De certa maneira, a estrutura do *Livro de memórias* dialoga com as estruturas descontínuas utilizadas na literatura desde a modernidade: "[...] as narrativas enviesadas da arte contemporânea quebraram a sequência cronológica de passado-presente-futuro e o viés do começo-meio-fim, deslocando as estruturas de temporalidade para novos estatutos que, nos recortes e remendos, nos jogos que misturam justaposição, sobreposição e repetição, configuram outras formas de produzir histórias e criar sentido" (CANTON, 2015, p. 25).

[12] A utilização do termo "subalterno" remete ao estudo *Pode o subalterno falar?* de Spivak (2014).

mais, portanto, de uma *cultura diferente*, e sobretudo não se trata mais de uma cultura que não escreve, uma cultura predominantemente oral. Nos textos em questão – ainda dialogando com Lejeune (2008) –, o "verdadeiro" não é um artefato, posto que não é ficção, e o autor não é um efeito de contrato, uma vez que efetivamente escreve. Ocorre, portanto, em nosso contexto histórico, uma afirmação das individualidades como sujeitos que escrevem e, curiosamente, tais individualidades dialogam de modo consciente com a coletividade o tempo todo, tal como em um dos versos magistrais de Manoel de Barros (1996): "O melhor de mim sou eles".

Essa radical abertura ao Outro talvez seja o que há de mais diferente na escrita singular do *Livro de memórias*. Talvez seja essa abertura o elemento que define a perspectiva abrangente dos autores e que reverte o que Philippe Lejeune (2008) observou como sendo reservado aos membros das classes dominantes. Nesse sentido, a autoria coletiva coloca em cena um trabalho a muitas mãos, que tem a ver com os trabalhos do campo. E isso, aliás, traz à tona a relação entre o campo e o universo das letras, através de termos como "seara", "arestas", "lavrar o texto", "cultivar o texto", etc., assim como outras correspondências passíveis de serem elencadas a partir da etimologia de *cultura* comentada por Alfredo Bosi em *Dialética da colonização* (BOSI, 1992).

Poderíamos dizer, enfim, que os autores do *Livro de memórias* se contrapõem ao momento que Ilya Prigogine define como o fim da história, pois não fazem parte da realidade de uma sociedade atemporal que perdeu a memória (ideia apresentada nas "Cartas às futuras gerações", publicadas na *Folha de S.Paulo*, em 30 de janeiro de 2000).[13] Além disso, ou provavelmente justamente por isso, os textos autobiográficos dos alunos do LECampo de 2014 confirmam, com Mário Pedrosa (2015), que: "A arte é o exercício experimental da liberdade". Abertos ao universo da arte da memória, os autores do livro entram em diálogo com o próprio universo da arte, em sentido amplo, encontrando em vários artistas contemporâneos o mesmo debruçar-se sobre a memória:

> A memória, condição básica de nossa humanidade, tornou-se uma das grandes molduras da produção artística contemporânea, sobretudo a partir dos anos 1990. Nesse momento, proliferam obras de arte que propõem regimes de percepção que suspendem e prolongam o tempo, atribuindo-lhe densidade, agindo como uma forma de resistência à fugacidade que teima em nos situar num espaço de fosforescência, de uma semiamnésia gerada pelo excesso de estímulos e de informação diária (CANTON, 20015, p. 21).

---

[13] Informação encontrada no livro *Tempo e memória*, de Katia Canton (2015).

Muitos artistas de hoje lidam com a questão da memória através da evocação das memórias pessoais e isso, como Katia Canton indica: "implica a construção de um lugar de resiliência, de demarcações de individualidades e impressões que se contrapõem a um panorama de comunicação à distância e de tecnologia virtual que tendem gradualmente a anular as noções de privacidade, ao mesmo tempo que dificultam trocas reais" (CANTON, 2015, p. 21-22).

Referências

ANDRADE, Carlos Drummond de. *A senha do mundo*. Rio de Janeiro: Record, 1997.

BARROS, Manoel de. *Livro sobre nada*. Rio de Janeiro: Record, 1996.

BARROS, Manoel de. *Memórias inventadas – a infância*. São Paulo: Planeta, 2003.

BENJAMIN, Walter. *Infância em Berlim por volta de 1900. Rua de mão única: Obras escolhidas II*. São Paulo: Brasiliense, 1994.

BOSI, Alfredo. O encontro dos tempos. In: _____. *O ser e o tempo da poesia*. São Paulo: Companhia das Letras, 2000.

BOSI, Alfredo. *Dialética da colonização*. São Paulo: Companhia das Letras, 1992.

CANTON, Katia. *Tempo e memória*. São Paulo: Martins Fontes, 2015.

CASA NOVA, Vera. Leitura e cidadania. In: EVANGELISTA, Aracy Alves Martins *et al.* (Orgs.). *A escolarização da leitura literária – o jogo do livro infantil e juvenil*. Belo Horizonte: Autêntica, 2001.

CASTRO, Maria Emília Caixeta de; MACHADO, Maria Zélia Versiani. Narradores de Javé: duas leituras na formação de educadores do campo. In: MARTINS, Aracy Alves; TEIXEIRA, Inês Assunção de Castro; MOLINA, Mônica Castagna; VILLAS-BÔAS, Rafael Litvin (Orgs.). *Outras terras à vista – cinema e Educação do Campo*. Belo Horizonte: Autêntica, 2010.

CORAGEM, Amarilis Coelho *et al.* Ler e escrever memórias: práticas de letramento no campo. In: ANTUNES-ROCHA, Maria Isabel; MARTINS, Aracy Alves. (Orgs.). *Educação do Campo – desafios para a formação de professores*. Belo Horizonte: Autêntica, 2009.

GAGNEBIN, Jeanne Marie. *Lembrar escrever esquecer*. São Paulo: Ed. 34, 2006.

GULLAR, Ferreira. Os meninos da estampa. In: LADEIRA, Julieta de Godoy (Coord.). *Lições de casa – exercícios de imaginação*. São Paulo: Cultura, 1978.

JESUS, Carolina Maria de. *Quarto de despejo – diário de uma favelada*. São Paulo: Ática, 1993.

LAJOLO, Marisa. *O que é literatura*. 6. ed. São Paulo: Brasiliense, 1985.

LEJEUNE, Philippe. *O pacto autobiográfico – de Rousseau à internet*. Belo Horizonte: Ed. da UFMG, 2008.

MORLEY, Helena. *Minha vida de menina*. São Paulo: Companhia das Letras, 1998.

PEDROSA, Mário. *Arte – Ensaios*. São Paulo: Cosac Naify, 2015.

QUEIRÓS, Bartolomeu Campos. *Por parte de pai*. Belo Horizonte: RHJ, 1995.

RAMOS, Graciliano. Um cinturão. In: _____. *Infância*. Rio de Janeiro: Record, 1995.

RAMOS, Graciliano. *Memórias do cárcere*. 45. ed. Rio de Janeiro: Record. 2011.

SABINO, Fernando. O menino e o homem. In: _____. *O menino no espelho*. Rio de Janeiro: Record, 2001.

SOARES, Magda. A escolarização da literatura infantil e juvenil. In: MARTINS, Aracy Alves *et al.* (Orgs.). *A escolarização da leitura literária – o jogo do livro infantil e juvenil*. Belo Horizonte: Autêntica, 2011.

SOUZA, Josiley Francisco de. *Pedro Braga: uma voz no Vau*. Belo Horizonte: UFMG, 2006. Dissertação (Mestrado em Literatura Brasileira) – Faculdade de Letras, Universidade Federal de Minas Gerais, Belo Horizonte, 2006.

SOUZA, Waldeci Campos de. *Memórias, mãos e terra*. Belo Horizonte: Curso de Licenciatura em Educação do Campo, 2007.

SPIVAK, Gayatri Chakravorty. *Pode o subalterno falar?* Belo Horizonte: UFMG, 2014.

TELLES, Lygia Fagundes. O muro. In: LADEIRA, Julieta de Godoy. (Coord.). *Lições de casa – exercícios de imaginação*. São Paulo: Cultura, 1978.

Filmes

NARRADORES de Javé. Direção: Eliane Caffé. Produção: Vânia Catani e André Montenegro. Brasil: Bananeira Filmes, 2003.

MEMÓRIAS do cárcere – uma história de amor à liberdade. Direção: Nelson Pereira dos Santos. Produção: José Olisio, Maria Da Salete, Raimundo Higino. Brasil, 1984.

CAPÍTULO 8 — ARTES VISUAIS
Artes visuais na formação de professores do campo

Denise Perdigão Pereira

*A arte
pode nos fazer sentir o vento
com a música,
pode nos transportar para lugares distantes
com palavras.
Entusiasmado, um dos alunos concluiu:
"professora, isso é poesia".*
Amarilis Coragem, 2016

Introdução

Nossa experiência com a Educação do Campo localiza-se fundamentalmente na formação de professores do campo, seja por meio da Licenciatura em Educação do Campo (LECampo), oferecida pela Faculdade de Educação da Universidade Federal de Minas Gerais (FaE/UFMG), seja por meio de cursos de aperfeiçoamento destinados aos professores do campo, através do Projeto Escola da Terra,[1] com o qual trabalhei, na área de conhecimento denominada Línguas, Artes e Literatura (LAL), em 2015, realizados em parceria com a referida instituição e os governos federal, estadual e municipal.

Nesse sentido, a professora Amarilis Coelho Coragem, com larga e exitosa experiência no processo de Formação Inicial de Professores do LECampo, desde

---

[1] A Escola da Terra busca promover a formação continuada de professores para que atendam às necessidades específicas de funcionamento das escolas do campo e daquelas localizadas em comunidades quilombolas. Busca também oferecer recursos didáticos e pedagógicos que atendam às especificidades formativas das populações do campo e quilombolas (Disponível em: <http://www.fnde.gov.br/component/k2/item/6437-escola-da-terra>. Acesso em: 6 jan. 2017).

o princípio, quando ainda se chamava Pedagogia da Terra, concedeu uma rica entrevista (Coragem, 2016), ressaltando aspectos marcantes da sua trajetória, enquanto docente do campo da Arte, na FaE/UFMG.

Este texto procura estabelecer um diálogo entre as artes visuais e a formação inicial e continuada de professores do campo, tomando como base nossa experiência nessas duas esferas.

Formação inicial: professores da Educação do Campo

Trabalhar com a formação de professores do campo no âmbito da arte envolve interessantes desafios e, sobretudo, uma postura reflexiva, dialógica e aberta quanto às ideias e concepções que construímos a respeito da arte. Isso porque, de modo geral, "o modelo de ensino de arte assim como as demais áreas da educação básica na escola urbana ignoram os saberes e valores do campo considerando-os pertencentes a uma cultura ultrapassada" (Coragem, 2014, p. 65). Segundo Arroyo, Caldart e Molina (2004, p. 78, 79): "A cultura hegemônica trata os valores, as crenças, os saberes do campo de maneira romântica ou de maneira depreciativa, como valores ultrapassados, como saberes tradicionais, pré-científicos, pré-modernos".

Nesse sentido, Coragem (2016), atenta e experiente, buscou, o tempo todo, interagir com as concepções e as práticas artísticas e culturais locais, no processo de formação de professores do campo.

> De início, foi importante rever conceitos e práticas desenvolvidas pelo aluno na sua trajetória escolar em relação ao aprendizado da arte, conhecer e discutir os princípios que orientam o ensino da arte na escola básica, fazendo as leituras de textos e documentos indicados, sempre dialogando com os conhecimentos dos alunos sobre a realidade da Educação no Campo. Em grupo, procuramos discutir as questões levantadas a partir dessas leituras e conversas para, ao final, registrar as conclusões do grupo. Mas as aproximações deveriam ser de *ambos os lados*, tanto dos *estudantes*, com a cultura acadêmica, quanto era igualmente *importante que a academia os compreendesse e acolhesse* (Coragem, 2016, grifos nossos).

A primeira experiência foi marcante para todos, dialogando com a música, com a política, com o campo:

> Para isso, uma das primeiras iniciativas do campo das artes foi expor as produções dos alunos nos corredores da Faculdade. Isso se repetiu periodicamente e todas as exposições foram apreciadas por todos. Como foram muitas e não caberia aqui falar de todas elas, cito algumas que causaram maior impacto.
> Na primeira, apresentamos trabalhos resultantes de uma aula sobre cor. Os trabalhos eram feitos de colagens de papel de seda encerados e a temática era justamente "flores do campo". Expostas e emolduradas com vidro, as colagens apresentavam um aspecto de aquarelas. Isso, por si só, agradava os mais tradicionais, mas não mostrava apenas o aprendizado de uma técnica, nem uma ingênua beleza das

cores; apresentava elementos familiares ao ambiente dos alunos – as flores do campo – e ainda, em letras recortadas e coladas no chão, a frase "Para não dizer que não falei de flores" – da canção de Vandré – colocava o posicionamento crítico dos expositores e do próprio curso de arte (Coragem, 2016).

Uma outra experiência veio complementar a primeira, além de muitas outras, ao longo dos anos:

> Com outra turma, mais recente, uma exposição, que marcou essa aproximação, foi a de autorretratos, na qual eles puderam conhecer autorretratos de vários artistas em diferentes estilos, experimentar o efeito de alto contraste, apresentar sua própria imagem de modo expressivo e serem reconhecidos através de suas produções (Coragem, 2016).

A partir das experiências apresentadas por Coragem (2016), reitera-se que o trabalho em arte na formação dos professores do campo requer atenção cuidadosa quanto ao modo como se dão as interações entre a academia e o campo, a fim de promover rupturas com uma concepção ocidental restrita sobre arte, predominante no meio acadêmico.

Nesse sentido, Brian Street, professor de Antropologia Cultural por mais de vinte anos na University of Sussex e participante em projetos de desenvolvimento no sul da Ásia e da África, pode fornecer algumas pistas para melhor compreender o predomínio de uma concepção ocidental restrita de arte nas instituições formais de ensino brasileiras, na medida em que discute a situação de dependência de países outrora sob o jugo colonial para com a matriz de pensamento europeia.

Tal situação pode ser explicada, em parte, segundo Street (2014, p. 52), pelos seguintes fatores: em primeiro lugar, "em diversos casos, a principal agência de transmissão (das formas culturais) hoje tende a ser o governo nacional e especialistas locais, frequentemente oriundos de uma classe social ou de uma base cultural restrita".

Ainda de acordo com Street (2014, p. 52) "os governos do mundo em desenvolvimento e suas agências internas frequentemente comungam das principais características da cultura e do estilo ocidentais".

Do ponto de vista estrutural, esses países, comumente, possuem situação de dependência econômica com relação ao Ocidente por meio de multinacionais, exportações, empréstimos e cooperação (Street, 2014, p. 52). Consequentemente, muitas vezes, são introduzidos, simultaneamente, características e valores da sociedade ocidental, tais como: formas de industrialização, burocracia, escolarização formal, medicina, padrões culturais e artísticos, etc.

Além dos fatores externos, é necessário levar em conta algum grau de "dominação interna" (Street, 2014, p. 53) na veiculação da concepção oficial de arte e seus modos de transmissão, seja pela educação formal, seja por meio da educação informal. Street destaca alguns elementos internos que contribuem para essa situação de dominação: a hegemonia das áreas urbanas sobre as rurais, dos homens sobre as mulheres e das elites centrais sobre as populações locais. Segundo o autor, para uma compreensão mais aprofundada desses contextos, é preciso ir além do papel do colonialismo ou do neocolonialismo, mas também desenvolver modos de conhecer as estruturas de poder e as culturas locais.

No que se refere à Educação do Campo, conhecer as estruturas de poder e as culturas locais para se trabalhar, tanto com a formação na educação básica quanto com a formação de professores, revela-se como aspecto de fundamental importância. Assim, é preciso, entre outras coisas, que os educadores envolvidos nesse contexto desenvolvam um trabalho que englobe uma perspectiva investigativa a respeito das manifestações artísticas que se desenvolvem na comunidade em que vivem os alunos, estimulando o hábito da pesquisa e da reflexão como forma de estudo (CORAGEM, 2014).

Considerando que a arte na educação, nas palavras de Joana Lopes (2003), pode promover o pensamento crítico e sensível "capaz de estimular o povo no resgate de sua arte, de seus valores, de sua memória e de sua cultura, mobilizando a imaginação, o pensamento poético", foi realizada, logo no início do curso Pedagogia da Terra,[2] da FaE/UFMG, uma pesquisa exploratória a respeito das manifestações artísticas presentes na região onde viviam os alunos do referido curso. "Tal atividade teve como objetivo investigar as formas de arte na cultura camponesa para que os alunos pudessem melhor conhecer e valorizar as manifestações artísticas da região" (CORAGEM, 2014, p. 65).

Como resultado desse primeiro levantamento, Coragem (2014) aponta que foram apresentados pelos alunos:

> Objetos: Esculturas em madeira, pinturas e bordados em pano, diferentes artesanatos em palha de milho, trabalho com taboca, artes em papéis variados e cerâmica, artesanatos com sementes e retalhos, bonecas de pano, artesanato em bambu, produção de esteira com taboa.
> Festas tradicionais: dança da Catira, Batuque, Capoeira e Folia de Reis, Grupos de dança, teatro; Viola caipira, cantores e compositores.
> Produtos naturais: doces caseiros, queijo, cachaça. Remédios alternativos e produtos de beleza.

---

[2] O curso, destinado à formação de professores da educação básica do campo, teve início na FaE/UFMG, em 2004, estabeleceu uma organização do *tempo/espaço em alternância*: o Tempo Escola é desenvolvido na FaE/UFMG. O Tempo Comunidade é desenvolvido nos locais de moradia/trabalho dos educandos. Os espaços de funcionamento, universidade e assentamento/acampamento se constituem como tempos de estudos teóricos e práticos. Assim, a alternância assume no curso o sentido da comunidade, como espaço físico, social e político, como dimensão formativa (ANTUNES-ROCHA; MARTINS, 2009, p. 50).

Objetos da Cultura Religiosa: terços de sementes ou de contas de madeira.
Utilidades Domésticas: Barraco construído com lona, colheres de pau, panelas de barro.
Outros eventos: Noite cultural ao ar livre, Mística, Jardim da casa vizinha, Banho de cachoeira, etc. (CORAGEM, 2014, p. 66).

A partir das informações trazidas pelos alunos, foi preciso que tanto eles próprios quanto a professora desenvolvessem um olhar interrogador a respeito do que a cultura hegemônica considera como arte.

A classificação e a categorização das obras de arte têm sido atividades amplamente desenvolvidas por diversos profissionais do campo das artes, bem como das Ciências Humanas e Sociais, na tradição ocidental (PEREIRA, 2016).[3]

Coli (2005, p. 11) aponta os perigos dos conceitos classificatórios, uma vez que eles tendem a exprimir, em uma análise apressada, "uma suposta essência daquilo que recobrem e substituir-se ao que nomeiam, como falsos semblantes escondendo os verdadeiros". Assim, o autor propõe a suspensão das noções preconcebidas e o desenvolvimento de um olhar interrogador sobre as obras, e acrescentamos nós, sobre o artesanato e as manifestações culturais presentes no campo (PEREIRA, 2016).

Coli (2005) propõe o olhar que interroga como precaução metodológica, e ainda, como atitude fecunda para o entendimento das obras de arte em contraposição ao conceito que define. Mais do que isso, o olhar interrogador proposto por Coli nos desafia a superar as armadilhas dos conceitos que delimitam e, portanto, limitam a nossa compreensão de arte, tão marcada pelo etnocentrismo ocidental.

Como proposta de desenvolvimento de uma visão mais ampla sobre o cenário artístico e cultural campesino, sugere-se o desenvolvimento de estudos mais aprofundados acerca das manifestações estéticas que fogem às classificações ocidentais de arte mais restritas, tais como a Folia de Reis, a dança da Catira, o Batuque e a Capoeira. Eles consistem em eventos multiexpressivos, ao fazerem dialogar, de modo polifônico, músicas, danças, palavras, artefatos e, em alguns casos, o componente religioso, em um único evento. Nos estudos ocidentais, o discurso analítico sobre as artes tem como referência padrões eurocêntricos, apresentando uma visão fragmentada de conhecimento como uma de suas principais características, na medida em que essas múltiplas linguagens são analisadas separadamente (PEREIRA, 2016). Dessa maneira, uma concepção de arte restrita se mostra insuficiente para a compreensão dessas manifestações. Assim, "os pares antitéticos" – "cultura

---

[3] O assunto é discutido em uma pesquisa de doutorado realizada pela Universidade do Porto e em regime de cotutela com a UFMG. A temática da investigação consiste na formação artística desenvolvida pela Mindelo – Escola Internacional de Arte, Ilha de São Vicente, Cabo Verde.

erudita/popular, central/marginal, canônica/de massa" – não se sustentam para a análise das manifestações culturais citadas acima (Canclini, 2008).

Os profissionais envolvidos com a arte na Educação do Campo precisam desenvolver, portanto, um olhar sensível e antropológico a respeito das manifestações tradicionais, na medida em que elas podem revelar-se como importantes elementos para a compreensão das dinâmicas sociais locais.

Assim, o levantamento inicial proposto por Coragem a seus alunos do LECampo sobre as manifestações artísticas regionais possibilitou a criação de um interessante clima de discussão entre todos. Mas, mais do que isso, tal iniciativa foi de fundamental importância para a problematização e ampliação do que, geralmente, é definido como arte no campo acadêmico. Segundo Coragem (2014, p. 68):

> Os participantes da pesquisa avaliaram como ponto positivo o fato de "saber olhar as coisas e considerá-las como arte, com algum senso crítico"; o fato de perceberem que a produção artística pode ser encontrada entre as "manifestações que os moradores fazem por fazer", motivados pelo "gosto de lidar com as coisas", "de esculpir, de criar, de inventar as coisas".

Formação continuada: professores da Escola da Terra

Por outro lado, a experiência localizada no município de Miradouro[4] no ano 2015, por meio do Projeto Escola da Terra,[5] destinado ao aperfeiçoamento dos professores do campo do estado de Minas Gerais, reitera a amplitude das manifestações artísticas dos povos do campo. O contato com tal produção e/ou manifestações se deu principalmente por meio das denominadas Feiras do Empreendedorismo, realizadas nas escolas do município. As feiras têm como um de seus objetivos expor produtos alimentícios e o artesanato típicos da região. Assim, especificamente na Escola de Monte Alverne, em Miradouro, foram apresentados produtos, tais como: pudim de café, bolo de café, panos de prato bordados, pinturas e painéis. Além disso, uma sala foi dedicada à Folia de Reis, com cartazes e

---

[4] O Projeto Escola da Terra em Miradouro efetivou-se através de uma parceria com a UFMG e a Secretaria Estadual de Educação do município, em 2015. O município localiza-se na Zona da Mata mineira e faz parte da microrregião de Muriaé. A zona rural do município de Miradouro é composta por quatro povoados: Varginha, Santa Bárbara, Serrania e Monte Alverne, locais nos quais o Projeto Escola da Terra teve atuação direta (MEC, SEE MG, FaE/UFMG). Programa Escola da Terra. Síntese do Projeto Escola da Terra em Miradouro, elaborada pela coordenadora local, Gilsilene Mendes. Não publicado).

[5] O curso, ocorrido no segundo semestre de 2015, destinou-se ao aperfeiçoamento de professores do campo e abrangeu 17 municípios mineiros: Almenara, Aricanduva, Catuji, Francisco Sá, Governador Valadares, Itamarandiba, Itinga, Jaboticatubas, Januária, Minas Novas, Miradouro, Teófilo Otoni, Turmalina, Porteirinha, Rio Pardo de Minas, São Francisco e São João da Ponte. Sua realização se deu em parceria com a UFMG e os governos federal, estadual e municipais.

a exibição de um vídeo, onde um senhor, folião do município, conversava com as crianças da escola sobre essa manifestação. Também foi realizada uma pequena apresentação infantil de Folia de Reis na entrada da escola.

Porém, como afirma De Certeau (2008, p. 143), a comunidade local, e, ainda, os próprios artesãos não possuem, muitas vezes, uma maior consciência dessas práticas como um saber:

> Trata-se de um saber não sabido [...] trata-se de um saber sobre os quais os sujeitos não refletem. Dele dão testemunho sem poderem apropriar-se deles. São afinal os locatários e não os proprietários do seu próprio saber-fazer [...] Trata-se de um saber anônimo e referencial, uma condição de possibilidade das práticas técnicas ou eruditas.

A experiência como Formadora Regional no Projeto Escola da Terra, no ano 2015, reitera a afirmação de De Certeau. Segundo conversa informal com Ivan Lopes, funcionário público e morador do município de Miradouro, grande parte das pessoas da região, muitas vezes, não percebe as belezas naturais da localidade, ou não possui consciência da grande riqueza presente nas manifestações artísticas da região. Mas Ivan Lopes intitula-se como "Andarilho da Vida" e afirma conhecer praticamente todo o município, inclusive as localidades mais recônditas, por meio de suas caminhadas. Um dos maiores prazeres de Ivan, nos longos percursos que realiza, é registrar, por meio de fotografias, tanto a exuberância da natureza do município de Miradouro quanto as manifestações artísticas, culturais e festivas das quais faz questão de sempre participar. Ao deparar com uma casinha isolada na paisagem, Ivan costuma bater à porta, sendo comumente convidado pelos seus moradores a entrar, prosear, tomar um café, outras vezes almoçar e, em alguns casos, inclusive, pernoitar.

Figura 1: Vista da comunidade de São Miguel, Pica Pau, Miradouro. Fotografia cedida por Ivan Lopes, Andarilho da Vida

Ivan faz questão de compartilhar seu olhar sensível e atento sobre o município de Miradouro com as populações locais. Dessa maneira, elabora videoclipes ou posta, em sua página do Facebook, muitos dos seus registros fotográficos realizados em suas caminhadas. Ivan conta que várias pessoas, ao depararem com as imagens que ele produz, ficam admiradas com as belezas retratadas, ao que ele responde: "Tudo isso faz parte da grande riqueza e diversidade que se tem no município de Miradouro". Pode-se afirmar, dessa maneira, que Ivan possui um importante papel de educador, ainda que de maneira informal e despretensiosa, no município. Além da enorme sensibilidade de Ivan, tal aspecto nos chama atenção para a existência de uma maior coesão social no campo, onde os papéis desempenhados pelas pessoas das comunidades não são tão fragmentados como nas áreas urbanas.

Figura 2: Folia em homenagem a Nossa Senhora Aparecida na comunidade dos Aredes, município de Vieiras
Fotografia cedida por Ivan Lopes, Andarilho da Vida

Dessa forma, uma merendeira de uma escola pode em um momento preparar a alimentação dos alunos, mas, logo em seguida, contar histórias de caráter educativo para as crianças, reunidas no pátio ou em sala de aula. Esta mesma merendeira pode ainda, à noite, coordenar um encontro na casa de uma senhora de idade mais avançada, para, junto de alguns membros da comunidade local, fazerem uma visita, orações, cantar, ler o evangelho, provocar reflexões sobre a leitura e importantes questões que marcam o contexto atual, tais como: desabastecimento de água, degradação da natureza, perda de vínculos mais profundos entre membros de uma família e da comunidade.

Um dos eventos vivenciados por uma das formadoras regionais do Projeto Escola da Terra, em 2015, em Miradouro, foi chamado de "Noite de Violas". Além de terem sido cantadas músicas como "Planeta Azul", da dupla sertaneja Chitãozinho e Xororó, escolha reveladora de uma preocupação com os dilemas ambientais que marcam nosso tempo, também surgiram improvisos e repentes, a partir da música "Calix Bento", de Milton Nascimento, em uma deliciosa e sábia combinação entre responsabilidade, descontração e afetividade. Quase ao final do encontro, a família que recebeu o grupo ofereceu a todos os presentes um prato doce, chamado, em Minas Gerais, de canjica. Preparado com grãos de milho seco, cozidos no leite, amendoim e açúcar, o prato é bastante apreciado pelos mineiros, sobretudo no período de festas juninas, quando a temperatura costuma cair no estado.

Entendemos que a participação em eventos como o descrito acima se constitui em momentos de fundamental importância para a formação do próprio educador envolvido com a Educação do Campo, na medida em que nos ajudam a melhor compreender as estruturas locais, conforme adverte Street (2014). No caso mencionado acima, percebe-se que o espírito de coletividade e solidariedade são elementos de coesão social e cultural importantes para as comunidades locais. Dessa maneira, a Roda de Violas foi relevante para compreender alguns aspectos culturais importantes da região, tais como: a religião como elemento de integração e solidariedade entre os membros da comunidade, bem como o seu papel na formação política de lideranças locais, entre elas, uma das merendeiras de uma escola do município.

Nessa perspectiva, cabe mais uma vez destacar que o educador do campo precisa ter cuidado para não impor a sua concepção de arte aos alunos ou às comunidades locais, mas sim desenvolver um trabalho conjunto de tomada de consciência sobre a importância das culturas presentes em uma dada região. Trata-se, nesse sentido, de um trabalho que requer conhecimentos mais alargados a respeito da arte, bem como a necessidade de desenvolvimento de uma sensibilidade apurada e reflexiva a respeito de sua presença no contexto do campo. Brian Street (2014) alerta para o fato de que, juntamente com programas educativos em sociedades periféricas ou afastadas dos grandes centros urbanos, são sutilmente introduzidos valores capitalistas, tais como o individualismo e o consumismo. Assim, o sentido comunitário, por exemplo, presente em diversas regiões do campo, pode ser substituído por aqueles valores, ocasionando em perdas para uma determinada cultura.

Reflexões sobre a formação de professores do campo

Do exposto até o momento, conclui-se que uma das maiores contribuições que o educador em artes visuais envolvido com a formação de professores do campo ou com alunos da educação básica no campo seria fornecer, em seu contexto de atuação, uma escuta atenta a respeito dos saberes locais, bem como de uma postura de valorização destes últimos. Nessa perspectiva, em continuidade ao trabalho da professora Amarilis Coragem, vêm trabalhando com as especificidades do LECampo e da Formação Intercultural de Educadores Indígenas (FIEI), na FaE/UFMG, professores da área de Artes, como Marco Scarassatti[6] e Juliana Gouthier.[7] Segundo Marcos Hill[8] (2009, comunicado em aula da disciplina Arte Moderna e Contemporânea), para ser um bom educador, é preciso também ser um bom aluno. O adjetivo aqui ultrapassa a noção convencional do que significa ser bom aluno, isto é, reproduzir os conteúdos tradicionalmente repassados pelo professor, mas envolve, entre outros aspectos, uma atitude de busca incansável pela ampliação de seus próprios horizontes por meio da curiosidade, da formulação de perguntas frente à realidade, bem como pela tentativa de construir respostas fundamentadas, mas também provisórias, sobre essa realidade.

Mas além da escuta atenta e da valorização dos saberes locais, acredita-se que o educador também pode contribuir, ativa e conscientemente, na construção

---

[6] Doutor em Educação, com mestrado em Multimeios pela Universidade Estadual de Campinas e com graduação em Música. Professor Adjunto da FaE/UFMG. É autor do livro *Walter Smetak, o alquimista dos sons*. Tem experiência na área de artes, com ênfase em música, atuando principalmente em: composição, escultura e instalação sonora, improvisação e educação musical. Disponível em: <http://lattes.cnpq.br/ 2340959073714132>. Acesso em: 05 ago. 2016.

[7] Doutora em Artes pela Universidade Federal de Minas Gerais, com estágio sanduíche na New York University (EUA). Pós-graduada em Arte-educação e Tecnologias Contemporâneas pela Universidade de Brasília, fez mestrado em Artes, licenciatura em Desenho e Plástica, bacharelado em Escultura pela Universidade Federal de Minas Gerais, e graduação em Comunicação Social pela Pontifícia Universidade Católica de Minas Gerais. É professora da FaE/UFMG. Pesquisa e publica na área de ensino/aprendizagem de arte. Disponível em: <http://lattes.cnpq.br/6888009221825715>. Acesso em: 05 ago. 2016.

[8] Marcos César de Senna Hill é professor dos cursos de graduação e pós-graduação da Escola de Belas Artes da Universidade Federal de Minas Gerais. Doutor em Artes pela Escola de Belas Artes da Universidade Federal de Minas Gerais (2008) e pós-doutor em Línguas Modernas e Literaturas pela University of Miami (EUA, 2015). Foi criador, coordenador e editor do Centro de Experimentação e Informação de Arte (CEIA, 2000-2014), iniciativa de artistas sediada na cidade de Belo Horizonte e que realiza eventos internacionais e edita livros sobre arte contemporânea. Tem experiência na área de artes, com ênfase no ensino de arte, em história, teoria e crítica da arte, desenvolvendo pesquisas sobre os seguintes assuntos: arte colonial luso-brasileira, arte moderna e contemporânea brasileira, arte contemporânea internacional com ênfase em arte africana contemporânea e performance. Disponível em: <http://buscatextual.cnpq.br/buscatextual/visualizacv.do?id=K4781725H8>. Acesso em: 04 ago. 2016.

de um fecundo diálogo entre a academia e o campo, a fim de que possam ser estabelecidas pontes entre esses dois universos.

As reflexões de Carvalho (2015) a respeito do processo formativo desenvolvido pelo LECampo apontam para esse mesmo caminho:

> O desafio que nossas reflexões apresentam é o de pensar em um processo formativo que ultrapasse a visão dicotômica em busca de elaborações dialéticas. A Educação do Campo tem como meta promover uma educação transformadora da escola e que possibilite fazer a formação dos sujeitos que modificarão o campo e a cidade, sendo assim em uma perspectiva dicotômica não é possível avançar, pois, mantém o sujeito estático em um posicionamento (CARVALHO, 2015, p. 159).

Pensando nisso é que foi desenvolvido, desde o início do curso Pedagogia da Terra, o trabalho exploratório investigativo a respeito das manifestações culturais presentes nas regiões de origem dos alunos do referido curso. Tendo constatado a amplitude do que é considerado como arte nas comunidades locais, Coragem (2014, p. 67) pergunta-se: "Diante disso, o que fazer?".

Coragem procura então refletir:

> [...] sobre os doces picados em figuras de cores variadas; sobre os utensílios de cerâmica, e de palha e de bambu que revelam a habilidade técnica e o cuidado estético; sobre a beleza do jardim da casa vizinha, que me fez lembrar Burle Marx. Mas, principalmente me surpreendeu o banho de cachoeira. Pensei naquilo como uma experiência sensorial, um acontecimento estético, uma provocação que me fez pensar nas características de uma instalação contemporânea (CORAGEM, 2014, p. 67).

Para o desenvolvimento do diálogo entre os conhecimentos artísticos produzidos no âmbito acadêmico e em contextos informais, iniciou-se uma conversa com os alunos do curso Pedagogia da Terra sobre:

> [...] o aspecto intencional da produção artística, argumentei que a arte é uma expressão humana, mesmo quando utiliza algo encontrado pronto e exemplifiquei mostrando um *ready-made* de Duchamp. Isso ficou mais claro quando visitamos o Instituto de Arte Contemporânea Inhotim, que reúne no mesmo espaço um acervo de Arte Contemporânea e um Jardim Botânico, onde encontramos uma instalação: um ambiente frio com sons de água num espaço branco e vazio. Pelo estímulo sensorial da obra e pela ausência de algo visível imaginamos um banho de cachoeira. A partir daí foi possível perceber o que essas duas experiências têm em comum e o que as diferencia (CORAGEM, 2014, p. 66).

Ao final daquele ano de curso, alunos e professora realizaram:

> [...] uma exposição didática da pesquisa dos alunos em cujo texto de apresentação procuramos dialogar com o texto de Heidegger "A origem da Obra de Arte", no trecho em que fala da obra de Van Gogh, "Os sapatos da camponesa". No texto, o

filósofo mostra que, nesse quadro, Van Gogh não retrata apenas um objeto, pois, olhando esse par de sapatos, é possível compreender a luta da camponesa pela sua sobrevivência, pode-se sentir sua força e seu cansaço, "a vibração polarizante entre a vida e a morte" (CORAGEM, 2014, p. 66-67).

A reflexão sobre essa pintura evidencia a possibilidade de que um objeto cotidiano e que possui, portanto, caráter utilitário, seja ao mesmo tempo uma forma de expressão do sensível. "Essa duplicidade, que sustenta a 'origem da obra de arte', ou o 'processo de criação do artista' é também o argumento que nos faz compreender o conceito de arte do artista-professor do campo em formação" (CORAGEM, 2014, p. 67).

Segundo a mesma autora (CORAGEM, 2016), a pesquisa tinha a finalidade de promover o diálogo entre a arte tradicionalmente consagrada no meio erudito e as manifestações artísticas presentes no cotidiano desses alunos. Essa pesquisa foi uma oportunidade de conhecer e valorizar as manifestações artísticas próprias da cultura do campo, pois, quando em contato com a arte tradicionalmente consagrada, os alunos ficavam encantados e esse deslumbramento tendia a minimizar os valores das manifestações artísticas de seu ambiente. Diante disso, o desafio acaba sendo do professor do ensino superior, que precisa incorporar ao seu planejamento argumentos teóricos que possam fundamentar e valorizar a compreensão crítica da variedade de manifestações artísticas que os alunos trazem de seu cotidiano. Para isso necessita trabalhar suas próprias concepções reconhecendo a essencialidade da arte nas diversas formas de pensar e produzir arte. De acordo com Vasconcellos (1995, p. 52), a "competência do educador vai crescendo na mesma proporção em que vai aprendendo a transformar sua prática pedagógica" desde o planejamento.

Refletindo sobre os recursos ou estratégias utilizadas para o desenvolvimento desse diálogo, Coragem (2016) comenta:

> Ampliamos nossas fontes de pesquisa: fomos aos museus, pesquisamos fontes na internet e incluímos livros de arte popular na bibliografia. Visitamos, por exemplo, o Museu Inhotim, o Museu de Artes e Ofícios, o Palácio das Artes, o Museu de Arte Popular, a Cidades Históricas e Feiras de Artesanato. Além das aulas de arte, o próprio curso ofereceu algumas oportunidades em que os alunos puderam assistir a filmes, espetáculos de teatro e dança (CORAGEM, 2016).

Acrescenta ainda a autora o envolvimento dos estudantes nessas atividades várias:

> De modo geral, essas atividades visavam promover experiências exploratórias, situações lúdicas em que os alunos pudessem observar e experimentar, estabelecer as relações e expressar ideias e habilidades. Na prática, são estratégias que buscam articular a percepção, a sensibilidade, a imaginação e a cognição, sempre

levando em conta as possibilidades e modos pelos quais os alunos transformam seus conhecimentos, construindo novos conceitos e ampliando suas concepções de arte (Coragem, 2016).

Ainda para Coragem (2016), em constante interação entre os espaços e entre os sujeitos, situações desafiadoras tornam-se estimuladoras:

> Muitas foram as *situações desafiadoras*, mas confesso, foram *também estimuladoras*. Logo no início do primeiro curso, os alunos, que eram quase todos do Movimento dos Trabalhadores Rurais Sem Terra – MST –, tinham o hábito de iniciarem o dia com uma atividade coletiva, que denominam *Mística*. Nessa atividade, elaboravam um cenário, uma ambientação ou uma interferência no local, onde liam poemas, cantavam, faziam um momento de reflexão. Com esse envolvimento nas artes, algumas vezes trocavam ideias comigo (Coragem, 2016, grifos nossos).

Outras vezes se tornam provocadoras, como a arte:

> Certo dia, para minha surpresa, fizeram, no corredor da Faculdade, um mapa do Brasil, em terra vermelha, entre outros elementos significativos de suas lutas pela terra e por um país mais justo. Com a passagem das pessoas pelo local, a terra foi se espalhando e isso repercutiu em toda a Faculdade, causando uma indignação, principalmente das responsáveis pela limpeza. Estas me procuraram, perguntando se "essa sujeira" também era "arte", ao que pude responder que *a arte tem que incomodar, provocar ou encantar*. Disse ainda que a terra, para aqueles alunos, era o símbolo da sua causa, de sua luta (Coragem, 2016, grifos nossos).

Assim como também situações desafiadoras, de modo entusiasmado, retomando aqui a epígrafe, transformavam uma arte em outra:

> Falei também com os alunos que as pessoas que trabalhavam na limpeza da Faculdade, na sua maioria, vieram do campo à procura de trabalho e moravam em áreas distantes, por isso levantavam de madrugada para deixar limpo o nosso ambiente de trabalho e de estudo. Falei que algumas formas de arte contemporânea se assemelhavam ao que tinham feito, falei da performance, do *happening*, da interferência. Isso os sensibilizou. Foi então que completei, dizendo que a arte pode falar de sangue apenas com a tinta vermelha na tela, pode nos fazer sentir o vento com a música, pode nos transportar para lugares distantes com palavras. Entusiasmado, um dos alunos concluiu: **"professora, isso é poesia"** (Coragem, 2016, grifos nossos).

Coragem (2016) finaliza, dialogando abertamente com todos os educadores dos campos da arte:

> Esse fato me deu entusiasmo para nossas aulas seguintes, reforçando a ideia de ensino que há muito defendo: o ensinar como um ato de dar sinais, de apontar caminhos, mas não de impor os percursos; ato mediador de um processo educativo, em que o aprender se apoia na autonomia e inventividade do aluno (Coragem, 2016).

Considerações finais

Trabalhar com a Educação do Campo numa perspectiva dialógica requer, portanto, ser capaz de questionar o conceito hegemônico, fechado e classificatório do que seja arte. Foi o próprio Mário de Andrade a confidenciar, em uma aula inaugural dos cursos de Filosofia e História da Arte, do Instituto de Artes, da Universidade do Distrito Federal, no ano 1938:

> Essa é a verdade, porém. Devo confessar preliminarmente que eu não sei o que é o Belo e nem sei o que é a Arte. Através de todos os filósofos que percorri, num primeiro e talvez fátuo anseio de saber, jamais um conceito deixou de se quebrar diante de novas experiências (ANDRADE, 1963).

E mais adiante:

> É preferível ficar na entressombra fecunda, que é só onde podem nascer as assombrações. A fixação dos conceitos nos levaria fatalmente a uma organização sistemática do nosso pensamento artístico, nos levaria a uma Estética, nos levaria a filósofos, senão a filosofantes, e não aos artistas que devemos ser. Já uma limitação de conceitos, não é apenas necessária aos artistas, mas imprescindível. Sem isso, creio não se poder nunca ser artista verdadeiro. Principalmente em nosso tempo, em que campeia o individualismo mais desenfreado, e o artista se tornou um joguete de suas próprias liberdades (ANDRADE, 1963).

Mas, se Mário de Andrade ressalta a importância da limitação de conceitos estéticos, tal medida não envolve uma visão limitante sobre a arte. Muito pelo contrário, a limitação de conceitos, entendida aqui como uma fundamentação mais sólida sobre a arte, poderia proporcionar uma visão mais ampla a respeito não apenas desse campo, mas da própria vida:

> E é justamente isto que uma limitação de conceitos estéticos deve e pode dar ao artista: *uma atitude estética diante da arte, diante da vida*. E é isso justamente, essa atitude estética, o que falta à grande maioria dos artistas contemporâneos: *essa contemplação, essa serenidade oposta ao enceguecimento de paixões e interesses*, como a caracterizava Schiller (ANDRADE, 1963, grifos nossos).

Para Mário de Andrade, a atitude orgulhosa de muitos artistas contemporâneos a ele levava-o a crer que eles eram muito mais "afirmadores de si mesmos" do que pesquisadores do campo da arte. Assim, o artista, professor e escritor, afirma:

> E é justamente por isso que também, numa enorme maioria, eles puseram de lado essa importantíssima parte do artesanato que deve haver na arte, que tem de haver nela para que ela se torne legitimamente arte. Se desde a Grécia, pelo menos, percorremos as confissões, os escritos, os ditos dos artistas verdadeiros, mesmo os que menos se confessaram, vemos sempre que todos eles tiveram

conscientemente uma atitude estética diante da arte que faziam. Descobrimos em todos eles, mesmo nos que nos parecem mais fatalizados pelas deformações do tempo ou das liberdades pessoais, como um Miguel Anjo, um Mozart, um Goethe, descobrimos em todos eles uma segura vontade estética, uma humildade e segurança na pesquisa, um respeito à obra de arte em si, uma obediência ao artesanato, que já não me parecem existir na maioria dos contemporâneos (ANDRADE, 1963).

Trazendo as reflexões de Andrade para o contexto atual, talvez uma das maiores lições que podemos tirar, no contato com a Educação do Campo, seja justamente uma atitude estética diante da vida, em que um banho de cachoeira possa ser considerado, por exemplo, como uma manifestação artística. Por fim, como afirma Andrade (1963), há que se valorizar a parte artesanal, necessária para que a arte se torne legitimamente arte.

Ao fazermos tais afirmações, tampouco temos a intenção de fechar a discussão a respeito do que constitui uma obra de arte ou uma manifestação artística. Apenas temos a intenção de instigar novos olhares sobre a arte, olhares que desafiem as nossas próprias concepções tão sedimentadas e naturalizadas pelo terreno acadêmico.

O campo, por sua vez, continuará nos brindando com um espaço extremamente instigante e provocador, na medida em que ele desestabiliza as concepções de artes hegemônicas.

Dessa maneira, registramos nossa sincera gratidão por todos os alunos, artesãos e membros das comunidades com os quais tivemos contato, pela ampliação dos horizontes e pela abertura para a realização de fecundos diálogos.

Referências

ANDRADE, Mário de. O artista e o artesão. In: *O baile das quatro artes*. São Paulo: Martins, 1963. p. 10-36.

ANTUNES-ROCHA, Maria Isabel; MARTINS, Aracy Alves (Orgs.). *Educação do Campo: desafios para a formação de professores*. Belo Horizonte: Autêntica, 2009. (Coleção Caminhos da Educação do Campo).

ARROYO, Miguel Gonzalez; CALDART, Roseli Salete; MOLINA, Mônica Castagna. *Por uma Educação do Campo*. Petrópolis: Vozes, 2004.

CANCLINI, Néstor García. *Leitores, espectadores e internautas*. Tradução de Ana Goldberger. São Paulo: Iluminuras, 2008.

CARVALHO, Cristiene Adriana da Silva. *Práticas artísticas dos estudantes do curso de Licenciatura em Educação do Campo: um estudo na perspectiva das representações sociais*. Belo Horizonte: UFMG, 2015. Dissertação (Mestrado em Educação) – Faculdade de Educação, Universidade Federal de Minas Gerais, Belo Horizonte, 2015.

IBGE. *Censo Demográfico 2010. Características da população e dos domicílios: resultados do universo.* Rio de Janeiro: IBGE, 2011. Disponível em: <http://www.ibge.gov.br/home/estatistica/>. Acesso em: maio 2016.

COLI, Jorge. *Como estudar a arte brasileira do século XIX?* 1. ed. São Paulo: SENAC, 2005. (Série Livre Pensar).

CORAGEM, Amarilis Coelho. *Experiência da Arte na Licenciatura em Educação do Campo.* Faculdade de Educação: UFMG, Belo Horizonte, jul. 2016. Entrevista.

CORAGEM, Amarilis Coelho. *O discurso didático no ensino de arte: um estudo das estratégias visuais de ensino na formação de professores de artes visuais para a escola básica.* Belo Horizonte: UFMG, 2014. Tese (Doutorado em Educação, Conhecimento e Inclusão social). Faculdade de Educação, Universidade Federal de Minas Gerais, Belo Horizonte, 2014.

DE CERTEAU, Michel. *A invenção do cotidiano: artes do fazer.* Petrópolis: Vozes, 2008.

HEIDEGGER, Martin. A origem da obra de arte. *Revista Kriterion,* Belo Horizonte, v. 86, p. 114-133, 1992.

LOPES, Joana. *Pega teatro.* São Paulo: Papirus, 2003.

PEREIRA, Denise Perdigão. *Educação Artística como possibilidade de experimentação utópica: o caso da Mindelo Escola Internacional de Arte em Cabo Verde.* Tese (Doutorado Educação) – Universidade do Porto/Universidade Federal de Minas Gerais, 2016

STREET, Brian V. *Letramentos sociais: abordagens críticas do letramento no desenvolvimento, na etnografia e na educação.* Tradução de Marcos Bagno. 1. ed. São Paulo: Parábola, 2014.

VASCONCELLOS, Celso dos Santos. *Planejamento: Plano de Ensino – aprendizagem e projeto educativo, elementos metodológicos para elaboração e realização.* São Paulo: Libertad, 1995. (Cadernos Pedagógicos do Libertad, v. 1).

Capítulo 9 – Música
Música e Educação do Campo: o relato de um caminhante

Pedro Munhoz

Licença! Vou chegando

Exercendo um trabalho que envolve pessoas, conhecimentos e saberes, trocas de experiências, onde o plural prevalece sobre todas as coisas, mesmo assim, peço licença para manifestar-me na primeira pessoa do singular nesta rápida apresentação.

Sou um trovador, autodidata, um caminhante, um recolhedor de sabenças, aprendendo e repartindo o que aprendeu. Alguém que muito cedo teve que lutar e assumir as consequências de suas escolhas, e lá se vão quatro décadas de andanças. Filho de uma costureira e de um pedreiro, pessoas humildes, mas com a consciência da luta de classe, saí para o mundo e aqui estou até hoje. Depois de um longo caminhar, concluí o ensino médio, cursando magistério, aconselhado e orientado por alguns grandes amigos, perto de completar 50 anos. Por fim, gostaria de mencionar meu irmão, Antonio Cezar (o Tata) e meu avô, Zeca, já falecidos, pessoas importantes na minha formação e em tudo que faço.

Fazer para aprender, aprender para fazer

A partir daqui, deixo o "eu" para trás, substituindo-o por nós, caminhantes, eternos aprendizes, construtores/as de futuro, com o olhar cheio de poesia, traduzida em poemas e canções, pulsando vida, gerando frutos, propondo o novo, respeitando o tempo, este senhor que nos apresenta cotidianamente a luta insana entre a razão e o coração, a evolução, a contradição, a dialética, o universo humano, o respeito pelas pessoas e pelo planeta.

O trabalho desenvolvido é uma consequência do meio de onde viemos. A arte não pode estar desconectada de seu tempo histórico; é uma ferramenta de construção, gerando inquietudes, contribuindo para o processo de transformação. Há um dito no interior da Argentina que diz: "Canções não fazem a Revolução, mas não existirá Revolução sem canções". A indústria cultural capitalista sabe bem disso e trabalha como ninguém essa questão. Não podemos esquecer: somos operários, trabalhadores da arte, carregadores da palavra e do verso, da ética, da mensagem que ajuda a transformar.

Este trabalho é inspirado nos trovadores, menestréis e *juglares* (termo em espanhol utilizado para aqueles que recitavam e improvisavam versos e canções, surgidos na Europa a partir dos séculos XI e XII). São eles os responsáveis pelo nascimento da palavra cantada, os primeiros narradores de tudo aquilo que viam e viviam. Surgiram provocando e expondo as contradições e mazelas dos reinados, do clero e senhores daquele tempo. A canção nasceu trazendo e levando notícias, revelando o sentimento popular; justa e companheira, muito antes de tornar-se apenas um objeto de consumo, a canção permeia a vida nos cantos de trabalho, religiosos, de luta. Nos estádios de futebol, cantos e gritos de torcidas se eternizam a partir da criação espontânea, resultado da emoção, do momento do gol ou da frustração, onde nem só a violência exaspera.

Trataremos aqui de contar um pouco dessa experiência vivida junto aos movimentos sociais, em que a troca de saberes sempre norteou as ações, e o aprender e o repartir nos fizeram e nos fazem caminhar.

A canção e sua importância

O compromisso com a canção exige de cada um e cada uma, daqueles e daquelas que militam na área musical, que, antes de artistas, sejamos formadores, educadores e educadoras, travando a batalha de contrapor valores, dando um novo sentido à vida, nesta sociedade deveras decadente.

A canção é poderosa. Com ela podemos chegar a lugares, pessoas, influenciar pensamentos, olhares, perspectivas e visão de mundo. Ainda que lenta e abnegadamente, vamos espalhando ideias através do nosso canto, reforçando a importância das culturas regionais, sua oralidade, seus valores e princípios. Dessa forma também criamos multiplicadores de ideias, respeitando e mantendo a regionalidade, fazendo resistência ao mundo do consumo, também imposto ao campo das artes e, em especial, à canção popular.

Para atender aos ditames da indústria cultural (em alemão, *Kulturindustrie*, termo criado pelos filósofos e sociólogos alemães Theodor Adorno [1903-1969] e Max Horkheimer [1895-1973], a fim de designar a situação da arte na sociedade capitalista industrial), ritmos regionais tomam outras formas e conteúdos, criando uma falsa ligação atávica, desenhando uma ideia e um imaginário do mundo rural, em populações que hoje habitam nas grandes cidades, em sua maioria, massa de trabalhadores explorados pelo capital, oriundos do campo. Porém, a ideia de campo é outra: ele é mecanizado, com grandes extensões de monocultivo. Uma ideia das gerações que já nasceram no meio urbano, que passam a ter essa noção sobre o campo. Muito disso se deve às canções a que nos referimos, distorcendo as relações do mundo do trabalho, dos meios e modos de produção, e, claro, das relações humanas.

Tião
(Pedro Munhoz)

Quando ocê foi lá pra "Sumpólo",
Ficô as criança sózim mais eu.
Da porta da frente oiava a portera,
Ai, ai meu Deus!
Tião diga lá o qui si assucedeu?

Si confromo cum tudo, recramo di nada,
Distino sabi o qui ele iscreveu.
Oiando a foto qui tá na parede,
Ai, ai meu Deus!
Tião diga lá o qui si assucedeu?

Num tem cantiga,
Passarim imudeceu.
Num tem aligria,
Ocê longe di eu.

O minino mais véi já tudo intindia,
Também purdera, o danado cresceu.
Quiria si embora e oiava a portera,
Ai, ai meu Deus!
Tião diga lá o qui si assucedeu?

Veiz inquando, barrendo o terrero matutava:
Ô, sodade marvada o qui tu fazeu?
Cá na roça essas coisa eu mi priguntava,
Ai, ai meu Deus!
Tião diga lá o qui si assucedeu?

Os dia passando i as nuticia num vinha,
Chorando meus pranto, outro dia nasceu.
Rezava meu terço prá Virgi Maria,
Ai, ai meu Deus!
Tião diga lá o qui si assucedeu?

Cairzinho da tarde vi qui vinha gente,
Peito apretô modi qui mi doeu.
Mala na mão, todo o sonho disfeito,
Ai, ai meu Deus...
Tião diga lá o qui si assucedeu?

(CD *Pátria Mundo*, 2004.)

Das andanças e das lidas

Gostaríamos de contar um pouco deste ofício, no qual descobrimos o valor da vida, onde a sabedoria nos abraça, quebrando conceitos, descobrindo o milagre das coisas simples.

Em 2000, iniciamos uma caminhada de oficinas e palestras, sendo a primeira em Ibirité (MG). Em março de 2001, iniciamos as Oficinas de Composição

Popular para os educandos do Instituto Técnico de Capacitação e Pesquisa da Reforma Agrária (ITERRA), na cidade de Veranópolis (RS). Tudo era muito novo, pois até então havíamos criado essa oficina e sua metodologia para trabalhar num curso de extensão da Universidade Federal de Pelotas (UFPel), no ano 2000. Durou muito pouco. Mas com esse pouco na bagagem nosso desafio era trabalhar com as turmas que foram chegando ao ITERRA. E assim, por mais de uma década, todos aprendíamos mutuamente, de tempos em tempos, quando éramos convidados. Uma oficina permanente feita por centenas de mãos, que foi aperfeiçoando-se e moldando-se a cada turma que chegava. O ITERRA sempre esteve aberto às propostas que eram colocadas. Enfatizamos: aprendemos juntos.

Ao final de cada oficina, compúnhamos coletivamente uma canção, aquela que identificaria, em todos os momentos, a turma, seu nome, sua especialidade. As oficinas também funcionavam com um caráter agregador, dando voz e vez aos talentos sufocados pela sociedade excludente, pelo rigor da luta, desmistificando o ato de escrever e cantar uma canção.

Com técnicas simples de composição, oficinas começaram a ser pensadas e espalhadas por todo o país, através dos movimentos sociais, muito em especial do Movimento dos Trabalhadores Rurais Sem Terra (MST). Outros desafios nos aguardavam, já que éramos oficineiros de música, teatro, poesia, artes plásticas e rádio, percorrendo o Brasil, conversando e exercitando arte, com uma juventude do campo querendo aprender e ao mesmo tempo influenciada pelos valores capitalistas, trazidos principalmente pelo rádio e pela televisão, ainda num momento em que a internet não havia explodido em acesso através dos celulares e outras facilidades que temos hoje. Porém, sempre foi uma batalha desigual, em que sempre fomos o lado mais fraco da disputa. E não seria para menos, pois a indústria cultural é montada e preparada para tal disputa, onde ela hegemoniza padrões e conceitos, confundindo a juventude da cidade e do campo.

Na verdade chamaríamos de oficina "reforçada", mais além do que propõe uma oficina. Aprender a fazer pode ser pouco quando se trata de enfrentamentos futuros na luta de classes. É preciso dividir conhecimento e fundamentação para os confrontos que virão. A preocupação sempre foi contemplar todos os perfis de participantes. Ou seja, do analfabeto ao mais letrado, todos aprenderão a compor uma canção. Não é para aquele que está em sua casa comodamente escrevendo uns versos com o seu violão em punho. Ao contrário, a oficina sempre esteve voltada para o militante que está numa situação de cerco num acampamento, sem condições de comunicação, uma militância com a moral em baixa. Surgem aí compositores, com ou sem um instrumento musical, sabendo escrever ou não, tendo ou não caneta e papel; ainda assim, a canção necessária que acode, que abre caminhos, que ergue o punho, que fará seguir em frente será escrita. Temos narrativas de versos que foram escritos no chão até serem decorados, em um acampamento Sem Terra. É a história sendo escrita.

Dessas oficinas surgiram muitos autores/as, cantadores, cantadoras, tocadores e tocadoras. A ideia da oficina é de que os participantes exerçam suas funções, não somente pelo deleite artístico, mas também pelo compromisso com a transformação social, sem descuidar dos conceitos estéticos e técnicos, forma e conteúdo, para que tenham condições, no futuro, de propor e fazer canção, o que vai diferenciá-los dos compositores/as, cantores/as, instrumentistas que se dedicam apenas a vender sua arte, muitas vezes de qualidade duvidosa, neste mercado musical caótico que vivemos.

O resultado deste trabalho ficou registrado em muitos CDs, registrando momentos históricos na luta pela terra, como foi o caso da marcha do MST Goiânia/Brasília, em 2005, juntando aproximadamente 15 mil pessoas durante duas semanas em direção à capital federal. Todas as canções que embalaram a marcha foram compostas durante uma oficina de música e ficaram registradas no CD *Canções marchantes*. Outro trabalho que marcou esse período foi a produção do CD *Cantares da Educação do Campo* em 2006. Foi um trabalho que também contou com participantes oriundos das oficinas.

A nossa bandeira
(Composição Coletiva/ I Oficina de Artes Região Sul do Brasil, 2001.)

Um dia eu avistei
Uma bandeira em minha frente.
Coração bateu mais forte,
Senti algo diferente,
Sua cor era vibrante,
Cor do sangue da gente.

Sua força me atraía
Tremulando para o povo.
Ali estava o Sem Terra,
Caminhava orgulhoso,
Semeando a esperança,
Esperança é o mundo novo.

Hoje vejo a bandeira,
Na sua estampa tão linda,
O florescer da vitória,
O olhar alegre da vida.
Com o passar do tempo,
Hoje carrego a bandeira,
Faço parte desta luta,
Que é justa e verdadeira.
Pelo mundo e pela Pátria,
Pela Pátria brasileira,
Pelo mundo e pela Pátria,
Pela Pátria brasileira.

Mas afinal, como são feitas as Oficinas de Composição Popular?

Nas oficinas, não basta dizer o que se faz, como se faz, ou por que se faz. Importante é mostrar na prática. Esse é o elemento fundamental: o exemplo;

não deixar dúvidas. Isso estabelece o intercâmbio: ao mostrar que é possível escrever uma canção, as pessoas se encorajam, desnudam-se nos exercícios da escrita, nos fragmentos melódicos, aproximando-se do imaginário, da emoção, quebrando conceitos e deixando-se levar pelo lúdico. Uma vez mais o milagre do simples acontece. Estabelece-se a relação de igualdade, onde tudo é considerado, respeitando a história e a trajetória de cada um e cada uma. Todos são protagonistas, ninguém sabe mais do que ninguém. Estamos em pé de igualdade. Podemos então iniciar o trabalho.

Estabelecida a primeira relação que norteará todo o caminho, partiremos para conhecer cada um e cada uma, com seus relatos orais e/ou escritos. A ansiedade vai se desfazendo. Muitos já trazem alguma experiência e querem ir direto à prática, outros se assustam com a possibilidade real de escrever algo da sua lavra. É tudo muito lento no início. Temos que tratar de ir desmistificando, tirando aquela ideia do sucesso, do estrelato, e aos poucos trazendo à tona a memória afetiva, as recordações mais profundas que lhe são caras. Tudo isso através de exercícios e muita conversa. É preciso desenvolver a confiança, pois não raras vezes a emoção toma conta e isso é muito bom para o espírito da oficina.

Histórico

Quebrado o gelo inicial, explicada a metodologia, partimos para a sua execução. O trabalho se divide em três partes fundamentais: histórica, teórica e prática. Como frisamos anteriormente, trata-se de uma oficina reforçada. Na primeira parte, a histórica, resgataremos o nascimento da canção no mundo ocidental, para que se tenha uma ideia do seu papel desde o seu surgimento, em meados do século XI, até os dias atuais. Nessas narrativas, nota-se o poder da contação de histórias. A sala fica atenta, as imagens passeiam nas mentes, a razão vai dando espaço à criatividade. A dialética entra em ação. Exemplos e experiências são divididos. Há comunhão.

Logo em seguida, um breve histórico da Música Popular Brasileira em seus aspectos sociais, políticos e econômicos a partir do final do século XIX, percorrendo o século XX até chegar ao século XXI. Aqui, nós nos deteremos a fatos e narrativas da vida nacional e o comportamento da canção em cada uma dessas fases. A história do Brasil está nas canções. Os primeiros registros dão-se a partir de 1860, em que percorremos a vida brasileira costurada por canções de cada época. Dos primeiros sambistas a Chiquinha Gonzaga, republicana e abolicionista. O primeiro samba gravado no Brasil, passando pela Era do Rádio, Ditadura Vargas, Pós-Segunda Guerra, Getúlio Vargas outra vez, JK, Bossa Nova e a modernização do país, Ditadura Militar a partir de 1964, o Milagre Brasileiro e os festivais estudantis que protestavam. A Jovem Guarda alienante, a Tropicália, o Clube da Esquina, os anos 70, o Brega, Abertura e Anistia, a MPB dos anos 80, o Rock Nacional pós-ditadura, a Lambada, Sertanejo, Pagode e Axé, Collor e o Neoliberalismo, até a Trupe Teatro Mágico, na novela *Flor do Caribe* (Rede Globo de Televisão – 2013), cantando "Canção da Terra" (Pedro Munhoz), exigindo Reforma Agrária no horário nobre de televisão. Composta em 1999, e muito antes de tornar-se um *hit* nacional, já era cantado nos acampamentos, assentamentos, marchas e atividades dos movimentos sociais no Brasil e no exterior. Ou ainda, Chico César provocando com "Reis do Agronegócio", com letra de Carlos Rennó. Um vasto caminho que ocupa bastante tempo para dissecar. A narrativa histórica aborda a produção musical que se dá no litoral, nos grandes centros do país. Nesse processo, também abordamos a produção musical esquecida do interior brasileiro, que sempre chegou aos grandes centros como mais um produto de consumo. A história não é retilínea; tudo acontece ao mesmo tempo, refletindo situações e momentos. Mas como se trata de uma oficina, com um tempo limitado, preferimos abordar o assunto fazendo este recorte, que julgamos nos dar a noção da produção deste país.

Canção da Terra
(Pedro Munhoz)

Tudo aconteceu num certo dia,
Hora de Ave Maria,
O Universo vi gerar.
No princípio o verbo se fez fogo,
Nem atlas tinha o globo,
Mas tinha nome o lugar,
Era a Terra, Terra

E fez, o Criador a Natureza,
Fez os campos e florestas,
Fez os bichos, fez o mar.
Fez por fim, então, a rebeldia,
Que nos dá a garantia,
Que nos leva a lutar,
Pela Terra, Terra

Madre Terra nossa esperança,
Onde a vida dá seus frutos,
O teu filho vem cantar.
Ser e ter o sonho por inteiro,
Ser sem-terra, ser guerreiro,
Com a missão de semear,
A terra, terra.

Mas apesar de tudo isso,
O latifúndio é feito um inço,
Que precisa acabar.
Romper as cercas da ignorância,
Que produz a intolerância,
Terra é de quem plantar,
A terra, a terra.

(Gravação no Teatro Mágico, CD *A sociedade do espetáculo*, 2013. Trilha da novela *Flor do Caribe*, mar. 2013, Rede Globo de Televisão.)

Teórico

Começa o embaraço, a dúvida, as grandes questões: como se faz uma estrofe? E o verso? E pra rimar, como é que é? Os sotaques se misturam, a sala se alvoroça, o desafio se aproxima. É sempre assim.

Ensinar a escrever estrofes, versos, rimas, métrica exige muito cuidado. Não podemos cair no erro de querer convencer que esta é a única forma que temos para escrever, para compor. Cuidado! É uma das formas, tão somente. Mas vai ser ela a nos ajudar a escrever organizadamente, colocando as ideias no papel, exigindo disciplina, sem perder o veio criativo, sem desconsiderar que muitos já escrevem assim, mesmo sem saber. É uma dinâmica interessante. Muitas pessoas não conseguem abstrair, ficando só na técnica, e, como resultado, surgem conteúdos previsíveis e não raramente panfletários, pois optam pela palavra fácil. Outros tentam soltar a pena, esquecem-se da técnica. O equilíbrio exige domínio. Há que praticar.

Nesta parte, trabalhamos com três elementos fundamentais: forma, conteúdo e estética. Não temos a intenção de aprofundar todas as questões e fundamentos; afinal é uma oficina, mas é necessário explicar o que é forma, conteúdo e estética. Junto a essa explicação, iniciamos o trabalho teórico e prático com estrofes, versos, rimas e métrica (conjunto das regras que organizam a medida, o ritmo do verso, da estrofe e do poema como um todo; metrificação, versificação), bem como algumas questões da língua portuguesa (cacofonia, pleonasmo, vícios de linguagem), não desrespeitando a linguagem regional. Trabalharemos a poesia, o poeta e o poema. Somos da corrente que defende a ideia de que poema e letra musical são coisas distintas, mas nenhuma pode existir sem poesia. Estudaremos alguns poetas, letristas, músicos e canções (urbanos e regionais).

Prático

A prática inicia com sugestões de temas, histórias e frases motivadoras para escrever. Surgem então as primeiras estrofes, as primeiras rimas, o encantamento do possível, trabalhando em grupo ou individualmente. Após algum tempo, versos e rimas vêm chegando, como viajantes de um tempo distante, como se fossem parentes que nunca haviam se visto. Um novo momento surgirá na oficina, ao que nós costumamos dizer: o "im" abandonou o possível.

Com quadras, sextilhas, décimas e outras formas de estrofes, damos início à musicalização. Não existe regra para isso; o que existe é sensibilidade. Podemos, com a ajuda de um instrumento musical ou não, musicalizar uma letra. Evidentemente organizada em estrofes, versos, rimas e principalmente obedecendo à métrica, haverá facilidade para colocar uma melodia e um ritmo, com ou sem a necessidade de um instrumento musical, apenas "talareando", cantarolando livremente, dentro do tempo métrico. Também enfatizamos outro princípio básico para a criação musical: ritmo, melodia e harmonia. Lembra que mencionamos os cânticos de trabalho, de torcida, entre outros?

Na oficina, induzimos para que as primeiras canções sejam compostas melodicamente, sem o auxílio de instrumentos musicais, para que se possa extrair o mais puro da criação, para que todos/as fiquem em condições iguais, sem depender do "tocador". As melodias devem nascer espontaneamente. Depois de criada, poderemos, aí sim, utilizar um instrumento musical para harmonizar a melodia.

Trabalhamos também na forma inversa, que é a criação de um tema melódico e, a partir daí, colocamos uma letra. Isso sempre é feito no momento das práticas, pois os participantes, em sua maioria, não dominam a teoria. Temos então que trabalhar com sensibilização musical, produzindo vários exercícios para que tenhamos um resultado. Porém, essa forma parece ser mais fácil. É mais rápido o aprendizado. Criar uma melodia não parece ser difícil; a coisa empaca sempre no fazer escrito, no conteúdo.

No fazer melódico, também existem alguns segredos quanto a compor uma melodia com variações e que não seja repetitiva, enfadonha. E aqui ensinaremos alguns "truques", algumas facilidades, para que nasça uma canção, um bom refrão, coloridos sonoros e um bom casamento entre ritmo, melodia, harmonia e letra.

Como última tarefa da oficina, compomos uma canção final, coletivamente, quando todos e todas vão contribuir na construção da letra e da melodia, desta que será a canção símbolo do encontro. Ao oficineiro caberá conduzir o processo, anotando sugestões e ideias; ele deve mediar, tirar dúvidas, fazer com que todos/as reflitam sobre o que estão escrevendo, fazer observar as regras e as técnicas aprendidas.

Escolhido o tema, ideias começam a surgir; todos participam da construção da letra. Ao término, a melodia quase sempre surge do coletivo. Alguém começa a cantarolar, complementado por outros participantes, e assim sucessivamente. Quando já temos um esboço melódico, recorremos a um instrumento musical para harmonizá-lo e dar o devido acabamento. Afirmamos uma vez: não é uma regra engessada. Cada grupo possui suas peculiaridades. Somos fruto de uma sociedade que nos tirou o direito de pensar. Nesses encontros isso é muito observado.

Procuramos, todo o tempo, realizar trocas de experiências entre os participantes, através de avaliações diárias. O resultado é muito bom.

Observação: Nas canções de final de oficina, primeiro é composta a letra, em seguida a melodia, pois é o momento de repassar todos os ensinamentos que foram ministrados.

Sabedoria Popular
(Pedro Munhoz)

Me responda se puder,
Pois a pergunta requer,
Então pergunto, seu moço:
Qual missão de ensinar,
Repartir e vivenciar,
Aprendendo com o povo?

Experiência muito rica,
Povo escuta, povo explica
E o mundo vem mediar.
Estrada de ida e vinda,
A divina maravilha
Da gente se ensinar.

Cantemos assim de novo,
A menina, o velho, o moço,
O milagre das espigas.
É o verde da plantação,
É a chuva no sertão,
Eu te ensino, tu me ensinas.

A resposta não é tudo,
Ensinar é estar junto,
Dividir, multiplicar.
É contar sem ler no livro,
Aprender é estar vivo,
É o que nos faz caminhar.

Poesia pra quem olha,
Se emociona, ri e chora
Num contente de alegria.
Dividindo sentimentos,
Coração, conhecimento,
Razão e sabedoria.

(CD *Guitarra Toda A Vida*, 2014.)

A experiência acabou levando o trabalho para outras organizações sociais, como foi o caso do Movimento dos Atingidos Por Barragens (MAB) e do Movimento dos Pequenos Agricultores (MPA). O Hino do Movimento dos Pequenos Agricultores foi composto com um grupo de militantes, a partir de uma oficina em agosto de 2015, após um amplo debate interno.

Hino do Movimento dos Pequenos Agricultores (MPA)
(Construção Coletiva / Oficina de Composição, jul. 2015.)

Somos movimento
Campesino e brasileiro,
Somos construtores
Do Projeto Popular,
Nosso semear
Mostra ao mundo inteiro,
Companheira, companheiro,
É preciso caminhar.

Respeitando a terra,
Plantando soberania,
Contra o Sistema
Segue firme em mutirão,
Não será em vão,
Nossa rebeldia,
Nascerá um novo dia,
Fruto da Revolução.

No horizonte a vitória
Da aliança libertária,
Alimenta nossa luta,
Camponesa e operária.

Nossa afirmação
Nosso Plano Camponês,
Somos este grito
Por justiça social,
Arrancar o mal,
Escrever de vez,
A história que se fez,
A luta é internacional.

Homens e mulheres
A colher um tempo novo,
Novas gerações
O cultivo da igualdade,
Com diversidade,
Entendendo o todo,
Segue em frente nosso povo,
Passo a passo à liberdade.

No horizonte a vitória,
Da aliança libertária,
Alimenta nossa luta,
Camponesa e operária.

O violão

Um registro se faz necessário, levando em consideração a importância do violão, este instrumento musical popular, aceito tardiamente nos salões e teatros frequentados pelas elites. Não afirmamos categoricamente, mas esse instrumento, além de ajudar a desvendar o nosso imaginário criativo, também é responsável pela maioria das canções escritas neste país. Ao violão, nosso respeito. Aquele que nos ajuda a disparar futuro e a escrever esperança.

Outras ferramentas

Outras ferramentas importantes para esse trabalho são as palestras e encontros com outros setores organizados: sindicatos, setores progressistas da Igreja, organizações internacionais camponesas, direitos humanos, ecológicos, secundaristas, universidades, no Brasil e no exterior.

Chamam atenção sentimentos e situações inerentes, independentemente de lugar, região ou país. Essas oficinas e palestras já foram ministradas em boa parte do Brasil e em vários países: Uruguai, França, Chile, México, Itália, Portugal, Espanha, Guatemala, Venezuela, entre outros. Na maioria dos casos, situações se aproximam a dificuldades no trato com o lúdico, um sentimento de incapacidade para criar e, no final, a alegria e a certeza de poder pensar e criar canções. Alguma coisa que não está sendo vendida, e sim oferecida, dividindo espaços, opiniões para a construção da palavra cantada: a canção.

Andanças: eu canto, tu cantas, nós cantamos

Peço licença, uma vez mais, para relatar na primeira pessoa do singular.

As andanças me são muito caras. Aprendi caminhando. Charly García, compositor dos bons, argentino, nos diz em uma de suas canções: "No existe una escuela que enseñe a vivir". Ou ainda, como diria o não menos brilhante Belchior: "Eu sou apenas um rapaz latino-americano, sem dinheiro no banco, sem parentes importantes e vindo do interior". Assim sou eu, surgido das contradições, dos aprendizados, correndo riscos, aventurando em nome do humano, da emoção, do simples, das paredes descascadas pelo tempo, do roto, do impublicável, da resistência, do saber que é possível, mesmo que isso custe a própria vida. Assim sou eu.

Minha vida começa transferindo-me no início dos anos 80 para Porto Alegre, onde trabalhei como auxiliar de escritório, garçom, vendedor, tentei a vida noturna como músico de bar, estudante de Contabilidade (felizmente, não concluí), e tantas outras coisas de que não me lembro mais (ou não quero lembrar). As dificuldades normais de um jovem de 19, 20 anos, tentando um lugar ao sol, sem compreender muito bem o processo da roda da História, coisa que compreendi depois que fui conhecendo suas engrenagens e suas armadilhas. Foram décadas de andar por aí, conhecendo gente, aprendendo a tocar violão, olhando tocadores de rua, do povo, recitando nas praças, passando o chapéu, sorrindo com fome, porque o show não pode parar. Venho dessa mistura em que meus ouvidos cruzaram com Teixeirinha, Chico Buarque e J. S. Bach ou ouvindo um Terno de Reis pela vizinhança.

Venho de uma família em que, além da política, dos livros, das artes, em algum momento, o circo, os parques de diversões, o teatro de tablado na praça também faziam parte. Eu passei por aí, tocando pandeiro, fazendo esquetes teatrais, trabalhando em barracas de parques de diversão, ajudando meu irmão a pintar letreiros de parede, saindo no Carnaval no bloco que ele organizava, tocando cuíca ou levando comida para o meu pai na construção onde trabalhava. Ou quem sabe, meu avô Zeca, me ensinando a ler e escrever, muito antes de entrar na escola, recebido pela inesquecível professora Iêda, na então Escola Municipal São João Batista de La Salle.

Sou o menino do grupo escolar com o nome da escola bordado no braço do "tapapó". Era eu quem batia o sino da Matriz e lia textos na missa de domingo, depois que fui estudar no Ginásio São José, da Ordem das Irmãs Bernardinas Franciscanas. Ali, uma religiosa de nome Carmem, já falecida, em 1974, disse que eu era um poeta, depois que leu um texto que eu havia escrito na aula de Língua Portuguesa.

Passei pelo rádio, fui locutor de festas, apresentador de comícios, trabalhei em agência de publicidade, fiz jingles comerciais e políticos, trovador, contador de histórias, cancioneiro, produtor artístico e fonográfico, caminhante, aprendiz da (e na) vida. Eis algumas coisas que me construíram e seguem me construindo. Não sou tudo isso, sou um pouco disso tudo.

No início dos anos 90 descobri os trovadores e me encantei com todo aquele universo da Idade Média. Foram os trovadores que inspiraram este trabalho que realizo até os dias atuais.

Durante toda a década de 90, percorri muitos lugares, buscando informações, lendo a respeito, viajando de carona, de um lado para o outro, violão e mochila nas costas, vivenciando, aprendendo. Autodidata, vi um mundo se descortinar. Sempre defendi e busquei entender as manifestações da cultura popular, mas era preciso ir mais além. Queria conhecer todos os lugares, no menor tempo possível, autores/as, poetas, cantadores, escritores. Eu tinha pressa. E foi assim, viajando, conhecendo, lendo, anotando, escrevendo canções e poemas, com um olhar além das placas e dos anúncios comerciais, do sucesso do rádio, do beijo de novela. Tenho a preocupação de que nada fique comigo, e sim com o maior número de pessoas possível.

Outros ventos começaram a soprar

As coisas mudaram em fevereiro de 1999, quando tive a oportunidade de participar do I Festival Nacional da Reforma Agrária em Palmeira das Missões (RS), promovido pelo MST, quando, juntamente com o poeta Martim César, obtivemos o primeiro lugar com a canção "Procissão dos Retirantes". Um trabalho que relata a chacina em Eldorado Carajás em 17 de abril de 1996, quando tombaram inicialmente 19 Trabalhadores Rurais Sem Terra. Cito também "Semeando a Razão", trabalho em parceria com um poeta, Álvaro Barcellos, que ficou registrado nesse festival, fazendo parte do CD desse histórico encontro. O festival reuniu músicos, poetas e compositores de todo o Brasil, em um grande momento de cultura, arte, solidariedade e comprometimento. Tenho a certeza de que foi um marco em minha vida, pois, a partir de então, daria início a uma nova etapa nesta caminhada.

Procissão dos Retirantes
(Pedro Munhoz / Martim César)

Terra Brasilis, continente,
Pátria mãe da minha gente,
Hoje eu quero perguntar:
Se tão grandes são teus braços,
Por que negas um espaço
Aos que querem ter um lar?

Eu não consigo entender,
Que nesta imensa nação,
Ainda é matar ou morrer,
Por um pedaço de chão.

Lavradores nas estradas,
Vendo a terra abandonada,
Sem ninguém para plantar.
Entre cercas e alambrados,
Vão milhões de condenados,
A morrer ou mendigar.

Eu não consigo entender,
Achar a clara razão,
De quem só vive pra ter
E ainda se diz bom cristão.

No Eldorado do Pará,
Nome índio Carajás,
O massacre aconteceu.
Nesta terra de chacinas,
Essas balas assassinas,
Todos sabem de onde vêm.

É preciso que a justiça e a igualdade
Sejam mais que palavras de ocasião,
É preciso um novo tempo,
Em que não seja só promessa repartir a terra e o pão.
– A hora é essa de fazer a divisão –

Eu não consigo entender,
Que em vez de herdar um quinhão,
Teu povo mereça ter
Só sete palmos de chão.

Nova leva de imigrantes,
Procissão dos retirantes,
Só a terra em cada olhar.
Brasileiros, feito nós,
Vão gritando, mas sem voz,
Norte a Sul não tem lugar.

Eu não consigo entender,
Que nesta imensa nação,
Ainda é matar ou morrer,
Por um pedaço de chão.

Pátria amada do Brasil,
De quem és, ó mãe gentil,
Eu insisto em perguntar:
Dos famintos, das favelas,
Ou dos que desviam verbas
Pra champanhe e caviar?

Eu não consigo entender,
Achar a clara razão,
De quem só vive pra ter
E ainda se diz bom cristão.

(Canção vencedora do I Festival Nacional da Reforma Agrária, Palmeira das Missões/ RS, 1999.)

Na entrada do novo século e do novo milênio, dava continuidade a este seguir em frente. "Procissão dos Retirantes" espalhou-se pelo país e isso possibilitou um peregrinar muito mais intenso. Comecei a percorrer o Brasil, não somente com as oficinas, mas agora as pessoas queriam escutar o trovador, o cantador, um tipo vindo do sul do Brasil, com um trabalho musical que abrigava muitos Brasis. A pergunta pairava: afinal quem é este camarada? Cabe registrar que a figura do trovador, neste Brasil de costas para a América Latina, até então, nada significava. A palavra "trovador" sempre esteve ligada aos repentistas, que percorrem as feiras e festas, de sul a norte do país, levando sua mensagem através do verso improvisado. A ideia era outra: resgatar o trovador, porque a canção em seu nascedouro também surgiu dos versos cantados desses caminhantes.

Firme em minhas convicções, começava a percorrer os rincões mais distantes, levando uma mensagem musical, sempre com o caráter formador, nunca deixando de pesquisar, perguntar, anotar, aprofundar, tudo aquilo que era novo para mim, levando informações de um lado ao outro. E continua sendo assim. É o papel do trovador. Do Chuí (RS), onde vivi, a Ouricuri, no sertão pernambucano. Ou de São Miguel do Oeste (SC) a Eldorado dos Carajás, no interior do Pará. Do norte mineiro ao cerrado, da pampa ao agreste, do litoral ao sertão.

Como resultados de tantas andanças, nasceram canções, causos, poemas, narrativas, que a cada apresentação são entregues ao público, de maneira leve, sem perder a seriedade, o caráter e a essência. Não costumo chamar esses encontros de apresentação, show, recitais ou coisa parecida. Gosto de dizer que são encontros do aprender juntos.

Nordestinizei-me
(Pedro Munhoz)

O meu coração insiste
Em nordestinizar,
O meu coração ficou
Na Paraíba.

Sergipanizei minha vida,
Me tornei sertão,
Ceará, eu na Bahia,
Ou Maranhão.

Me embrenhei pela caatinga,
Pernambucanizei,
Rio Grande do Norte
Foi ali que te encontrei.
Mas em Alagoas,
Não me esqueço de ti,
Maninha do Piauí.

(Centro de Formação Elizabete e J. Pedro Teixeira. Lagoa Seca/PB, nov. 2016.)

E dessa forma, com voz e violão, vou percorrendo teatros, auditórios, salas, salões, sindicatos, escolas, universidades, centros de formação, conversas entremeadas de canções e poemas, com um trabalho autoral, abordando questões como reforma agrária, gênero, ecologia, direitos humanos, juventude e justiça social, com elementos recolhidos pelo caminho, devolvidos a quem de direito: o povo. Nada nos pertence. Somos apenas recolhedores de histórias, de experiências de vida, assim registradas.

Escuto a Sabedoria, Reparto o Conhecimento
(Pedro Munhoz)

Vejo a vida e a razão
Buscando a razão da vida,
Tão moderna e primitiva,
A pedra, o fogo e o avião.
Busco sempre a compreensão
Pra o devido entendimento,
Aprender com os elementos,
Dia e noite, noite e dia.
Escuto a sabedoria,
Reparto o conhecimento.

Sabedoria, quem tem?
O benzedor, o feiticeiro,
Na poção do raizeiro
O lenitivo do bem.
No estudo que não tem
Domina o procedimento,
A palavra, o benzimento,
A dor que nos alivia.
Escuto a sabedoria,
Reparto o conhecimento.

Quando nasceu a palavra,
Alguém pode nos dizer?
Quem ajudou a escrever,
A quem pertence esta lavra?
Antes mesmo veio a fala,
Gesto, som e movimento,
Organizou o pensamento,
O olhar da Poesia.
Escuto a sabedoria,
Reparto o conhecimento.

O contador de histórias,
O pintor de outras eras,
Jornalista das cavernas,
Nas paredes da memória.
Nunca sonhou com a glória
Sequer reconhecimento
Foi passando ensinamentos,
Rupestre filosofia.
Escuto a sabedoria,
Reparto o conhecimento.

Quem deu a medida certa,
Dois mais um que virou três,
Quem contou de um a dez,
Par ou ímpar, nada resta?
Quem fez da curva uma reta,
Imaginando monumentos,
Sem o ferro e o cimento,
Sabia por que sabia?
Escuto a sabedoria,
Reparto o conhecimento.

A terra, a semente e o pão,
A escuridão e a luz,
Na bússola que conduz,
Vento, vela, embarcação.
O atrito e a explosão,
A calma e o discernimento,
A intuição e o tempo,
Quando um cego já dizia:
– Escuto a sabedoria,
Reparto o conhecimento.

O caminhar pelo o mundo

Em 2001, entendi a importância de viajar para outros países, como forma de levar e trazer informações para o público que trabalho: o povo trabalhador do campo. Iniciou-se uma grande caminhada internacional: Canadá, França, Itália e Portugal. A convite de organizações sociais, nacionais e internacionais, contando, cantando e denunciando a exclusão, propondo debates após cada apresentação. A força de convencimento de uma voz e um violão é muito forte. Porém, é preciso estar bem preparado para essa tarefa, lendo bastante, observando, conferindo detalhes, escutando muito, pessoas, canções, relatos, conselhos, sugestões. Na verdade, nosso país é o planeta, uma grande nação de seres humanos, com semelhanças e diferenças que nos unem.

Meu País é o Planeta
(Pedro Munhoz)

Desta vida caminhante,
De mapas tão diferentes,
Em meio a tanta gente,
Povoados tão distantes,
Sete mares navegantes,

Alfabetos, tantas letras,
Mesmo céu, tantos cometas,
Eu não sou um forasteiro,
Meu lugar é o mundo inteiro,
Meu país é o planeta.

Tem desertos e savanas,
Os trópicos e geleiras,
Tem floresta companheira,
Preservar é pra quem ama,
Cuida mais, também reclama,
O poder tem mil facetas,
Interfira, se intrometa,
Eu não sou um forasteiro,
Meu lugar é o mundo inteiro,
Meu país é o planeta.

É a terra generosa
Que nos dá o alimento,
A semente e o sustento,
Rubra beleza da rosa,
Quando bombas poderosas,
Têm destino na etiqueta,
Pobreza explode, arrebenta,
Eu não sou forasteiro,
Meu lugar é o mundo inteiro,
Meu país é o planeta.

Onde tudo começou,
Mãe África, sofredora,
Foi por mãos exploradoras,
Negro, escravo do senhor,
Chancela do imperador,
Judiaram da mãe preta,

Há verdades nas gavetas,
Eu não sou um forasteiro,
Meu lugar é o mundo inteiro,
Meu país é o planeta
Sou a criança afegã,
As viúvas iraquianas,
A resistência cubana,
Palestina do amanhã,
Dia de festa pagã,
Alegria na colheita,
Chegada em Sierra Maestra,
Eu não sou um forasteiro,
Meu lugar é o mundo inteiro,
Meu país é o planeta.

A vida vai muito além
De tudo que se divisa,
Sociedade permissiva,
Massificada também,
A mudança sempre vem,
Luta, fuzil e caneta,
Que o triunfo se completa,
Eu não sou um forasteiro,
Meu lugar é o mundo inteiro,
Meu país é o planeta.

(CD *Dez Canções Urgentes*, 2010)

O caminhar pela América Latina

Gostaria de dedicar um pouco desta escrita para contar dos "andares" que tenho feito por esta América, tão nossa, tão forte, tão destruída pela ganância e que resiste, ao cruzar o Uruguai, rumo a Montevidéu, ou quando vejo "las cholas" (campesinas) em Boyacá, Colômbia. Esta América Latina de crianças sorridentes, numa pequena escola no interior de Táchira, na Venezuela, quando lá estive cantando para elas, ou de um encontro musical em Santa Clara, Cuba. Na Universidade Campesina de Chapingo, México, ou marchando com os/as estudantes na Cidade da Guatemala. Nossa gente, nós, latino-americanos. Precisaria de mais tempo para contar de lugares e experiências vividas no Uruguai, Cuba (Caribe), Chile, México, Guatemala, Venezuela, Paraguai, Equador, Argentina e Colômbia.

Em 1997, comecei a viajar para o Uruguai, contratado por um publicitário, para gravar jingles em português. Minha intenção era buscar o mundo musical daquele país. Difícil, sem contatos, os dados rolaram e, um pouco depois, me tornei amigo de Héctor Numa Moraes e Daniel Viglietti, expoentes da música comprometida uruguaia, através de amigos e amigas naquele país.

Tenho andado pelo continente latino-americano, cantando em cidades, povoados e vilarejos, conhecendo realidades e, uma vez mais, perguntando, anotando, pesquisando. Em qualquer parte deste continente, há exploração. Os exploradores são os mesmos. Em todo lugar, os relatos não se diferenciam. Usurpam da nossa capacidade de pensar, exploram nossa força de trabalho, de nossos filhos e nossas filhas. Relatos de uma chilena, mapuche, de um cortador de cana de Bella Unión, no Uruguai, dos embates por terra no Alto Paraná, no Paraguai, caminhada com as Madres da Praça de Maio, na Argentina, ou Glória Arcos, compositora, campesina, mostrando-me um canto que compôs para a floresta e a montanha onde vive, no interior do Equador, em Ambato, onde nos conhecemos. Tudo mostra quem somos, a resistência que temos.

Em tudo e de tudo isso, por muito tempo, o Brasil esteve de costas para o nosso continente. Demoramos a entender que também somos latino-americanos, por muitos motivos que não pretendo tratar aqui. A ideia de "país-continente" fortalecido de que somos os maiores e os melhores. Pensamento impregnado pela classe dominante.

Há que se resgatar e fortalecer nomes que colocaram suas vidas a serviço dos mais humildes, com suas ideias, suas canções e seu canto: Violeta Parra, Víctor Jara, Alí Primera, Atahualpa Yupanqui, Mercedes Sosa, Daniel Viglietti, Los Olimareños, Héctor Numa Moraes, Teresa Parodi, Horacio Guarany e tantos outros nomes, como os cubanos e caribenhos Silvio Rodríguez, Vicente Feliú, Pablo Milanés, surgidos com a Revolução Cubana. Felizmente alguns vivem e seguem firmes, apesar da idade. Nomes que influenciaram quem veio depois.

Chacarera por Víctor Jara
(Pedro Munhoz / Martim César)

"Yo soy cantor popular
Lo saben mis compañeros
No por popularidad
Y si porque soy del pueblo."

Dijo la voz del Imperio,
¡hágase la oscuridad,
En Chile muera el sueño
De la igualdad!

Le contestó un cantor,
No hay noche suficiente,
Porque hoy está el sol
Adentro de la gente.

Un poema en la frente
Por fusil una guitarra,
Mi América insurgente
Dice Víctor Jara.

Manos americanas,
Sangrando una canción,
Abriendo las ventanas
De la liberación.

Cantor de un Continente,
Que vibra en tus palabras,
Y que al decir: ¡presente!
Dice Víctor Jara.

El águila es un cuervo,
Con niños en sus garras,
Mata por tener miedo
De una guitarra.

Que corten nuestras manos,
Soñando darnos olvido,
Sabrán tarde o temprano,
Que estamos vivos.

Sangre de nuestra gente,
De Sandino y Guevara,
la sangre de Allende,
dice Víctor Jara.

Ontem, hoje, em frente

Bertold Brecht, em um de seus textos, nos pede que olhemos sempre para trás e não nos esqueçamos de onde tudo começou.

Nada nos pertence. Vamos construindo caminhos, abrindo trincheiras, emocionando pessoas. Ao longo da caminhada, aprendemos mais do que ensinamos. O relatado aqui se trata de um período vivido por alguém. Não é a História. Houve um processo para chegar até aqui. Embarcamos no meio do caminho, contribuindo nesta construção. Nada está descolado. A conjuntura política e econômica de cada período fez com que tivéssemos que agir rapidamente para responder às demandas. Acreditamos que é preciso continuar o bom combate, fortalecendo ideias, através das oficinas, cantorias, e principalmente, que surjam multiplicadores e multiplicadoras, despidos da ideia do sucesso, do efêmero fabricado pela mídia. Esse é um trabalho que exige compromisso, responsabilidade, organização, disciplina, ética, referência para as pessoas que nos assistem, nos escutam, nos veem. Não somos artistas, somos agentes, contribuindo para a transformação, com postura, firmeza e consciência, permanentes.

O que fica de tudo isso?

Há um grande acúmulo do fazer e produzir cultura e arte por parte dos movimentos sociais do campo e, em especial, o MST. Ao nosso juízo, foi quem deflagrou, em 1997, questionamentos e aprofundamentos sobre o tema. O movimento desafiou-se a essa tarefa gigantesca. Com erros e acertos avançou nesse campo e segue avançando.

Precisamos observar a mudança de perfil da militância que chega às organizações nos dias de hoje. Com certeza, as Oficinas de Composição Popular que são ministradas, atualmente, mostram uma juventude, em sua grande maioria, conectada na internet, influenciada por artistas, gêneros e ritmos urbanos, comprometidos ou não (RAP, Funk, Reggae, Sertanejo, Pagode). Então é preciso rever, reformular o que estamos fazendo. Nota-se que são os netos/as, bisnetos/as, das primeiras levas de famílias que deixaram o campo no período da industrialização brasileira, a partir do último período do governo de Getúlio Vargas, nos anos 50, tornando-se classe operária, mão de obra da indústria nacional. Estes/as jovens, em boa parte da periferia, sofrendo o processo da exclusão, buscam o caminho de volta.

Outras organizações surgiram enquanto isso, como é o caso do Levante da Juventude (2006), que agrega jovens estudantes, trazendo outras linguagens musicais, discutindo outras formas. É um dado positivo. Com certeza não perdemos a perspectiva para continuar lutando e criando canções.

Vivemos um período de descenso na luta de classe. Este é um campo fértil para a canção. Devemos, sim, cada vez mais estudar e entender esses ciclos. Há que estar com olhos e ouvidos bem atentos, pois somos parte da resistência neste período.

O campo também foi atingido pela modernidade. A chegada da energia elétrica, o refrigerador, a televisão, o computador, a antena que acessa tudo, o celular nas mãos do menino, sonhando em ser jogador de futebol, querendo ir embora. Ao contrário, aqui boa parte quer deixar o campo. Na tela do televisor brilham os olhos da menina, aguardando o próximo capítulo da novela. As pessoas não se juntam mais para contar e ouvir histórias na soleira da porta. No final de semana, o moço que vem da cidade, com o seu automóvel comprado a prestação, traz os grandes sucessos do momento, a todo volume, regado a cerveja e muita algazarra. Enquanto isso, os mais velhos, assistindo a tudo, comentam: "No meu tempo não era assim".

Somos Filhos da Mãe Terra
(Pedro Munhoz)

O planeta é uma nave,
Cintilante, com certeza,
Azul na delicadeza,
Linda esta espaçonave.
Feito voo de uma ave,
Buscando o alto da serra,
Gira em torno e tudo gera,
Sem precisar de motor.
Somos parte sim senhor,
Somos filhos da Mãe Terra.

Milhões e milhões de anos,
Nos ensina a Natureza,
E com rápida destreza,
Destruindo tudo estamos.
Contradição dos humanos,
Aprende aquele que erra,
Maduro aquele que espera,
Só quem sofre dá valor.
Somos parte sim senhor,
Somos filhos da Mãe Terra.

Buscar a simplicidade
Pra resolver os problemas,
Terminando os dilemas
Que atormentam a Humanidade.
Chega de tanta maldade,
Cansamos de tantas guerras,
O dinheiro mata e enterra,
O pobre, o trabalhador.
Somos parte sim senhor,
Somos filhos da Mãe Terra.

O que dizer, então, da água,
A fonte de toda a vida,
Em garrafa, ingerida,
Só bebe aquele que paga.
E onde tudo se alaga,
Toda a gente desespera,
O clima, a atmosfera,
Inverte o frio e o calor.
Somos parte sim senhor,
Somos filhos da Mãe Terra.

Rua mal iluminada,
Buraco sem pavimento,
Pobreza, areia, cimento,
São favelas penduradas.
Crianças assassinadas,
O futuro ali encerra,
Violência prolifera,
Vida não rima com a dor.
Somos parte sim senhor,
Somos filhos da Mãe Terra.

O planeta poluído,
Tudo em nome do Mercado,
O Globo, globalizado,
Há tempos instituído.
Vivemos embrutecidos,
Enjaulados, somos feras,
Liberdade é quimera,
Na lei do explorador.
Somos parte sim senhor,
Somos filhos da Mãe Terra.

Adonaram-se das mentes,
Botaram marca no mundo,
Transgenicamente tudo,
Envenenaram sementes.
Fizeram com toda a gente
O que nunca se fizera,
Não por coincidência mera,
Nos chamam, consumidor.
Somos parte sim senhor,
Somos filhos da Mãe Terra.

É a tal chuva de prata,
Fumaça pra todo o lado,
Chumbo, estrôncio misturado,
Que vidinha mais ingrata.
A doença se desata,
Saúde não recupera,
Longas filas de espera,
Sem hospital e doutor.
Somos parte sim senhor,
Somos filhos da Mãe Terra.

Não se contam mais histórias,
Não se namora na praça,
Não tem moça na vidraça,
Perdemos toda a memória.
A Poesia inglória,
Que vivemos nesta era,
Mecaniza, dilacera,
Lá se foi um sonhador.
Somos parte sim senhor,
Somos filhos da Mãe Terra.

São os polos degelando,
É a camada de ozônio,
Efeito estufa, demônios,
É o fim que vem chegando.
Tudo, tudo terminando,
O ronco da motosserra,
Quanto menos se coopera,
Muito mais destruidor.
Somos parte sim senhor,
Somos filhos da Mãe Terra.

Rádio, TV e jornal,
Tudo tem o mesmo dono,
A mentira ganha entono,
Na notícia parcial.
Senhor do bem e do mal,
O Sistema, então, opera,
A mudança nada altera,
Eleição e eleitor.
Somos parte sim senhor,
Somos filhos da Mãe Terra.

Finalizando senhores,
Sem querer a ferro e fogo,
O que está mesmo em jogo
É a bolsa de valores.
Grandes especuladores,
Onde o Capital prospera,
É o império quem lidera,
Este circo de horror.
Somos parte sim senhor,
Somos filhos da Mãe Terra.

(CD *Dez Canções Urgentes*, 2010.)

Referências

Ao encerrar, queremos agradecer a oportunidade deste relato e, ao contrário do que poderia ser, não deixaremos referências bibliográficas, citações, sem nenhuma intenção de desfazer ou desmerecer estudiosos, escritores e intelectuais. Não o faremos pelo simples fato de ser o testemunho de toda uma vida, de forma autodidata. Falsearíamos com a verdade ao contrário disso. Segue, ao final, o que somos e vivemos, na construção desse grande mosaico que é a vida.

Muito obrigado.
Pedro Munhoz

CAPÍTULO 10 – DANÇA
Entre danças e culturas: possibilidades na rede de ensino

Carlos Júnior Tobias

Ao longo desses últimos trinta anos, aprendi loas, toadas e cantigas de cirandeiros, aboiadores e cantadeiras; aprendi choros, música de Banda Cabaçal e ponteados de violeiros, pifeiros e chorões; passos, gingados e mugangas de sambadores, dançarinos e brincantes. Esses cantos, toques e danças são as pedras do meu Céu e as estrelas do meu Chão. Com eles soletro, penso, e esperanço meu sonho humano. Através deles aprendi a amar o meu país e o seu povo. Eles são o meu Lunário Perpétuo.
Antônio Carlos Nóbrega

Há algum tempo, sentia o desejo de acrescentar em minhas práticas docentes – desenvolvidas em salas de aula do ensino regular e em ambientes não formais de educação – os conhecimentos que adquiri com o Grupo de Dança Rosários,[1] junto aos demais eixos de extensão universitária do programa Rosários, da Universidade Federal de Ouro Preto (UFOP), do qual fui integrante, de 2013 a 2015.

O grupo de Dança Rosários faz parte do Programa Rosários, que tem como objetivo desenvolver pesquisas práticas e teóricas sobre as manifestações

---
[1] O Grupo Rosários é composto por membros de diferentes cursos da UFOP e alguns membros da comunidade; é um grupo de dança que se baseia em expressões folclóricas brasileiras para elaborar montagens coreográficas. O Grupo Rosários é um projeto de extensão do curso de Educação Física e coordenado pela professora Juliana Castro Bergamini, e existe desde abril de 2010.

folclóricas brasileiras, aprofundando-se em pesquisas que vão desde a origem das expressões, dos movimentos e dos figurinos a composições coreográficas, apresentando uma junção dos elementos que caracterizam cada uma delas em sua especificidade, possibilitando, ainda, a leitura e criação cênica e artística na produção de espetáculos.

São construídas composições coreográficas que apresentam uma junção das especificidades dos elementos artísticos, possibilitando a leitura e a criação cênica e artística na criação de espetáculos.

Entre as diversas propostas que integram o Programa Rosários, uma delas contempla ações em escolas de Ouro Preto (MG), oferecendo aulas regulares de danças folclóricas brasileiras, intitulada Rosários e a Escola. Sendo assim, as reflexões aqui desenvolvidas partem de um contexto de Escola do Campo pertencente a escolas públicas localizadas em um município do interior de Minas Gerais, que tem, entre suas características culturais, sociais e produtivas, a forte relação com a cultura popular, a partir de festas de tradição religiosa, com a produção de alimentos pela terra, o extrativismo mineral e a produção de derivados do leite.

O intuito do projeto é ampliar o atendimento à população ouropretana pela via da extensão, partindo das ações da UFOP, com o enfoque principal na experiência dialógica entre cultura popular e educação. Assim, a proposta busca trazer, às manifestações culturais e corporais, o reconhecimento das singularidades e da diversidade cultural brasileira.

No ano 2015, eu e uma companheira de grupo, Leiene Oliveira, graduanda em Artes Cênicas, tomamos frente do núcleo de ações Rosários e a Escola, abarcando duas escolas da rede pública de ensino da cidade de Ouro Preto, tendo a oportunidade de trabalhar com nossos alunos do 1º ao 5º ano do ensino fundamental.

O trabalho do núcleo de ações tem como objetivo, entre outros, apresentar e ampliar o conhecimento das histórias e origem de cada manifestação dançante, proporcionando ao aluno uma viagem cultural pelo nosso país, sendo uma possibilidade para que ele se conheça em seus movimentos e demais influências vivenciadas e reproduzidas diariamente, fundamentando-se na investigação e elaboração de diferentes propostas educacionais, ora estudadas na graduação, ora descobertas na necessidade do momento, perante a prática realizada dentro da sala de aula, instrumentalizando-o para o reconhecimento da identidade artística e cultural.

Ao longo do trabalho realizado nas escolas[2] parceiras em 2015, vivenciei uma enorme resistência por parte das crianças em apresentar uma "nova" dança

---

[2] Será mantido o anonimato das instituições no decorrer do texto.

ou expressão cultural – que apenas se fazia desconhecida – não integrada ao universo cultural em que o aluno se fazia inserido. Outra informação importante para essa reflexão se pauta no quão presente são outras manifestações dançantes no cotidiano das crianças.

Entre as vivências desse projeto, observei que alunos oriundos de comunidades periféricas em municípios no interior de Minas Gerais – em sua maioria – apresentam-se mais influenciados pelos estilos de massa, como o sertanejo e o funk, exemplos majoritários nesse meio, sendo artifícios de massa utilizados por redes de TV, do rádio e da cultura local. Isso dá margem, talvez, a não se considerar a importância de outras danças, como as danças folclóricas.

Considerando, nestas reflexões aqui desenvolvidas, as danças folclóricas como um conjunto de manifestações culturais, corporais e regionais, específicas em cada localidade e evidenciadas por particularidades regionais, festivas, de cunho religioso, ritualísticas ou entretenimento, a dança folclórica, diretamente ligada à arte e à cultura popular brasileira, se faz repleta de histórias e valores muitas vezes desconhecidos por grande parte dos estudantes e também para nós que pesquisamos sobre o assunto.

Enquanto bolsista, dançarino, professor e pesquisador do Projeto Rosários e a Escola, fiquei bastante satisfeito ao desenvolver propostas educacionais em duas escolas públicas do município de Ouro Preto, cidade interiorana de Minas Gerais, compartilhando experiências de culturas diversas, encontrando ora resistência, ora aceitação, o que fez emergir reflexões sobre este trabalho.

A proposta das práticas pedagógicas desenvolvidas se pautou em aproximar as expressões corporais da cultura brasileira no ambiente escolar, apresentando ritmos variados e abrangendo os diferentes ciclos festivos do nosso país, do Carnaval à Folia de Reis, permitindo, assim, aos participantes agirem como multiplicadores de conhecimento e incentivadores da prática artística e cultural brasileira, além de tomarem conhecimento de diversas expressões populares que compõem o nosso território nacional e perceberem a grandeza de nossas expressões, explorando seu leque de possibilidades culturais.

Mesmo o nosso Brasil sendo tão rico culturalmente, e apresentando infinidades de culturas com elementos populares, pode-se notar que muitos estudantes as desconhecem. Tal constatação foi evidenciada no decorrer do Projeto Rosários e a Escola. Acredito que essa questão se apresenta, também, pelo fato de esse aprendizado não possuir espaço nas instituições escolares, deixando, assim, de ser realizado dentro do âmbito formal de ensino e, devido a isso, a grande resistência dos alunos se dá pelo desconhecimento do assunto, ao se falar de culturas, sejam elas quais forem, populares ou eruditas, reafirmando a necessidade real do desenvolvimento desse trabalho.

No decorrer das aulas, foram expostas histórias que tratam das origens de diferentes manifestações dançantes e, posteriormente, instruem-se seus movimentos para a construção, socialização, fruição e o reconhecimento de diferentes gestos da dança. Além de perceberem que nosso folclore não se resume a trava-línguas, Saci-pererê, Mula-sem-cabeça e demais lendas, descobrem que existe um amplo repertório folclórico de histórias, de danças, de cânticos, de crenças, de costumes, etc.

O folclore, segundo Neusa Maria Bonna Secchi (2014), é a junção de dois vocábulos do inglês antigo, *folk*, com significação de povo, e *lore*, traduzindo estudo, ciência, ou mais propriamente, o que faz o povo sentir, agir e reagir. Dessa forma, folclore seria o estudo do povo, mais especificamente, o estudo da cultura do povo, seja de seus costumes ou de suas tradições (SECCHI, 2014, p. 13).

No decorrer do tempo, o folclore foi ganhando outros significados e diferentes definições. Entretanto, em 1995, no VII Congresso Brasileiro de Folclore, definiu-se folclore como:

> "Um conjunto das criações culturais de uma comunidade, baseado nas suas tradições expressas individual ou coletivamente, representativo de sua identidade social, respaldando na aceitação coletiva, tradicionalidade, dinamicidade e funcionalidade." Na carta ficou claro que a Cultura popular e o Folclore são equivalentes (SECCHI, 2014, p. 14).

Percebe-se a riqueza e a amplitude da palavra "folclore" nesta gama de criações culturais, tradições que reverberam e evidenciam a identidade social e cultural de um povo. Dessa forma, busco aprofundar um pouco mais no que diz respeito à cultura, já que o folclore é uma criação das culturas de uma comunidade, e me deparo com certa dificuldade em encontrar uma definição para tal termo. Segundo Luís Costa:

> O próprio conceito de cultura nunca foi, nem será consenso entre os estudiosos. Na verdade, sua utilização excessiva acabou, de certa forma, trazendo uma simplicidade ao termo, o que não é tão simples quando se pretendem definir limites mais definidos. Cada um à sua maneira, por uma perspectiva, traz uma conceituação diferente, desde a associação da palavra cultura ao cultivo do solo e plantas, originada no mundo latino, até quando se tornou de uso corrente na Europa, sendo aplicada às sociedades humanas, com a designação de práticas de descrição, comunicação e representação (COSTA, 2007, p. 23).

Percebemos a abrangência da definição de cultura, por haver inúmeras abordagens: o que para alguns pode ser o conjunto de valores morais ou materiais que caracterizam um povo, para outros pode ser associado a causas políticas e ideológicas.

Há diferentes pensamentos e definições que trazem ideologias, pensamentos, valores, costumes, crenças, tradições, contraídas pelo indivíduo no decorrer de sua formação como ser humano, o que pode se chamar de aculturação, aprendizado que o indivíduo adquire no decorrer da sua vida, desde o nascimento, dando forma à cultura de que deseja fazer parte. Dessa forma, a cultura de um país, estado, região é o que o caracteriza e traz consigo uma bagagem de história e valores. É evidente que o desconhecimento e a limitação de outras linguagens, para além da cultura de uma cidade de interior, estando diretamente ligado à falta de interesse de alguns, e ainda, à falta de oportunidades, quando lhes é possibilitado o acesso, causa estranhamento, por não fazer parte de seu repertório.

Creio que nós, docentes, seja em Artes Cênicas, seja em outras áreas, podemos oferecer tais oportunidades. É importante salientar que uma das dificuldades se refere ao fato de as diferentes culturas serem tratadas em abordagens exaustivas, pouco dinâmicas, ou, até mesmo, por não serem apresentadas. Consequentemente, os alunos não terão tal conhecimento, logo, há desinteresse da maioria.

A metodologia utilizada no Projeto Rosários e a Escola se dava de forma integralmente dinâmica, para que os alunos tivessem interesse e curiosidade quanto ao que seria proposto posteriormente. No início do projeto, foi dado a cada aluno um mapa com a divisão regional do Brasil, para que, no decorrer das aulas, o aluno o preenchesse com as manifestações dançantes de cada região sobre as quais tivesse informação.

Apresentávamos as origens das danças que seriam ensinadas, mostrávamos como eram as vestes de cada manifestação, os objetos utilizados, a fim de que o aluno se interessasse pelo assunto, o que foi acontecendo.

Eram também feitos exercícios de alongamentos e aquecimentos, utilizando técnicas e jogos teatrais, com o intuito de despertar a atenção e dinamizar ainda mais as aulas com alguns desses jogos, como ferramentas de introdução à dança. Um exemplo ocorreu em Carimbó, na Região norte, quando fazíamos um jogo de disputa entre os alunos, denominado na dança como "desafio do peru", pelos passos dados, geralmente imitando os movimentos de conquista de um peru.

O jogo se dava em duas filas, uma de meninos e outra de meninas, como em uma disputa entre sexos. Na dança, o objetivo do jogo era pegar com a boca o lenço que as dançarinas do Carimbó usam como objeto na manifestação, sem dobrar as pernas e com as mãos para trás. A divisão existente na dança acontece porque, caso o rapaz conseguisse pegar o lenço com a boca, ele "dançaria a noite inteira com a moça" que propôs o desafio. Já a moça, caso conseguisse encobrir o rapaz com sua saia, ele sairia envergonhado da dança, dando espaço para outro rapaz conquistá-la.

Após o momento de jogos, partíamos para a execução de movimentos das danças. Em alguns momentos, havia certa repressão com a dança, ao executar os passos, por serem diferenciados dos movimentos que os alunos são habituados a fazer. Alguns desistiam, outros não se mostravam interessados, outros se empolgavam e, de acordo com o planejamento, a cada encontro propúnhamos uma nova dança, ou seja, uma surpresa para os alunos, estimulando o interesse e a curiosidade deles.

As danças folclóricas surgem de uma necessidade do corpo em se expressar, agregando sempre as particularidades de cada região. As grandes migrações de povos, associadas ao extenso território geográfico do nosso país, nos reservam um enorme leque no âmbito cultural, dividido em cinco regiões geográficas. Nelas, encontramos uma amplitude de danças e movimentos, que são característicos de cada localidade. Desse modo, é possível encontrar histórias que se assemelham com aspectos distintos, ou ainda, outras que apresentam semelhanças em movimentos em contextos particulares, entre outros.

> A cultura brasileira é uma das mais ricas do mundo em termos de variedade, devido à miscigenação popular e à enorme diversidade entre os povos que constituem a população. Sua história caracteriza o país como um amontoado de povos, raças e culturas diferentes (LOPES; MORENO, 2004, p. 70).

O Brasil é diverso, em se tratando de cultura, e isso se deve ao fato de receber, ao longo dos séculos, a interferência de culturas de outros países, com a imigração e a escravização de povos ao longo da nossa história. Muitos ainda desconhecem a grandiosidade que é a cultura brasileira, ignorando a cultura da própria região e do município.

Um exemplo é a cidade na qual nasci, cresci e realizei minha graduação: Ouro Preto, berço do congado, uma manifestação que acontece em forma de cortejo religioso e se faz bastante fervorosa na cidade. É vivida, em sua grande maioria, por pessoas idosas, simples, de áreas rurais do município e devotas dos santos padroeiros dessa manifestação.

No livro *Corpo e movimento: danças folclóricas*, organizado por Juliana Bergamini e Maria Rosa em 2012, as autoras discorrem acerca do congado como uma festa de devoção, um ritual sagrado, que se inicia com uma caminhada seguida de passos característicos da dança, marcados principalmente com firmeza pelos pés. Há no congado algumas figuras – rei, rainha, capitães, os congos e os marujos – que compõem o cortejo. Essa manifestação dançante possui a vestimenta colorida e alegre, com muitos adornos e brilhos, como também diferentes congos, que são as guardas, sendo elas de congo, moçambique, catopés, caboclos, marujada, vilão e candombe.

Quando apresentamos tal manifestação aos alunos, o que notei é que, por se tratar de uma manifestação de cunho religioso, de devoção aos santos, as crianças e adolescentes se mostravam desinteressados e, até mesmo, zombavam do que lhes era passado. Alguns diziam que era "estranho", "chato", "que é coisa de velho" ou "que parece macumba". Acredito que, por ser uma manifestação religiosa e associada à devoção dos negros e dos pobres, não é valorizada pelos meios de comunicação de massa, ou seja, não faz parte da chamada indústria cultural, de que trataremos adiante, dominadas pelo consumismo, sendo pouco valorizado pelas crianças, adolescentes e jovens de hoje.

Assim, como no exemplo citado acima e nos demais expostos neste texto, norteando a construção reflexiva sobre a prática abordada ou demais experiências, a cultura está ligada sempre a um estilo de vida social. Esse estilo de vida pode ser de cunho religioso, ou não, mas o meio em que o indivíduo se faz inserido apresenta características próprias do grupo social e cultural.

Algumas pessoas dizem não saber dançar, o que mais me parece como mecanismo de defesa devido ao medo de se expor. Às vezes, esse medo pode aparecer devido à timidez ou ainda pelo fato de não se dominar nenhuma técnica específica, mas afirmo: se a pessoa consegue movimentar os dedos, sejam eles quais forem, ela sabe dançar!

Afinal, nós, seres humanos, de certo modo, estamos sempre a dançar. Exploramos movimentos a cada instante e o corpo se torna instrumento de trabalho a todo o momento. O corpo se expressa de variadas formas, na cultura do povo, em suas origens e costumes. Atualmente, estamos rodeados de informações sobre o corpo, o que nos completa e renova.

Com o corpo na dança não é diferente. Percebem-se as modificações de danças folclóricas para que, no decorrer do tempo, não sejam desvalorizadas as suas raízes.

> A prática e o conhecimento das danças folclóricas brasileiras permitem aprender, exercer e ampliar a linguagem corporal, além de compreender e extravasar as necessidades artísticas (BERGAMINI, 2013, p. 28).

Existe um amplo repertório de danças folclóricas em nossas regiões, e são completamente diferentes umas das outras. Uma dança da Região Sul é extremamente diferente daquela da Região Nordeste, o que se dá por diferentes fatores, sejam eles de clima, comportamento, conservadorismo, crenças e costumes, desmembrando-se em outras questões. Dessa forma:

> A arte/educação em comunidade deve funcionar como um instrumento ampliando os horizontes da população local, possibilitando que os mesmos não se limitem a sua realidade social. Esta arte produzida em comunidade deve proporcionar

a inclusão, onde, não só funcionará como uma forma de mediar ao convívio e padrões sociais, mas também como promotora do conhecimento de outras culturas e manifestações artísticas (Cruz; Freitas; Melquiades, 2011, p. 5-6).

Melhor dizendo, é necessário procurar desenvolver ações que buscam o trabalho com o corpo, por meio das linguagens artísticas teatro, música e dança, que incentivem e valorizem as relações de convívio, potencializando os conhecimentos, integrando a arte local, dialogando com outras linguagens artísticas presentes no cotidiano e, ao mesmo tempo, buscando formas de conciliar com as danças folclóricas.

Figura 1: Aula de Ciranda – Regiões Norte e Nordeste
Foto: Acervo pessoal

Nessa imagem, vê-se uma Ciranda típica das Regiões Norte e Nordeste. No processo dessa dança, buscamos dialogar com a ciranda que faz parte da infância dos alunos, buscando também criar pontes com alguns jogos de roda, tais como Escravos de Jó, Ciranda cirandinha, para que pudéssemos ir abrindo caminhos para conciliar os passos da "ciranda folclórica" com as cantigas de roda, realizadas em ciranda que os alunos conhecem.

Essa metodologia facilitou o processo de entendimento e aceitação dos alunos durante o trabalho desenvolvido. Como professor, penso na necessidade de construção de conhecimento como espécie de "pontes", em que o aluno se pauta do conhecimento anterior para a construção de um novo conhecimento.

A importância desse processo de aprendizagem, agregado ainda à prática vivenciada, facilita a consolidação de bases de conhecimento, em que o aluno possui autonomia de entender como construir sua própria "ponte". A partir dessa ponte em que o aluno realiza a conciliação entre danças, eu deparei com os entre caminhos no ensino de culturas populares, com a interferência da cultura de massa e da cultura erudita.

Entende-se, como definido no Congresso de Folclore, que a cultura popular equivale ao folclore, e acrescento

> [...] que o folclore refere-se às culturas populares tradicionais, diferentes das culturas urbanas e emergentes. Nada impede que estas culturas emergentes venham a folclorizar-se no decorrer do tempo (Secchi, 2014, p. 14).

Logo, nada impede que demais culturas possam fazer parte de culturas populares. E apontam-se fatores que identificam as manifestações folclóricas: aceitação coletiva, tradicionalidade, dinamicidade e funcionalidade. Então há, para Secchi (2014), uma forma de reconhecer o que se entende por cultura popular. Entretanto, há também, além das culturas populares/folclóricas, outras culturas, que se tornaram evidentes no decorrer das experiências com o Projeto Rosários e a Escola. Logo, qual seria a real diferença entre as demais culturas, popular, erudita e de massa?

> Estabelecem discussões do que é popular, erudito e cultura de massa. No caso da cultura erudita: trata-se da chamada cultura livresca, detentora do conhecimento, associada às elites, se apresentando no interior das universidades e, ignorando, portanto, as manifestações do povo (Costa, 2007, p. 25).

Para o autor, o erudito está amplamente relacionado às classes sociais econômicas, sendo que as classes altas possuem um contato maior, senão exclusivo com tal cultura. E que, de certa forma, essa seria bem mais trabalhada, estudada, profundamente, por intelectuais da área. Acredito que a cultura erudita, dessa forma, ganha certo "peso", seja pela exclusividade, que confere certa arrogância e delimitação entre classes, inferiorizando quem não possui contato com suas expressões. Costa ainda discute que:

> Percebe-se que cultura erudita em suma é entendida como aquela que é para a elite econômica, e reforça a diferença entre classes. Contudo, ao contrário da cultura erudita, a cultura popular é vinculada ao conhecimento obtido e praticado no seio das comunidades, ou seja, junto à parcela majoritária da população, com suas práticas formadas sem um saber científico, surgidas das atividades vivenciadas pela própria população (Costa, 2007, p. 25).

Notamos que, para Costa (2007), há uma grande diferença entre ambas as culturas, e que o estudo da cultura popular está diretamente ligado às práticas que se realizam no seio das vivências, havendo então uma informalidade ou ausência de estudos aprofundados.

Dentro das salas de aula de escolas públicas, especificamente de um município de interior, de onde venho e por onde passei, durante o período de minha graduação, os alunos tomam o *ballet*, a ópera e até mesmo o que julgam ser a arte contemporânea como assuntos paralelos. Para muitos, tudo isso não faz parte de seu repertório cultural, seja por uma questão de acesso, seja por escolhas que se originam nos próprios contextos sociais e econômicos.

Também a internet, que surge nessas últimas décadas, é uma ferramenta de difusão cultural, mas muitos alunos não se identificam com outras manifestações culturais, mesmo lhes sendo apresentado na escola. Eles não demonstram interesse em pesquisar mais sobre o que foi trabalhado.

Essa situação pode ser encontrada nas diversas ramificações culturais, sendo mais comum na cultura erudita, como alguns teóricos já explanaram, e nas propostas de culturas relacionadas ao folclore, como foi possível vivenciar pelo projeto.

E por que não estudar o popular? Tornar a cultura popular como objeto de estudo, bem como acontece com a cultura erudita? Devido a essa dicotomia entre popular e erudito, nossa cultura popular vem perdendo espaço nos âmbitos formais de ensino, por serem inferiorizadas por tais definições. As manifestações populares estariam sendo vivenciadas pelas classes menos favorecidas; exemplo disso é o Carnaval, que vem se tornando homogêneo e massificado. Ao serem comparadas com as manifestações da cultura erudita, as manifestações culturais populares são criadas pelo povo e apoiadas pela tradição, em permanente reelaboração, por estarem sendo supridas pela falta de interesse da grande maioria.

Acredito que a arte popular não seja inferior ou superior a nenhuma outra; são possibilidades, categorias diferentes, cada uma com seu valor e beleza própria. No trabalho de Carvalho (2015), são apresentadas reflexões nas quais fica evidenciada a suposta dicotomia e relação entre arte popular e erudita na sociedade, em diferentes épocas, construindo uma compreensão das mudanças ocorridas nas práticas artísticas ao longo dos períodos históricos. A autora perpassa da Idade Antiga à Idade Média, o Barroco, o período Moderno, o Realismo, Expressionismo, Futurismo, até o Contemporâneo, com intuito de evidenciar que a cultura popular e a cultura erudita caminham lado a lado por tais períodos, como podemos ver logo em seguida:

> Na Arte Contemporânea é a interlocução de diferentes linguagens artísticas na composição das obras que permite um diálogo entre artes visuais, audiovisuais, música, teatro, dança e literatura. O diálogo entre a arte erudita e a arte popular tem se dado de maneira mais próxima nas manifestações contemporâneas, o que nos leva a acreditar que a dicotomia existente entre essas manifestações possa ser minimizada (Carvalho, 2015, p. 30).

Percebe-se que as definições entre erudito e popular existem, mas que ambas as culturas, de certa forma, perpassam caminhos que se entrecruzam, de modo a não se tornarem amplamente longínquas uma da outra. A proposta que Carvalho (2015) traz abre um diálogo entre as concepções artísticas eruditas e práticas populares, apontando possibilidades de quebrar essas dicotomias.

Ao realizar práticas das danças folclóricas nas salas de aula, percebe-se grande resistência dos participantes em relação ao aprendizado de danças que não fazem parte do seu cotidiano. É preciso compreender que, à medida que crescemos, somos habituados culturalmente a certos tipos de danças e estilos musicais que compõem o meio em que vivemos, e que as manifestações populares, os estilos de música e danças ganham força, ora pela mídia, ora por se tornarem moda, ou, como as crianças e adolescentes dizem, "modinhas".

E é aí que, na maioria das vezes, as danças e músicas folclóricas perdem espaço. A experiência que adquiri ao conviver com crianças e adolescentes em projetos e estágios nas escolas públicas mostrava que determinadas músicas que estão nas paradas de sucesso, em geral o funk – uma cultura de massa –, está altamente atrelado ao cotidiano das crianças.

O fato é que a dança folclórica e as manifestações de cunho popular são pouco discutidas nas práticas pedagógicas desenvolvidas nas escolas. Tínhamos em Ouro Preto, onde foi executado o Projeto Rosários e a Escola, uma forte expressão folclórica: o Congado de Nossa Senhora do Rosário, que grande parte dos alunos não conhecia. Assim como dito anteriormente, isso pode ocorrer por alguns fatores, seja pelo desinteresse, seja pela falta de conhecimentos, como apresenta a autora Secchi (2014):

> O campo de estudo do folclore é a cultura tradicional, aprendida inicialmente nas vivências com familiares e, mais tarde, com os grupos sociais aos quais fizemos parte. Todos os indivíduos são portadores de folclore, existe em todas as classes sociais, entre os letrados e não letrados, está no cotidiano de nossas ações, que são aprendidas por tradição, ou seja, fazem parte da herança legada pelas gerações (SECCHI, 2014, p. 16).

A dança aceita o seu corpo e se apropria dele, de modo que, a partir de vivências corporais, venha contribuir para seu desenvolvimento. A cultura jovem depende de cada meio. E a cultura influencia na criação e na concepção de mundo. Dessa forma, caímos no termo "cultura de massa", de modo que a palavra "massa" não corresponde a uma classe social, e sim para a grande maioria da sociedade, ou da população.

O termo "indústria cultural", segundo Theodor W. Adorno, aparece no século passado e substitui a expressão "cultura de massa". De uma forma ou de outra, o capitalismo faz com que "tudo" se transforme em produto ou em suas ramificações, de acordo com o sistema. Ainda com Adorno (2010):

> As mercadorias culturais da indústria se orientam, como disseram Brecht e Suhrkamp há já trinta anos, segundo o princípio de sua comercialização e não segundo seu próprio conteúdo e sua figuração adequada. Toda a práxis da indústria cultural transfere, sem mais, a motivação do lucro às criações espirituais (ADORNO, 2010, p. 288).[3]

O sistema, então, começa a priorizar os lucros, elegendo o imediato, apresentado, ainda, por interesses comercias, como destacado por Adorno (2010), abandonando ideologias, deixando a verdadeira expressão para assegurar a vida dos produtores dessa indústria cultural.

A cultura de massa está diretamente ligada à propagação, em meios de comunicação e em sua grande maioria incentivada por indústrias, com o intuito de fomentar lucros, o que a sociedade, ou as pessoas engolem e são obrigadas a ouvir e ver, acriticamente, aceitando estéticas, de forma passiva, concebendo aquilo como próprio é lindo.

Quanto ao exemplo do Carnaval, citado anteriormente, a cultura popular se tornou cultura de massa e, a meu ver, com a criação de blocos que buscam o lucro, o tornaram capitalista. A cultura de massa não tem consistência; passa como um trator, diminuindo as identidades genuínas, propondo a massificação. No Grupo Rosários, canta-se e dança-se, por um pensamento conceitual e contextualizado, a fim de abrir o leque de diferentes possibilidades corporais e manifestações culturais dançantes. Outras pessoas agem de forma acrítica, num apagamento de suas convicções pessoais ideológicas, esquecendo seus valores.

Dessa forma, caímos em um ambiente bastante delicado, onde é preciso entender as diferenças de tais aspectos culturais, que não se trata de uma definição de classe social, tornando tal consideração de certo modo preconceituosa. O erudito, o popular e a cultura de massa têm diferenças entre si.

Acredito que o trabalho da docência, em se tratando de culturas folclóricas, é importante, e nós, como licenciados, temos uma possibilidade de trabalho: conhecer a cultura do local e tentar levar inúmeras outras, sem desmerecer as circunstâncias locais, estabelecendo um diálogo entre o contexto do sujeito e as demais referências do universo cultural. Para isso é importante mostrar caminhos no sentido de que a cultura popular pode se alimentar tanto da cultura erudita quanto da cultura popular, ao fazer diálogos com as culturas de massa.

A arte contemporânea vem nos mostrando que a riqueza está em reunir elementos da cultura erudita e popular. Temos, atualmente, vários profissionais brincantes que exercem tal função, como o grande Antônio Nóbrega, arte educador, artista e brincante, que executa perfeitamente tal junção de ambas culturas.

---

[3] Essa citação foi encontrada no texto de Adorno (2010).

Na experiência do próprio Grupo Rosários, pesquisa-se e aprende-se com as tradições de cunho popular, e se traz ao palco as coreografias inspiradas em pesquisas de outras concepções de artes. Não é uma simulação da dança pesquisada; há um estudo, um aprofundamento, como nas culturas eruditas, quebrando, assim, tais dicotomias e trazendo um conjunto paradoxal de diversas culturas.

Esses conceitos utilizados parecem complicados e já definidos. Acredito que, com esse trabalho de iniciação escolar, ao levar um pouco das diversas culturas do nosso Brasil, foi possível criar pontes com as culturas regionais, ou desconhecidas pelos alunos. Eles demonstram mais interesse, mais curiosidade acerca da própria cultura, trabalhando-a de tal forma que se ampliaram os horizontes para alguns. Possibilitam-se, assim, novas escolhas para que eles descubram seus gostos e desejos, sem estar à mercê das imposições geradas pela sociedade de consumo.

Referências

ADORNO, Theodor W. *A indústria cultural*. 2010. Disponível em: <https://comunicacaoeesporte.files.wordpress.com/2010/10/t-adorno-a-indc3bastria-cultural-capitulo-de-livro.pdf>. Acesso em: 4 jan. 2016.

BERGAMINI, Juliana Castro; ROSA, Maria Cristina. *Corpo, movimento e educação*. Ouro Preto: UFOP, 2013.

BERGAMINI, Juliana Castro; ROSA, Maria Cristina. *Corpo e movimento*: danças folclóricas. Ouro Preto: UFOP, 2012.

CARVALHO, Cristiene Adriana da Silva. *Práticas artísticas dos estudantes do curso de Licenciatura em Educação do Campo*: um estudo na perspectiva das representações sociais. Belo Horizonte: UFMG, 2015. Dissertação (Mestrado em Educação) – Faculdade de Educação, Universidade Federal de Minas Gerais, Belo Horizonte, 2015.

COSTA, Luís Adriano Mendes. *Movimento Armorial: o erudito e o popular na obra de Antonio Carlos Nóbrega*. 2007. Disponível em: <http://hugoribeiro.com.br/biblioteca-digital/Costa-Dissertacao-Movimento_Armorial.pdf>. Acesso em: 4 jan. 2016.

CRUZ, Cristiane Costa; FREITAS, Fernanda Alvez; MELQUIADES, Everson. *Arte/Educação baseada em comunidade: um estudo sobre os processos educativos de mediação dos conhecimentos artístico na comunidade da Bomba do Hemetério*. 2011. Disponível em: <http://www.ufpe.br/ce/images/Graduacao_pedagogia/pdf/2012.1/arte-educao%20baseada%20em%20comunidade.pdf>. Acesso em: 13 out. 2015.

LOPES, Bruna Bretas; MORENO, Andrea. Do trato com a dança à dança tratada: reflexões a partir da cultura. *Rev. Min. Educ. Fís.*, Viçosa, v. 12, n. 1, p. 68-86, 2004.

SECCHI, Neusa Marli Bonna. *Folclore na escola*: aplicação pedagógica, brinquedos e brincadeiras. Porto Alegre: Fundação Cultural Gaúcha, 2014.

CAPÍTULO 11 – TEATRO
Diálogo de saberes:
A linguagem teatral e a formação estética e poética dos povos do campo

Cássia Ferreira Miranda
Tereza Mara Franzoni

A linguagem teatral, bem como a música e as diversas formas de expressão plásticas, está presente nas manifestações populares de caráter coletivo. A dimensão artística dessas manifestações tem sido, cada vez mais, objeto de estudo e visibilidade por parte daqueles que buscam romper com o monopólio da produção e do conhecimento artístico. O Teatro, assim como as demais manifestações artísticas, visto como "propriedade" dos detentores de riquezas, como arte de elite, tem encontrado sistematicamente seu contraponto na arte produzida pelos trabalhadores e pelos povos oprimidos. Contra a propriedade e o ascetismo da arte, contrapõe-se uma forma de expressão coletiva, festiva e combativa, celebrativa e denunciatória, tradicional e transformadora, uma arte feita pelo povo e para o povo, uma arte acessível a uma maioria marginalizada dos meios de produção artísticos formais. Nessa dimensão, o teatro tem um importante papel, que é proporcionar às populações a possibilidade de expressarem o mundo de acordo com seus valores, dando voz às suas múltiplas identidades. Em tempos de extrema manipulação da mídia, utilizar a arte como contraponto à opinião hegemônica é fundamental na "batalha das ideias".

Na história recente do Brasil, desde as organizações de trabalhadores imigrantes, durante a Primeira República e até mesmo antes desse período, os trabalhadores oprimidos buscaram na arte uma maneira de expressão, compreensão, debate, congraçamento e engajamento. Um exemplo que pode ser destacado com relação ao uso da linguagem teatral no início do século XX é o teatro feito pelos trabalhadores anarquistas, que teve seu apogeu na década de 1910. Cientes da necessidade de organização e enfrentamento, os trabalhadores usavam o pouco tempo livre de sua extensa jornada escrevendo, ensaiando e apresentando textos teatrais (MIRANDA, 2014). Essa produção artística era uma das formas de utilização da arte com fins de embate ao sistema opressor vigente. Diversos foram os grupos de trabalhadores que seguiram esse mesmo caminho.[1]

A linguagem teatral desponta também nos movimentos populares do século XXI como uma das principais linguagens utilizadas nas manifestações públicas desses movimentos. Da mesma forma, ela tem se apresentado como um meio privilegiado de acesso à criação artística, às formas de comunicação pública e às formas lúdicas de aprendizado e comunicação. Ela tem assim contribuído para o fazer artístico das classes populares e para uma práxis de formação cultural e fortalecimento da identidade. Ao trabalhar temas e símbolos comuns aos trabalhadores e trabalhadoras do campo, por exemplo, a linguagem teatral pode contribuir para o fortalecimento de suas identidades. Muitas experiências com a linguagem teatral têm provocado, através da identificação do público com a vivência realizada, um sentido de pertencimento. A visão de classe pode ser vislumbrada na vivência dos camponeses e camponesas que compartilham experiências e se identificam uns com os outros. A utilização do teatro como ferramenta social e ideológica pode conferir um sentido de "grupo", de "coletivo", na medida em que permite a visualização das características compartilhadas por seus membros.

Pelas linhas da história, o teatro camponês desponta

As publicações e pesquisas sobre o teatro no/do campo têm apontado como marco histórico importante as décadas de 1950 e 1960, quando diversos artistas e intelectuais passaram a comungar da tentativa de uma nacionalização da arte, visto que grande parte das influências nas artes cênicas, plásticas e musicais era exterior à cultura brasileira.

> À nacionalização da linguagem artística agregava-se a preocupação com o público. Com objetivos distintos, artistas, empresários e produtores culturais desejavam expandir o mercado consumidor para além do público constituído e, assim, atingir os estudantes e, se possível, as massas (SOUZA, 2007, p. 8).

---

[1] Sara Rojo (2011) mostra que esse foi um caminho adotado pelos trabalhadores urbanos também no Chile e na Argentina, inspirados tanto pela ideologia anarquista como pelas notícias e experiências socialistas que se utilizaram das técnicas de agitação e propaganda. Nesse último caso, conforme também indica Iná Camargo Costa (2012), o teatro era uma das linguagens privilegiadas para desenvolver a consciência política dos operários através de diversas formas, como "teatro jornal", "peça de agitação", "peças dialéticas", "peças alegóricas", entre outras.

No caso do Teatro, esse movimento caracteriza o que Iná Camargo Costa (1996) chamou de "virada à esquerda". Nela, por um período fugaz, foram experimentadas diversas formas de agitação e propaganda. O Teatro de Arena, fundado em 1953, em São Paulo, amadureceu, ao longo de seus primeiros anos, o desejo de designar um caráter político ao seu trabalho que se intensificou, anos mais tarde, com a contribuição de Augusto Boal, Gianfrancesco Guarnieri e Oduvaldo Vianna Filho, o Vianinha, trazendo à cena aspectos sociais e políticos do Brasil sob a ótica dos trabalhadores, seus conflitos e suas dores. Outro grupo que se destaca nesse período é o Centro Popular de Cultura (CPC), que iniciou seus trabalhos com Vianinha, após sua saída do Teatro de Arena. O período era de experimentação: de temas, de técnicas, de relação entre ator e espectador, de olhares e fazeres teatrais. O *Teatro Político*, de Erwin Piscator,[2] e a abordagem de Bertold Brecht, do teatro épico,[3] foram importantes influências para o fazer teatral do período, conforme destaca Betti (2013):

> Em entrevista concedida na época da temporada no Arena no Rio de Janeiro, em 1960, Boal cita Piscator e Brecht em igual escala de importância dentro do que preconizava para as discussões do grupo. Era já clara e concreta, a essa altura, a ideia de que o teor político desejado para os trabalhos não se apresentaria apenas como expressão de um assunto dramatúrgico, fosse ele greve ou exploração do trabalho, e sim como resultado de expedientes de construção capazes de colocar em cena não a representação dos problemas tratados, mas os processos históricos que os determinavam (BETTI, 2013, p. 188).

Miguel Enrique Stédile e Rafael Villas Bôas (2015) indicam que a tradição de agitação e propaganda herdada pela esquerda brasileira incluiu não apenas os CPCs, mas também o Movimento de Cultura Popular (MCP),[4] que tinha

---

[2] Como diretor e dramaturgo, Piscator realiza na Alemanha um tipo de teatro pautado por questões sociopolíticas, no qual a ação política é vista tanto como criadora da arte quanto tendo nela muitas de suas estratégias. A produção de Piscator na Alemanha ocorre nas primeiras décadas do século XX, tendo posteriormente se exilado na Rússia e nos Estados Unidos da América. O teatro político é considerado o antecessor do teatro épico (VASQUES, 2007).

[3] Para Anatol Rosenfeld (1985), no teatro épico de Brecht, o ator deve "narrar" o seu papel na representação cênica, mostrando ao público, com o "gestus", um personagem. Dessa forma, ele mantém certa distância do personagem. E possibilita ao público o estranhamento necessário. Contudo, para Márcia Rodrigues (2010), não se trataria de eliminar por completo a emoção, ainda que essa não deva ser o único objetivo do drama. O teatro épico empenha-se em ensinar ao espectador "um determinado comportamento prático com vista à modificação do mundo, deve suscitar nele uma atitude fundamentalmente diferente daquela a que está habituado" (BRECHT apud ROGRIGUES, 2010, p. 55).

[4] O MCP surgiu no fim da década de 1950, em Pernambuco. Foi constituído como uma instituição sem fins lucrativos, com o objetivo de realizar ações comunitárias de educação popular, para a formação da consciência política dos trabalhadores.

entre seus fundadores o educador Paulo Freire e o trabalho realizado pelas Ligas Camponesas.[5] O CPC, com sua proposta de teatro para aqueles que não tinham acesso à cultura, enfrentou diversos desafios, entre eles, a estética e as limitações dos locais onde eram apresentadas suas peças. Tendo como público operários e camponeses, a arte ia às fábricas, às favelas, às praças, às ruas, ao povo. Mesmo tendo uma vida breve, de cerca de quatro anos de existência, o CPC deixou sementes estéticas e políticas que germinaram diretamente no movimento camponês, após os duros anos de opressão que o Brasil viveu durante a ditadura militar:

> É importante observar que o grau de amadurecimento de reflexão e de experimentalismo estético proporcionado pelo teatro de rua do CPC e abortado pelo golpe militar só viria a ser retomado como objeto de atuação e de análise crítica quando um grande movimento de cultura política se organizou em escala nacional a partir da constituição da Brigada Nacional de Teatro Patativa do Assaré, dentro do Movimento dos Sem Terra, mais de quarenta anos depois (BETTI, 2013, p. 191).

Ao serem utilizadas pelos movimentos sociais do campo, as linguagens artísticas têm demonstrado sua potência estética e poética no enfrentamento ao sistema do capital e à indústria cultural por ele imposta. Sob a perspectiva da abordagem política contra-hegemônica e da luta por um projeto popular de governo, a arte emerge como uma valiosa "frente de batalha". Nesse trajeto, contribuíram os CPCs, organizados pela União Nacional do Estudantes (UNE), o MCP e as Ligas Camponesas, que atuaram no nordeste do Brasil, entre os anos 1955 e 1964. Augusto Boal e o Teatro de Arena estiveram diretamente envolvidos com essas iniciativas culturais. Nesse momento, o impulso era trazer à cena vieses da vida do povo, vivências de operários, camponeses, entre outros, denunciando as desigualdades sociais. Destacou-se como um período muito frutífero para as artes, inovando nas temáticas e buscando uma nova maneira de relação entre os artistas e a plateia. As trocas realizadas possibilitaram valiosos frutos. Tanto Augusto Boal quanto Paulo Freire construíram, através do contato com os camponeses, teorias que viriam a ser fundamentais para o trabalho com as classes populares: poética do Teatro do Oprimido e a Pedagogia do Oprimido.

Na sequência desse período, teve destaque o movimento conhecido como teatro de resistência, seguindo a perspectiva popular contra-hegemônica dos trabalhos anteriores. Após o golpe civil-militar de 1964, os artistas se

---

[5] As Ligas Camponesas foram formas de organização dos trabalhadores rurais, predominantemente no nordeste brasileiro, que nasceram em Pernambuco sob a égide do Partido Comunista Brasileiro, na segunda metade da década de 1940 (MONTENEGRO, 2004).

organizaram em uma arte popular de enfrentamento que, principalmente após o Ato Institucional nº 5 (AI-5), em 1968, foi cruelmente sufocada, silenciada.

A opressão vivenciada impactou significativamente a arte posterior à abertura política brasileira. Estevam e Villas Bôas (2015) destacam que uma das consequências do período ditatorial foi um trauma histórico que fez com que surgisse uma partição entre a política e a estética no fazer artístico e a dominação da indústria cultural:

> Esse trauma histórico é um dos fatores principais que pode explicar o descompasso entre grupos com extrema acuidade estética, porém, imersos na lógica hegemônica de produção cultural espetacularizada, ou, no outro extremo, de grupos de militantes artistas imersos organicamente nos movimentos sociais, porém, com grandes dificuldades no âmbito das condições de produção estética que lhes permitam desenvolver o trabalho com eficácia estética condizente com as demandas políticas (ESTEVAM; VILLAS BÔAS, 2015, p. 16).

Posteriormente, o Movimento dos Trabalhadores Rurais Sem Terra (MST) efetivou, em 2001, uma parceria com o Centro de Teatro do Oprimido (CTO) para que ele auxiliasse os trabalhadores em um trabalho de multiplicadores da linguagem teatral. Sendo assim, alguns membros do MST participaram de uma formação com Augusto Boal e os integrantes do CTO para levar as técnicas desenvolvidas para acampamentos, assentamentos e outras atividades de formação dos militantes. Esse trabalho germinou a criação de diversos grupos de teatro espalhados pelo país.

É importante, contudo, antes da transição para os anos 2000, chamar atenção para a diversidade de Movimentos Sociais do Campo. Esse, porém, não é um tema a ser aprofundado, pois o foco do artigo está na relação com a linguagem oriunda da tradição do teatro político, privilegiando assim a história do MST. A referência aqui a outros movimentos tem também como objetivo, além de fazer jus à diversidade dos movimentos do campo, chamar atenção para um dos aspectos que caracteriza os encontros e muitas das ações desses movimentos sociais, o que, a nosso ver, facilitou o encontro entre o próprio MST e a linguagem teatral. Trata-se da forma ritualística e coletiva de expressão e da necessidade de marcar seus encontros, assembleias, manifestações e conquistas com formas expressivas de caráter místico e dramático. São formas que, aliás, estão bastante presentes na cultura camponesa.

Muitos são os estudiosos que vão indicar a importância dessa forma ritualística[6] que é, muitas vezes, ao mesmo tempo, celebrativa, denunciatória e

---

[6] A coletânea organizada por Mariza Peirano (2001) apresenta não só uma proposição teórica sobre os rituais, como vários textos tratando dos movimentos sociais; a tese de doutorado de

pedagógica, nos processos de mobilização social no campo. Marcela de Castro Centelhas (2014), por exemplo, ao apresentar vários movimentos e lutas do campo, desde a década de 1950, defende a importância dos rituais como estratégia pedagógica e de congregação nos encontros e mobilizações desses movimentos.

Em sua retrospectiva histórica, Centelhas (2014) cita o Congresso de Belo Horizonte, de 1961, no qual, além das Ligas Camponesas, encontravam-se também a União dos Lavradores e Trabalhadores Agrícolas do Brasil (ULTAB)[7] e o Movimento dos Agricultores Sem Terra (MASTER).[8] Todos esses movimentos tiveram sua vida encurtada com a chegada da ditadura militar. Ainda assim, em 1979, mesmo durante a ditadura, os trabalhadores rurais das plantações e engenhos de cana-de-açúcar da Zona da Mata declararam greve. A greve envolveu mais de 100 mil trabalhadores rurais, sendo um marco na história das ações coletivas no campo. Conforme Lygia Sigaud (1980), as mobilizações e greves de 1979 envolveram mais de 2 milhões de trabalhadores no Brasil.

Nesse mesmo período, ocorreu uma série de conflitos sociais na Amazônia, nos quais se destaca a resistência dos seringueiros. A forma de organização e reivindicação se diferencia dos trabalhadores da Zona da Mata. Os Seringueiros se organizam em sindicatos, de forma mais horizontalizada, e agregam às suas reivindicações a denúncia da derrubada dos seringais e da deterioração das condições ambientais de sobrevivência. Como estratégia, utilizavam ações coletivas que impediam o desmate da floresta e dos seringais (CENTELHAS, 2014). A luta dos seringueiros, juntamente com a de outros grupos: castanheiros, quebradeiras de coco, pescadores ribeirinhos, etc.,[9] desencadeou, entre outros desdobramentos, a criação do Conselho Nacional dos Seringueiros em 1985.

O final dos anos 1980, especificamente 1989, é também um marco para as lutas do campo. Nele, foi realizada uma série de encontros que traz a público novas organizações sociais e novas identidades culturais no meio camponês: o "I Encontro dos Povos Indígenas do Xingu, o I Encontro dos Povos da Floresta,

---

Leonildes S. Medeiros (1995) também aborda o tema; além desses, os teóricos orgânicos desses movimentos têm também produzido vasta bibliografia sobre o tema, a exemplo dos livros de Leonardo Boff e Frei Betto (1996), e de Ademar Bogo (2002).

[7] A ULTAB foi fundada em São Paulo, em 1954. A ULTAB desempenhou papel fundamental no processo de sindicalização desenvolvido nos anos 1960, culminando na criação, em 1963, da Confederação Nacional dos Trabalhadores na Agricultura (CONTAG).

[8] O MASTER surgiu no Rio Grande do Sul no final dos anos 50, e era ligado ao antigo Partido Trabalhista (PTB) e ao Partido Comunista Brasileiro (PCB).

[9] Centelhas (2014) chama atenção para o fato de que esses grupos não são normalmente chamados de camponeses ou trabalhadores rurais, sendo associados principalmente com "elementos ecológicos, culturais e étnicos", identificados também como "populações tradicionais".

o II Encontro Nacional dos Seringueiros, o I Encontro Nacional dos Trabalhadores Atingidos por Barragens, o III Encontro das Comunidades Negras Rurais do Maranhão, entre muitos outros" (CENTELHAS, 2014, p. 681-682). Nos anos 2000, outras configurações, encontros e articulações "híbridas", combinando identidades e pautas comuns, tornam cada vez mais diversificadas a composição dos movimentos sociais do campo e suas estratégias de luta.

Voltemos então para algumas das estratégias organizativas e pedagógicas desses movimentos. Assim como nos encontros atuais do MST, a maioria dos grupos citados possuía e/ou possui, em seus encontros, momentos ritualizados que, na falta de termo melhor, podemos chamar de místicos. A música, a encenação, a poesia, os símbolos do movimento, o nome das pessoas que tombaram na luta, os acontecimentos importantes são todos acionados nesses momentos, possibilitando a identificação com as lutas e com os demais, permitindo também o fortalecimento de uma história comum e o aprendizado daqueles que iniciam sua caminhada junto aos demais.

No caso do MST, existe não só uma prática nesse sentido como também uma teoria que orienta a construção desses momentos que o Movimento chama de mística. Para o MST a mística é não só um momento coletivo, mas também um estado a ser conquistado (BOGO, 2002). Stédile e Fernandes (2012) pontuam alguns elementos que integram o imaginário social dos militantes e de lideranças desse movimento que se manifestam em suas místicas:

> [...] A bandeira, o hino, as palavras de ordem, as ferramentas de trabalho, os frutos do trabalho no campo, etc. Eles aparecem, também, de muitas formas: no uso do boné, nas faixas, nas músicas etc. [...] O que constrói a unidade é a ideologia da visão política sobre a realidade e o uso de símbolos, que vão costurando a identidade. Eles materializam o ideal, essa unidade invisível (STÉDILE; FERNANDES, 2012, p. 133-134).

Ao utilizar esses signos, o Movimento constrói no seu fazer elementos comuns de uma identidade política camponesa, os quais são elencados propositalmente pelos criadores da mística direcionados aos seus pares. A utilização de determinados símbolos tem o poder de criar, ilustrar e justificar um imaginário coletivo que legitima determinada ideia. O imaginário social de certa sociedade carrega, com seus medos, suas utopias e a forma como percebem seu passado e projetam seu futuro (CARVALHO, 1990).

A luta de classes é um dos principais temas trabalhados; o opressor (patrão) *versus* o oprimido (trabalhador) reina na produção e propagação do saber a partir da criação teatral. Mártires são lembrados e homenageados, como, por exemplo, Irmã Dorothy Stang, Padre Josimo, Roseli Nunes e Zé Porfirio. Importantes momentos históricos, como os massacres de trabalhadores, como em Eldorado dos

Carajás, em Corumbiara, em Felizburgo, entre outros, são também lembrados. O latifúndio e o agronegócio são denunciados, o homem e a mulher do campo são destacados como iguais, a bandeira dos povos indígenas e quilombolas é constantemente levantada e um novo projeto de sociedade é sempre propagado. A luta pela terra, a Reforma Agrária, os sacrifícios realizados pelos homens e mulheres sem-terra ganham a cena para provocar, instigar, convocar à luta, à rebeldia. Além dos elementos da luta pela terra, destacam-se a necessidade de uma qualidade de vida na terra, o acesso à saúde, ao saneamento básico, à cultura, à escola itinerante e à educação do campo. Conforme salienta Tardin (2012):

> [...] Com claro posicionamento de classe de orientação filosófica-teórica e organizativa marxista, que direciona sua formulação estratégica e sua ação política, de caráter socialista, para o combate anticapitalista. Ademais de apreender e situar-se de forma consciente em relação à sua condição de classe explorada e expropriada dos meios de produção e da renda de seu trabalho pelo capital, esse movimento integra a consciência e a prática internacionalistas e a memória das lutas libertárias e de emancipação humana, elaborando diretrizes e lutas unificadas e ampliando enormemente o seu referencial cultural (TARDIN, 2012, p. 185).

Além dos elementos simbólicos e textuais que há em comum nos trabalhos camponeses, existem também aspectos formais que se destacam. Escolhas são feitas, visando à possibilidade de abordar e buscar soluções para resolução dos conflitos. Nesse sentido, o Teatro do Oprimido, o Teatro Épico e o *agitprop* acabam por dialogar diretamente com a forma da mística, assim como com a expressividade das lutas, alimentando, com suas proposições, técnicas e teorias, as experiências de luta, e sendo, por elas, subsidiados:

> Nessa perspectiva do teatro como arma de luta, temos o teatro de agitação e propaganda (teatro de *agitprop*), que entende o processo de construção teatral como processo de formação e que tem claramente a finalidade de intervir na realidade, de levantar questionamentos e gerar debates, sempre em consonância com a luta. O teatro como parte da luta e como método de organização social. O teatro como trabalho coletivo, que recusa a divisão alienante do trabalho e que tem que lidar com a dimensão da urgência, da prontidão, muitas vezes, preparando intervenções sem o tempo ideal de ensaios, por exemplo (BORGES, 2015, p. 32).

Essa proposta de teatro vem ao encontro da necessidade de lutar pela afirmação dos direitos dos povos do campo.

A semeadura da Brigada Nacional de Teatro do MST Patativa do Assaré

A compreensão sobre a importância da cultura e da arte na organização e na manifestação política dos trabalhadores, mesmo tendo sido tratada nos textos clássicos da militância sindical e camponesa, está em processo de gestação em muitos movimentos sociais do campo. A priorização desses aspectos, tanto na formação como na criação de instâncias organizativas e de mobilização, é ainda mais recente. No caso do MST, por exemplo, a criação dos Coletivos de Cultura data aproximadamente dos anos 2000 e está relacionada ao processo de ampliação da participação no interior do próprio movimento e de novas formas de atuar na luta pela terra.[10] O Setor de Cultura, nesse contexto, ficou responsável por, entre outras demandas, articular eventos, promover o intercâmbio dos grupos teatrais e fomentar a difusão e o acesso à cultura popular camponesa.

O papel que a arte assume no contexto da luta, contudo, não deixa de ser polêmico, ora aparecendo apenas como um instrumento através do qual a luta se desenvolve, ora apresentado como linguagem e experiência privilegiada no processo de emancipação e humanização. Na luta pela terra, e a partir das conquistas nos processos de assentamentos e reconhecimento de direitos em uma conjuntura de confrontos, desenvolveu-se também a luta pelo direito à educação e à arte, pelo conhecimento e apropriação de suas formas de produção e fruição. O teatro ganha destaque, em especial por sua potência para propagar e reforçar ideologias. E, nos processos de produção artísticos, nos festivais e nas místicas, transforma-se também a própria forma de pensar a cultura. Pautados pela crítica à indústria cultural e à institucionalização da arte, os movimentos passam a reivindicar formação também nessa área.

Artistas das mais diversas linguagens passam a trocar experiências com os movimentos do campo. Amplia-se a discussão sobre a arte, suas linguagens e a produção cultural. Os artistas do campo fortalecem sua identidade e os movimentos passam a contribuir na produção de festivais de música e eventos culturais. Os encontros são fortalecidos com atividades artísticas, e muitos dos artistas passam a ser os principais apoiadores das místicas dos encontros. Essas, já importantes na constituição dos movimentos sociais do campo, adquirem uma dimensão ainda maior, mobilizando muitos militantes e esforços organizativos, demandando tempo, planejamento e reunindo artistas militantes de diversas linguagens em seu processo de produção.

Os esforços que vinham gestando a Educação do Campo rapidamente criam também a demanda de formação em artes e línguas para os militantes. A Educação do Campo passa a discutir a produção artística camponesa como manifestação humana num sentido amplo. Assimilar a arte como meio de

---

[10] Miranda e Cunha (2013) identificam o IV Congresso Nacional do MST, realizado em agosto de 2000, como um marco na construção de um novo modelo de organicidade, onde a estratégia era ampliar a participação das bases nos processos decisórios.

expressão política é uma conquista valiosa para os povos do campo. Do movimento teatral anterior ao golpe de 1964, no qual se buscou o acesso a essa linguagem pelos povos dela alijados, ao movimento posterior à redemocratização do Brasil, houve algumas mudanças na forma de conceber o fazer artístico. No caso da linguagem teatral, essa alteração se deu, inicialmente, através do já citado trabalho de multiplicadores, realizado por Augusto Boal, e o CTO, com alguns membros do MST, conforme indicam Stédile e Villas Bôas (2015, p. 42):

> Na esfera da cultura, a parceria com Augusto Boal e o Centro do Teatro do Oprimido mostrou que o processo de transferência dos meios de produção da linguagem teatral é relativamente simples, pois não depende de equipamentos e infraestrutura específica, e quando operado de forma a estabelecer um diálogo produtivo com a experiência de vida das pessoas, a recepção tende a ser bastante acelerada. Nesse processo, o trabalho dos multiplicadores é de tornar conscientes aos participantes as opções de procedimentos estéticos que eles podem utilizar para a construção de suas estruturas narrativas, ou seja, explicitando a partir de quais demandas foram forjados os procedimentos formais, e quais providências podemos utilizar para organizar esteticamente a matéria social de forma crítica.

Dos trabalhos aí efetivados surgiu a Brigada Nacional de Teatro do MST Patativa do Assaré, em 2001, durante a segunda etapa nacional de formação de curingas, que ocorreu no Rio de Janeiro, com Augusto Boal e o CTO (COLETIVO NACIONAL DE CULTURA, 2007). A Brigada dissemina o Teatro do Oprimido pelos estados do Brasil, contribuindo na formação de diversos grupos em acampamentos e assentamentos. Entre os grupos, destacamos alguns: Frutos da Terra (MS), Filhos da Cultura (MS), Grupo do Pré-assentamento Gabriela Monteiro (DF), Filhos da Mãe... Terra (SP), Arte Camponesa (RO), Força da Terra (RJ) e Peça pro povo (RS). O trabalho da Brigada é fundamental para propagar a prática teatral no MST. Ressaltamos que não se trata de afirmar que antes da Brigada não havia teatro realizado no Movimento; seria equivocada tal afirmação, visto que, nos encontros, manifestações públicas e, em especial, nas místicas, a linguagem teatral esteve sempre presente, seja pelo viés formal do trabalho com artistas da área, seja pela tradição camponesa popular, seja pelo encontro dessas duas vertentes.

A educação superior do campo

A Educação do Campo se constituiu em uma proposta diferente daquela forma de educação implantada em âmbito nacional na educação escolar no meio rural. A proposta de uma Educação do Campo foi se constituindo a partir dos anos 1990, em função da demanda dos movimentos sociais do campo, de suas críticas e propostas para uma educação comprometida com o protagonismo da população que vive no meio rural.[11] Aos poucos, essa demanda foi conquistando a adesão de políticas governamentais, principalmente através da militância dos movimentos sociais e apoiadores reunidos no movimento. Por uma Educação do Campo. As experiências no âmbito da educação popular já vinham ocorrendo e envolviam: alfabetização, educação política, produção agroecológica, práticas de saúde popular e cursos em linguagens artísticas diversas, através de uma rede de relações com profissionais de diversas áreas, administradores públicos e professores universitários (com seus projetos de pesquisa e extensão), entre outros.

No âmbito governamental, porém, com forte presença dos militantes e das articulações dos movimentos sociais do campo, um conjunto de eventos marca a institucionalização da Educação do Campo. Maria Antônia de Souza (2008) lista alguns desses eventos com a consolidação do Programa Nacional da Educação na Reforma Agrária (Pronera), que surge formalmente em 1998.[12] Entre os eventos citados por Souza (2008, p. 1095) estão o I Encontro Nacional de Educadores da Reforma Agrária (em 1997) e a I Conferência Nacional por uma Educação Básica do Campo (em 1998).[13]

As Licenciaturas em Educação do Campo surgiram nesse processo, a partir das demandas dos movimentos sociais, do Movimento por uma Educação do Campo e da consequente adoção de políticas públicas em prol da Educação do Campo: o edital Programa de Apoio à Formação Superior em Licenciatura em Educação do Campo (Procampo), do Ministério da Educação. A proposta, criada em 2007, foi implantar cursos de formação de educadores e educadoras do campo para as séries finais do ensino fundamental e ensino médio, e gerentes de processos educativos escolares e comunitários, atuando por áreas do conhecimento, assim distribuídas: Artes, Literatura e Linguagens; Ciências Humanas e Sociais; Ciências da Natureza e Matemática e Ciências Agrárias. As licenciaturas funcionam em regime de alternância, distribuindo suas atividades em Tempo Comunidade

---

[11] Para Antônio Munarim (2010, p. 10), a proposta da Educação do Campo foi "forjada a partir da luta pela terra", na qual os movimentos sociais do campo foram também criando políticas de educação e organização social. Já para Roseli Caldart (2008), a Educação do Campo não surge propriamente como uma proposta, mas como uma crítica e um combate ao atual estado da política de educação destinada aos trabalhadores rurais.

[12] Conforme Molina e Antunes-Rocha (2014, p. 229), o Pronera inicia com "alfabetização e formação de educadores assentados; depois, evoluiu para oferta dos anos finais dos ensinos fundamental e médio para os jovens e adultos que se alfabetizavam; na sequência, passou a incorporar parte das demandas da oferta de cursos técnicos profissionalizantes e superiores para os trabalhadores rurais assentados".

[13] Essa mesma autora, em outro trabalho (SOUZA, 2007), indica o crescimento das pesquisas sobre esse tema nos anos 1990 e sua intensificação nos anos 2000.

e Tempo Universidade.[14] Pensar na formação de professores em Educação do Campo levando em consideração a necessidade de uma formação voltada para a área das linguagens, em especial, à Arte, demonstra a valorização da arte pelos movimentos sociais e do Movimento por uma Educação do Campo. Pensar nas linguagens artísticas como parte fundamental da vivência coletiva, como reflexo da cultura e como fortalecedora de vínculos e ideais é perceber o manancial que a práxis artística tem a oferecer para os povos do campo.

Embora em menor número que as demais áreas, a demanda pelos cursos com habilitação na área de Artes tem aumentado. As universidades brasileiras têm se empenhado na troca de saberes com as comunidades camponesas, reconhecendo suas práticas e auxiliando nos aspectos formais relacionados a essa área de conhecimento. Embora a maioria dos cursos superiores de educação do campo com habilitação na área de linguagens e códigos demonstre estar mais centrada nos estudos da língua e da literatura, é possível observar a abordagem da arte como parte desse complexo campo de entendimento da linguagem. Além disso, em muitos casos, a arte assume um papel fundamental no ato de ler o outro, ler o mundo e compreender a si próprio e aos seus.

A primeira licenciatura em Artes direcionada a assentados da Reforma Agrária com recursos do Pronera deu-se pela parceria entre Instituto Nacional de Colonização e Reforma Agrária e a Universidade Federal do Piauí (UFPI). Como nos demais cursos do Pronera, a participação dos movimentos sociais do campo, no caso o MST, foi fundamental para o sucesso do curso.[15] É interessante que o nome dessa turma – possivelmente escolhido pelos próprios estudantes, como é de praxe nos cursos do Pronera – foi Augusto Boal (Incra, 2013), teatrólogo brasileiro tão importante na formação de artistas e grupos de teatro na história do MST. Mais recentemente, podemos destacar também o caso da Universidade Federal do Tocantins (UFT – campus de Arraias e Tocantinópolis). Nesse campus a habilitação é na área de Artes e Música. Artes, aqui entendida como Artes Visuais. No caso de Tocantinópolis, já existem debates sobre a necessidade de incluir o estudo das Artes Cênicas, devido à potência estética e poética das mesmas, assim como de sua frequente manifestação nas místicas realizadas pelos povos do campo.

No tocante ao estudo de teatro como disciplina curricular, salientamos o caso da Universidade Federal do Sul e Sudeste do Pará (UNIFESSPA – campus

---

[14] Molina e Antunes-Rocha (2014) detalham o desenvolvimento do Procampo de 2007 a 2014, apontando algumas das tensões na implementação dessa política e seus vários editais.

[15] Conforme Lerrer (2012), o curso intitulado Educação em Artes Plásticas e Música iniciou em 2007 com conclusão em 2012.

de Marabá), em 2009, quando se deu a criação do curso de Licenciatura Plena em Educação do Campo. Abrangendo várias áreas do conhecimento, um dos cursos ofertados focaliza a área de Linguagens, Artes e Literatura. Ribeiro e Costa (2014) indicam uma disciplina intitulada Música e Teatro. Embora o curso enfatize mais o uso da linguagem, sob a perspectiva do uso da Língua e da Literatura, ele se dedica a propiciar aos educandos e educandas o estímulo à leitura crítica do mundo e engloba o teatro enquanto uma das disciplinas a ser trabalhada, o que aponta para a valorização do teatro no processo de compreensão e leitura do mundo.

Faz parte da história da implantação da área de Artes nos cursos de Licenciatura em Educação do Campo a experiência desenvolvida pela Faculdade de Educação da Universidade Federal de Minas Gerais (FaE/UFMG) em 2004, com a criação da Licenciatura em Educação do Campo, com habilitação em Língua, Arte e Literatura. De acordo com Antunes-Rocha e Martins (2011), o curso oferecido pela UFMG se constituiu em uma das principais referências para a definição e implantação do Procampo, tendo sido objeto de muitas pesquisas e publicações. Quando, em 2009, a UFMG veio a participar de uma experiência piloto, proposta pelo Ministério da Educação para Licenciaturas em Educação do Campo, juntamente com a Universidade de Brasília, a Universidade Federal da Bahia e a Universidade Federal de Sergipe, para a FaE/UFMG, tratava-se da continuidade de uma proposta iniciada em 2004.[16]

Outro destaque é o Programa de Extensão Terra em Cena da UnB, e sua parceria com o curso de especialização Residência Agrária – Matrizes Produtivas da Vida no Campo e com o Projeto Residência Agrária Jovem: Formação Profissional e Social, a partir das matrizes formativas, que tem entre seus objetivos assegurar processos de comunicação e projetos artístico-culturais. Rocha e outros autores (2015) descrevem o programa e sua atuação. O programa atua no âmbito da linguagem teatral em acampamentos, assentamentos e territórios quilombolas. Constituiu um coletivo de formadores e multiplicadores com estudantes do curso de Licenciatura em Educação do Campo da UnB e trabalha com militantes de movimentos sociais envolvidos com teatro. Coordena oficinas de teatro e atua também como grupo de teatro da Faculdade UnB Planaltina. O programa Terra em Cena tem como inspiração o MCP de Pernambuco e os CPCs que atuaram nos anos 1960, antes da ditadura militar brasileira.

Por fim, mais um destaque, a Especialização em Arte no Campo, que aconteceu entre 2013 e 2015, na Universidade Federal de Santa Catarina (UDESC),

---

[16] A experiência de 2004 é descrita por Antunes-Rocha e Martins (2009). Especificamente sobre as práticas artísticas desenvolvidas no curso da UFMG, que veio a se tornar um curso com oferta regular, vale consultar a dissertação de Carvalho (2015).

campus de Florianópolis, atendendo ao pedido dos movimentos sociais que destacavam a necessidade de uma formação em arte que dialogasse com a necessidade política dos mesmos, visando, assim, ampliar o uso da arte nos assentamentos. A parceria se efetivou a partir do curso de Residência Agrária do Pronera. O Centro de Artes da UDESC e o MST desenvolveram esse projeto utilizando a pedagogia da alternância e trabalhando no campus universitário e nos assentamentos da reforma agrária. Conforme Nogueira e Franzoni (2016) informam, os docentes tinham atuação em diferentes áreas, a saber: Teatro, Música, Artes Visuais e Design. Os estudantes deveriam conhecer aspectos gerais das linguagens artísticas e escolher duas delas para realizar um aprofundamento.

A área de Teatro contava com o maior número de professores e uma marcada inserção deles na reflexão sobre pedagogia do teatro, sobre as relações entre arte e política e sobre teatro comunitário. Essa característica marcou as disciplinas e projetos de teatro desenvolvidos no curso. Lima (2016), por exemplo, que ministrou as disciplinas de Experimentações Teatrais I e III, salienta que buscou a criticidade no estudo da cultura e da sociedade, usando como base a proposta de Bertold Brecht de realizar uma ação social tendo em vista mudar o mundo através da arte.[17] Nogueira (2016), que também lecionou no curso e coordenou o projeto, observa que em seu trabalho teatral utilizou alguns dos métodos de Augusto Boal para auxiliar no desenvolvimento das cenas na relação no palco e na percepção do público.

Considerações finais

O uso do teatro pelos camponeses como forma de propagação de ideais, luta e movimentação, conforme indicado no texto, foi e continua sendo valorizado nesse meio. A formação de educadores do campo especializados nas linguagens artísticas, em especial o teatro, também é bastante valiosa, principalmente quando levamos em consideração a potência estética e poética da arte e sua capacidade de fomento e articulação. No entanto, há que se levar em conta algumas questões.

No que se refere ao ensino da Arte, e aqui em especial do Teatro, na Educação no/do Campo, nos parece que o desafio tem sido o de não reproduzir o que a escola (incluindo aí a universidade) tem feito, ou seja, expulsar aqueles que não

---

[17] Realizando um trabalho de iniciação em teatro, Lima (2016) observou que a mística – realizada no curso todas as manhãs, antes do início das atividades – poderia ser percebida como um tipo de teatro político. A reflexão sobre isso com os estudantes possibilitaria, de acordo com sua perspectiva, problematizar a expectativa deles em relação ao que seria ensinado como Teatro, possibilitando também o distanciamento necessário para uma perspectiva crítica dessa linguagem e suas diferentes produções.

estão "familiarizados" com o universo acadêmico, ou ainda, oferecer-lhes uma educação precária. A crítica à antiga educação rural e aos seus limites pode ser estendida para muitas de nossas escolas urbanas e instituições de ensino superior, pois nelas também não se trata apenas do acesso à educação. Essa nos parece ser a questão central. Não se trata apenas de oferecer um curso, de ensinar determinados "conteúdos" e "instrumentos", ou ainda de garantir um "diploma" para a inserção no mercado de trabalho. A demanda pela Educação do Campo passa pela apropriação dos meios de produção do conhecimento por parte daqueles que foram sistematicamente alijados do acesso à arte já produzida, aos meios de produção da arte e à sua fruição. Sem isso, não há como alterar a assimetria das relações neste e em outros campos. A universidade é um campo de disputa, e os conhecimentos que produz, legitima e reproduz são resultantes dessa disputa.

Os movimentos sociais do campo possuem experiências acumuladas na área de teatro e na formação de seus militantes. Só temos a ganhar com a ampliação da pluralidade de referências socioculturais nos cursos de arte. A história dos movimentos sociais do campo com as diversas linguagens artísticas, assim como a diversidade cultural na qual estão inseridos os/as estudantes dos cursos de Educação do Campo, especializações e residências jovens, deve fazer parte dos cursos que lhes são oferecidos. A diversidade artístico-cultural dos povos do campo deve, sim, ser objeto de reflexão e debate, juntamente com o conhecimento consolidado e reconhecido no meio acadêmico. Nesse sentido, nosso esforço não deve ser apenas socializar os meios de produção e o conhecimento reconhecido, mas também conseguir repensar e diversificar esse conhecimento à luz da arte e da cultura produzida pelos povos do campo.

Referências

ANTUNES-ROCHA, Maria Isabel; MARTINS, Aracy Alves. (Orgs.). *Educação do Campo: desafios para a formação de professores*. Belo Horizonte: Autêntica, 2009. (Coleção Caminhos da Educação do Campo).

ANTUNES-ROCHA, M. I.; DINIZ, L. S.; OLIVEIRA, A. M. Percurso formativo da Turma Dom José Mauro: segunda turma do curso de Licenciatura em Educação do Campo da FAE-UFMG. In: MOLINA, Mônica Castagna; SÁ, Laís Mourão. (Org.). *Licenciaturas em Educação do Campo: registros e reflexões a partir das experiências-piloto*. Belo Horizonte: Autêntica, 2011. p. 19-34.

BETTI, Maria Silvia. A politização do teatro: do Arena ao CPC. In: FARIA, João Roberto de. (Dir.). *História do teatro brasileiro, v. 2: do modernismo às tendências contemporâneas*. São Paulo: Perspectiva/SESCSP, 2013. p. 175-194.

BOFF, Leonardo; FREI BETTO. *Mística e Espiritualidade*. Rio de Janeiro: Roxo, 1996.

BOGO, A. *O vigor da mística*. São Paulo: MST, 2002.

BORGES, Rayssa Aguiar. Mas, afinal, o que entendemos por teatro político? In: ROCHA, Eliene; VILLAS BÔAS, Rafael; PEREIRA, Paola et al. *Teatro político, formação e organização social, avanços, limites e desafios da experiência dos anos 1980 ao tempo presente*. São Paulo: Outras Expressões, 2015. p. 31-34.

CALDART, Roseli Salete. Sobre Educação do Campo. In: SANTOS, Clarice Aparecida dos. (Org.). *Campo. Políticas Públicas: Educação*. Brasília: INCRA/MDA, 2008.

CARVALHO, Cristiene Adriana da Silva. *Práticas artísticas dos estudantes do curso de Licenciatura em Educação do Campo: um estudo na perspectiva das representações sociais*. 2015. Dissertação (Mestrado em Educação) – Faculdade de Educação, Universidade Federal de Minas Gerais, Belo Horizonte, 2015.

CARVALHO, José Murilo de. *A formação das almas: o imaginário da República no Brasil*. São Paulo: Companhia das Letras, 1990.

CENTELHAS, Marcela Rabello de Castro. Construindo "Encontros": movimentos sociais rurais e política. SEMINÁRIO DE ANTROPOLOGIA DA UFSCAR, 1, 2014, São Carlos. *Anais...* São Carlos: UFSCAR, 2014.

COLETIVO Nacional de Cultura – Brigada Nacional de Teatro Patativa do Assaré. *Teatro e transformação social: Teatro Fórum e Agitprop*. São Paulo: Centro de Formação e Pesquisa Contestado, 2007. v. 1.

COSTA, Iná Camargo. Conferência: Cultura e luta de classes. *Baleia na rede – Estudos em Arte e Sociedade*, v. 9, n. 1, 2012.

COSTA, Iná Camargo. *A hora do teatro épico no Brasil*. Rio de Janeiro: Graal, 1996.

ESTEVAM, Douglas; VILLAS BÔAS, Rafael. Apresentação. In: COSTA, Iná Camargo; ESTEVAM, Douglas; VILLAS BÔAS, Rafael. *Agitprop: cultura política*. São Paulo: Expressão Popular, 2015. p. 9-18.

INCRA. *Educação no Campo*: Primeira turma de graduados no Piauí formou 36 educadores. 2013. Disponível em: <http://www.incra.gov.br/educacao-no-campo-primeira-turma-de-graduados-no-piaui-formou-36-educadores>. Acesso em: 23 ago. 2016.

LERRER, Débora F. Preparar gente: a educação superior dentro do MST. Estudos Sociedade e Agricultura. *Revista do Programa de Pós-Graduação em Desenvolvimento, Agricultura e Sociedade da Universidade Federal Rural do Rio de Janeiro*, Rio de Janeiro, ano 20, v. 2, 2012.

LIMA, Fátima Costa de. Experimentações teatrais no curso Arte no Campo: teatro político, entre a mística e o "bom teatro". In: NOGUEIRA, Marcia Pompeo; FRANZONI, Tereza Mara. (Orgs.). *Arte no Campo: perspectivas políticas e desafios*. São Paulo: Outras Expressões, 2016. No prelo.

MEDEIROS, Leonildes S. *Lavradores, trabalhadores agrícolas e camponeses: os comunistas e a constituição das classes no campo*. 1995. Tese (Doutorado em Ciências Sociais) – Programa de Pós-Graduação em Ciências Sociais, Universidade Federal de Campinas, Campinas, 1995.

MIRANDA, Cássia Ferreira. *O teatro na voz operária: Grupo Teatral Cultura Social e o anarquismo em Pelotas – seus operários e suas palavras*. 213f. Dissertação (Mestrado em Teatro) – Universidade do Estado de Santa Catarina, Florianópolis, 2014.

MIRANDA, Roberto de Sousa; CUNHA, Luis Henrique Hermínio. A estrutura organizacional do MST: lógica política e lógica prática. *Caderno CRH*, Salvador, v. 6, n. 68, mar./ago. 2013.

MOLINA, Mônica C.; ANTUNES-ROCHA, Maria Isabel. Educação do Campo: história, práticas e desafios no âmbito das políticas de formação de educadores – reflexões sobre o Pronera e o Procampo. *Revista Reflexão e Ação*, Santa Cruz do Sul, v. 22, n. 2, p. 220-253, jul./dez. 2014. Disponível em: <https://online.unisc.br/seer/index.php/reflex/article/viewFile/5252/3689>. Acesso em: 9 ago. 2016.

MONTENEGRO, Antônio Torres. As Ligas Camponesas às vésperas do golpe de 1964. *Projeto História*, São Paulo, v. 29, tomo 2, dez. 2004.

MUNARIN, Antônio. Educação do Campo, desafios teóricos e práticos. In: MUNARIN, A. et al. *Educação do Campo: reflexões e perspectivas*. Florianópolis: Insular, 2010.

NOGUEIRA, Márcia. Um diálogo teatral com escolas de assentamentos. In: _____.; FRANZONI, Tereza Mara. (Orgs.). *Arte no Campo: perspectivas políticas e desafios*. São Paulo: Outras Expressões, 2016. No prelo.

NOGUEIRA, Márcia; FRANZONI, Tereza. Introdução. In: _____. (Orgs.). *Arte no Campo: perspectivas políticas e desafios*. São Paulo: Outras Expressões, 2016. No prelo.

PEIRANO, Mariza. *O dito e o feito. Ensaios de antropologia dos rituais*. Rio de Janeiro: Relume-Dumará, 2001.

RIBEIRO, Nilsa; COSTA, Lucivaldo da. O lugar da área de Linguagens na Educação do Campo. In: SILVA, Idelma; SOUZA, Haroldo de; RIBEIRO, Nilsa. *Práticas contra-hegemônicas na formação de educadores: reflexões a partir do curso de Licenciatura em Educação do Campo do sul e sudeste do Pará*. Brasília: NEAD, 2014. p. 209-227.

ROCHA, Eliene; VILLAS BÔAS, Rafael; PEREIRA, Paola. et al. *Teatro político, formação e organização social, avanços, limites e desafios da experiência dos anos 1980 ao tempo presente*. São Paulo: Outras Expressões, 2015. p. 31-34.

RODRIGUES, Márcia Regina. Algumas considerações sobre o teatro épico de Brecht. In: _____. *Traços épico-brechtianos na dramaturgia portuguesa: O render dos heróis, de Cardoso Pires, e Felizmente há luar!, de Sttau Monteiro*. São Paulo: Ed. da UNESP; São Paulo: Cultura Acadêmica, 2010.

ROJO, Sara. *Teatro e pulsão anárquica: estudos teatrais no Brasil, Chile e Argentina*. Belo Horizonte: Nandyala, 2011.

ROSENFELD, Anatol. *O teatro épico*. São Paulo: Perspectiva, 1985.

SIGAUD, Lygia. *Greve nos engenhos*. Rio de Janeiro: Paz e Terra, 1980.

SOUZA, Maria Antônia de. Educação do Campo: políticas, práticas pedagógicas e produção científica. *Educação e Sociedade*. Campinas, v. 29, n. 105. dez. 2008. Disponível em: <http://www.scielo.br/scielo.php?script=sci_arttext&pid=S0101-73302008000400008&lng=en&nrm=iso>. Acesso em: 20 set. 2016.

SOUZA, Miliandre Garcia de. *Do teatro à música engajada: a experiência do CPC da UNE (1958-1964)*. São Paulo: Ed. da Fundação Perseu Abramo, 2007.

STÉDILE, João Pedro; FERNANDES, Bernardo Mançano. *Brava gente. A trajetória do MST e a luta pela terra no Brasil*. São Paulo: Ed. da Fundação Perseu Abramo; Expressão Popular, 2012.

STÉDILE, Miguel Enrique; VILLAS BÔAS, Rafael. Agitação e propaganda no MST. In: COSTA, Iná Camargo; ESTEVAM, Douglas; VILLAS BÔAS, Rafael. *Agitprop: cultura política*. São Paulo: Expressão Popular, 2015. p. 35-54.

TARDIN, José Maria. Cultura Camponesa. In: CALDART, Roseli Salete. (Org.). *Dicionário da Educação do Campo*. Rio de Janeiro, São Paulo: Escola Politécnica de Saúde Joaquim Venâncio; Expressão Popular, 2012. p. 178-186.

VASQUES, Eugênia. *Piscator e o conceito de "Teatro Épico"*. 2. ed. Lisboa: Instituto Politécnico de Lisboa, 2007. Biblioteca da Escola Superior de Teatro e Cinema. (Coleção Teorias da Arte Teatral).

TERCEIRA PARTE

Tecnologias

CAPÍTULO 12 – FOTOGRAFIA
Registros do belo no Vale do Jequitinhonha: inspiração para a Educação do Campo pelo olhar fotográfico

Decanor Nunes dos Santos
Maria Aparecida Afonso Oliveira

Fotografia(s)
Imagens para além do que os olhos podem ver.
O reconhecimento de que trabalhar com
a linguagem da arte
significa trabalhar com a ideia de
um outro mundo possível.
Encantamentos!
Lori Figueiró

Introdução

Entendendo que há uma nova identidade de educador/a e práticas pedagógicas que precisam ser cultivadas nas escolas do campo, faz-se importante divulgar metodologias de ensino que promovam uma educação mais crítica e que respeita as especificidades dessas escolas. Dessa forma, salientamos que a pesquisa intitulada Registros do belo no Vale do Jequitinhonha: inspiração para a Educação do Campo pelo olhar fotográfico teve, como objetivo principal, promover reflexões acerca de imagens fotográficas como meio de valorização de um contexto social, cultural e ambiental e que pode contribuir na construção da cidadania e da afirmação da necessidade de se trabalhar, também, o contexto político nos espaços educativos.

Em um espaço em que uma imagem possa comunicar para valorizar ou invisibilizar um contexto local, faz-se importante analisar o papel do registro do belo, no sentido de fazer uma análise crítica da realidade, realidade sob a ótica de livros didáticos e da mídia predominante. Nesse sentido, a intencionalidade deste estudo foi contribuir pedagogicamente com a Educação do Campo na perspectiva de animar um processo de ensino-aprendizagem que contemple os diversos povos e contextos regionais, a fim de desconstruir preconceitos e estereótipos que possam se fazer presentes nas escolas do campo no Vale do Jequitinhonha e em outras regiões brasileiras.

Historicamente, no Vale do Jequitinhonha, os meios midiáticos de comunicação contribuem para disseminar uma imagem ainda do "vale da miséria", onde há contradições entre o que se fala e o que se vê na realidade. Dessa forma, buscou-se, por meio de referenciais teóricos sobre o sentido da fotografia, bem como de entrevistas e reflexões sobre o papel político e educativo da fotografia, trazer apontamentos de como a comunicação através da imagem fotográfica pode contribuir no processo pedagógico da Educação do Campo e possibilitar uma análise política que sirva para valorizar o belo e não para estereotipar um contexto de vida.

Objetivou-se ainda identificar se as imagens fotográficas poderiam contribuir nas práticas educativas das escolas do campo, possibilitando uma leitura do mundo que fosse capaz de valorizar o campo e proporcionar a assunção da identidade de seus sujeitos. Assim, ressaltamos a importância desta pesquisa, ao percebermos tantos registros de fotógrafos populares que andam por lugares desconhecidos por muitos e que servem para mostrar a beleza e a potencialidade invisibilizada da região.

Para desenvolver a pesquisa, realizou-se um estudo teórico sobre o papel da fotografia, buscando entrevistar fotógrafos, educadores e comunicadores populares e, sobretudo, fazer uma reflexão a partir de nossas experiências e andanças pela região, onde buscamos retratar imagens que contrapõem ao que estamos acostumados a ver na mídia. Foram entrevistados, diretamente, um fotógrafo popular do Alto Jequitinhonha, um artista/educador do Médio, um coordenador de escola família agrícola do médio e uma comunicadora popular do norte de Minas. Também foi realizada uma visita à Escola Família Agroecológica de Araçuaí, no Médio Jequitinhonha, onde foi possível notar grande quantidade de fotos expostas no ambiente escolar, demonstrando o trabalho desenvolvido.

O presente estudo permitiu apreender e afirmar a importância do trabalho com a fotografia, pois, com os vários depoimentos e vivências pelas escolas da região, notamos que nem sempre esse instrumento é utilizado. Por outro lado, percebem-se, com as experiências conhecidas, as diversas possibilidades de enriquecer a prática educativa por meio desse recurso. Nesse sentido, a popularidade da fotografia e sua importância como forma de registro e recurso didático tornam este estudo uma possibilidade de instrumento político e pedagógico para uma comunicação e educação libertadora e que poderá contribuir para a desconstrução de uma imagem contraditória e estereotipante, em meio ao que a mídia e a educação tradicional comunicam, colaborando para promover o exercício da cidadania e revelando a beleza de ser camponês/esa.

Olhar sobre o Vale do Jequitinhonha

O Vale do Jequitinhonha é composto por 55 municípios e ocupa uma área de 85.467,10 km, onde vivem mais de 940 mil habitantes, dividido em três microrregiões: Alto, Médio e Baixo. No Alto Jequitinhonha a cidade polo é Diamantina, no Médio é Araçuaí e no Baixo, a cidade de Almenara. Devido às especificidades de cada região, podemos dizer que é impossível falar do Vale do Jequitinhonha como se ele fosse homogêneo. Há vários Jequitinhonhas em meio a uma diversidade de povos e culturas.

Figura 1: Mapa do Vale do Jequitinhonha
Fonte: https://www2.ufmg.br/polojequitinhonha/O-Vale/Sobre-o-Vale

Há tempos tem sido divulgado na mídia que o Vale do Jequitinhonha é o vale da miséria. A diversidade sociocultural da região tende a ser negligenciada pela difusão dessas informações, que, em sua maioria, destacam suas mazelas. Sabemos, porém, que o Vale do Jequitinhonha não é uma região miserável. É, sim, uma região empobrecida por todo um passado e um presente de exploração. Por outro lado, é lugar de grande riqueza, tanto de recursos minerais quanto de ecossistema biodiverso, riqueza cultural, do artesanato, enfim, riqueza de um povo forjado na luta.

As diversas manifestações culturais contribuem para fomentar a economia da região. Festivais de Cultura Popular, venda de artesanatos diversos e belos atraem visitantes, os quais contribuem com a geração de renda direta e indiretamente. Tal diversidade regional também apresenta traços sobreviventes da cultura indígena e negra, resultado do povoamento pelos povos originários – os indígenas – e negros trazidos para a exploração mineral. A região possui inúmeras comunidades camponesas, quilombolas, acampamentos e assentamentos da reforma agrária, áreas de preservação ambiental e ainda latifúndios de terras.

Historicamente, em épocas passadas, o Vale já ocupava posição de relevo como uma das regiões mais ricas do estado. O Vale foi o segundo produtor de diamantes na história do mundo, e o maior produtor mundial no século XVIII, somente perdendo a hegemonia com a descoberta das grandes jazidas da África do Sul por volta de 1867.

Entretanto, essas características atraíram cobiça e hoje, séculos após a exploração predatória, a região se vê qualificada pela miséria e pela pobreza. A mídia contribui para mostrar apenas uma parte da história, não divulgando seu lado potencialmente rico e belo, em meio à transição de biomas, como a Caatinga, o Cerrado e a Mata Atlântica.

Sob a percepção de Ribeiro (2012):

> Esse olhar de fora não reflete, necessariamente, os significados dessas comunidades. O lugar e a condição social dos sujeitos do Vale associam-se a outros valores, como parentesco, a ancestralidade, os laços de afetividade, e não apenas às condições materiais. O *ser* é mais importante que o *ter* (RIBEIRO, 2012, p. 78, grifo da autora).

É fato que se percebem muitas ações de solidariedade entre os povos do vale, porém, este Vale do Jequitinhonha sempre foi um território abandonado pelo estado no que se refere ao desenvolvimento das pessoas que ali vivem. O estado sempre legitimou e financiou o processo da exploração dos bens naturais que são extraídos da região e incentivou, favorecendo o capital, a instalação de grandes projetos, como: extração de pedras preciosas, extração de granito, monocultivo de eucalipto, pastagens, exportação de energia, e até a nossa água estão querendo para também escoar com o mineroduto da Sul Americana de Metais (SAM).

Breve histórico da fotografia

Pode-se dizer que a fotografia é o resultado da união de dois fenômenos, um de ordem física e outro de ordem química: a "câmara escura" e a característica fotossensível dos sais de prata. Não é fácil identificar o inventor da fotografia, pois, da mesma forma como foi em muitas invenções em diversas áreas da ciência e da tecnologia, com a fotografia aconteceu o mesmo. Muitos trabalharam nesse projeto simultaneamente, em diversas partes do mundo.

Os registros históricos revelam que a fotografia surgiu em meados do século XIX, embora antes disso, pintores como Leonardo da Vinci já usassem técnicas parecidas em suas pinturas. A primeira fotografia reconhecida data de 1826 e foi produzida pelo francês Joseph Nicéphore Niépce.

Em 1826, ele realizou o exercício de fixar a primeira imagem fotográfica sobre uma chapa de estanho. A câmara usada foi construída sob sua encomenda, pelo ótico parisiense Chevalier. Porém, Joseph Niépce morreu antes de o produto do seu trabalho como inventor ser aclamado, deixando sua obra nas responsabilidades de Louis Jacques Mandé Daguerre.

Em 19 de agosto de 1839, a Academia de Artes e Ciências da França anunciou o nascimento da fotografia, quando Daguerre divulgou o seu processo de trabalho fotográfico, tornando-o acessível ao público, o que contribuiu para que ficasse com a honra de inventor da fotografia.

Niépce e Daguerre realizaram suas pesquisas sobre a imagem, porém buscavam respostas diferentes. Enquanto um preocupava-se com os meios técnicos de fixar a imagem num suporte concreto, o outro queria o controle que a ilusão da imagem poderia oferecer.

Samain (2001, p. 7) destaca: "Era preciso saber ver, aprender a olhar... munir-se de instrumentos tecnológicos capazes de oferecer o registro mais objetivo e preciso possível dos tipos de todas as raças humanas e dos caracteres fisionômicos distintivos de cada uma delas". Desse modo, as imagens fotográficas tomaram um papel essencial como um elemento capaz de revelar um mundo pleno em objetividade e uma descoberta científica relevante, capaz de estabelecer novas formas de observação do mundo.

Reflexões: olhar crítico a partir da fotografia

A princípio, trazendo para análise a fotografia a partir de uma forma ensaística livre, e a vivência de caminhada pela região do Vale do Jequitinhonha, é de se perceber que as imagens fotográficas trazem inúmeras possibilidades para o ver, julgar e agir, diante do processo de educar, com foco nas imagens fotográficas. São inúmeras as possibilidades de recursos visuais concentrados numa imagem e, parafraseando Paulo Freire (1985, p. 9), ao ressaltar que "a leitura do mundo precede a leitura da palavra", podemos dizer que o ato de ler o mundo é um movimento constante em nosso dia a dia. Por meio de gestos, costumes e imagens, podemos refletir e construir opiniões. E as imagens fotográficas contribuem para analisarmos o contexto em várias dimensões.

Há imagens que nos chamam a atenção para dimensões ambientais, socioculturais, políticas, antropológicas, entre outras. Nesse sentido, "o entrecruzamento de imagens fotográficas e narrativas de trajetórias de vida permite a atualização de memórias e, por conseguinte, da imagem que aquele grupo quis perenizar para todo o sempre" (MAUAD, 2008, p. 59).

O fotógrafo João Roberto Ripper, jornalista e especialista em fotografia documental, social e fotojornalismo, utiliza as lentes de sua câmera a serviço dos direitos humanos e das populações menos favorecidas. Em relação aos princípios da fotografia humanista e de como ela pode contribuir na luta pelos direitos humanos, expressa seus sentimentos:

> [...] Eu acho que cada vez mais o fotógrafo humanista é um fotógrafo que aprende com as pessoas, com as comunidades e os grupos que ele fotografa na história da vida e ele deve ser, sobretudo, um elo de bem-querer entre quem é fotografado e quem vai ver a fotografia. Esse elo pode ser até numa denúncia, pode ser numa documentação de uma guerra, na documentação de um conflito. Mas, eu acho que o fotógrafo humanista deve ter consciência de que a sua foto tem que tá no fluxo de contra informação e tá no fluxo de contra informação é produzir fotos que levam informações à população de maneira que você quebre o filtro na edição da beleza. Então eu acho que o fotógrafo, além da denúncia, ele tem que cuidar muito de como ele vai passar a beleza para as pessoas e, principalmente, a beleza dos seus fazeres que é uma informação que de alguma maneira é filtrada pelos poderes. Portanto, ele é um fotógrafo que tem que ter a consciência e essa consciência vem sendo adquirida aos poucos, de que ele tem que contribuir para quebrar os estereótipos. Acho que esses estereótipos na comunicação são justamente os estereótipos que se definem pelo poder. Um poder que passa pelos poderes políticos, pelos poderes da indústria, dos comércios e pelo poder da comunicação, que talvez seja o maior de todos os poderes porque é usado por todos esses poderes e porque fala e mantém a ideologia dos poderes na sua forma de se expressar (RIPPER, 2013, entrevista[1]).

E conforme salienta o professor João Kulcsar: "Uma imagem tem força, ela pode romper e mudar a forma de a gente pensar".[2] Tomamos como análise a imagem seguinte, fotografada no município de Felizburgo, região do Baixo Vale do Jequitinhonha, mais precisamente na comunidade da Prata, em que, do ponto de vista ambiental, é possível perceber um belo bioma de cor verde intenso, que dialoga com a cobertura, preservação e proteção do solo. Aqui, pode-se perceber a terra protegida com um manto de plantas rasteiras, médias e grandes.

Figura 2: Felizburgo (MG), abr. 2015
Foto: Decanor Nunes

---

[1] Entrevista concedida a Gleiciane Nogueira/ASACOM, 2013.

[2] http://educarparacrescer.abril.com.br/aprendizagem/alfabetizacao-visual-787135.shtml

Em tempos de fragilidades ambientais, a exemplo das ausências de águas no campo e também nas cidades, especialmente para famílias camponesas que vivem do sustento da terra, esse bem natural é prioridade. Como é sabido, a região do semiárido brasileiro[3] é vista pela mídia como um lugar de secas, com terras rachadas e empobrecidas, junto com o seu povo. Entretanto, pelos inúmeros registros escritos e fotográficos encontrados sobre o território do Vale do Jequitinhonha, ao afirmá-lo "vale da miséria", há controvérsias:

> O Vale do Jequitinhonha é detentor de grande e exuberante potencial natural e vasta riqueza cultural, com traços sobreviventes da cultura indígena e da cultura negra. São notórias as riquezas do subsolo, promissor em recursos minerais, de seu patrimônio histórico-cultural, referência para Minas Gerais e para o Brasil, de seu artesanato diversificado e de seus atrativos turísticos.[4]

Ao divulgarmos registros do belo no Vale do Jequitinhonha, percebe-se ainda mais a importância da fotografia em seu papel de desconstruir uma imagem estereotipada. A fotografia tem o poder de apresentar, em um só instante, mais rápido que as palavras, um contexto que chama atenção, que provoca sentimentos, traz à tona inspiração, conceitos, enfim, provoca atração diante do horizonte focalizado, lugares muitas vezes desconhecidos por muitos. Ripper esclarece:

> Uso minhas fotografias para contar histórias e assim combater a informação única que leva aos estereótipos. Uma das informações mais omitidas é o belo que existe nas comunidades mais pobres, seja nas áreas rurais, florestas ou favelas (RIPPER, 2013, entrevista.).

A fotografia é a oportunidade de trazer imagens que contribuem para limpar os preconceitos e estereótipos, muitas vezes presentes na comunicação junto ao povo. E, no cenário rural, já é muito comum as pessoas terem em casa sua máquina fotográfica, mais precisamente um celular, dotado de condições

---

[3] Região que ocupa 18,2% (982.566 km^2) do território nacional, abrange mais de 20% dos municípios brasileiros (1.135) e abriga 11,84% da população do país. 14 milhões de brasileiros vivem na área urbana e 8,5 milhões no espaço rural, segundo dados do Instituto Brasileiro de Geografia e Estatística (IBGE, 2010). A maior parte do semiárido situa-se no nordeste do país e também se estende pela parte setentrional de Minas Gerais (o norte mineiro e o Vale do Jequitinhonha), ocupando quase 18% do território do estado. As regiões semiáridas são caracterizadas, de modo geral, pela aridez do clima, pela deficiência hídrica com imprevisibilidade das precipitações pluviométricas e pela presença de solos pobres em matéria orgânica. O prolongado período seco anual eleva a temperatura local, caracterizando a aridez sazonal: http://www.asabrasil.org.br/semiarido

[4] https://www2.ufmg.br/polojequitinhonha/O-Vale/Sobre-o-Vale

técnicas e precisas para fotografar boas imagens. Assim, o uso da fotografia se tornou ainda mais popular, devido ao fácil acesso a esses aparelhos, o que faz com que as fotos sejam bastante utilizadas, inclusive em redes sociais. Segundo Kawakami:

> A fotografia é um dos meios de comunicação visual que alcança boa parcela da sociedade e que possui uma grande credibilidade junto à mesma, devido ao seu contexto histórico social. Em decorrência do forte desenvolvimento tecnológico alcançado pelas indústrias, a máquina fotográfica tornou-se um bem de consumo de relativa acessibilidade à população. Com custos reduzidos e com uma forma cada vez mais compacta, a câmera fotográfica é um objeto presente no cotidiano da sociedade, tendo deixado, há tempos, de ser item exclusivo de profissionais da área (KAWAKAMI, 2012, p. 169).

Lenin (*apud* VENANCIO, 2010, p. 92) traz uma reflexão interessante, ao problematizar "a função do rádio como um jornal sem papel". Podemos analisar também que a fotografia, além de ser papel, é um jornal sem escrita e áudio. Uma mesma fotografia, sendo observada e refletida por cada um de um conjunto de pessoas, pode ser vista com diversas analogias e interpretações, o que poderia possibilitar inúmeras intervenções no processo educativo, animando e problematizando a construção do conhecimento.

O fotógrafo e vídeo-documentarista Lori Figueiró, nascido em Diamantina, que é também autodidata e membro fundador do Centro de Cultura Memorial do Vale, organização não governamental com sede em São Gonçalo do Rio das Pedras, vem, há mais de dez anos, captando com suas lentes a memória coletiva. Essas lentes perpetuam, em registro impresso, a memória coletiva dos movimentos do viver das gentes do cerrado, seus costumes, vivências e trocas de novos e velhos, tecendo diante dos olhos e mentes uma colcha de retalhos. São retalhos de vidas, de lendas, dizeres, danças, contos, cantos e encantos... histórias oriundas de um sentimento de pertença que parte do local perpassando o universal. Seus vídeos e fotografias têm corpo e alma, têm a energia da vivência em comunidade, da experiência do dividir quando o pensamento é somar.[5]

Conforme ele mesmo descreve:

> A motivação maior em realizar o trabalho que venho desenvolvendo, é o meu amor pelo Vale do Jequitinhonha. [...] Região de um povo verdadeiro, valoroso, que tem uma unicidade na construção dos laços afetivos e familiares, com manifestações artísticas e religiosas muito intensas e marcantes, que eu costumo nomear de "A sacralização do cotidiano". Quero homenagear essas pessoas, que raramente são

---

[5] https://www.ufmg.br/proex/cpinfo/saberesplurais/artista/lori-figueiro/

vistas pela sociedade e que são os autores do fim de uma era com os seus ofícios, suas crenças, seus fazeres e saberes cotidianos. Um Jequitinhonha permeado pelos sinais de uma vida essencialmente humana e divina. São registros de artesãs(ãos) parteiras(os), benzedeiras(os), raizeiras(os), grupos de manifestações populares, em resumo: "Os conhecedores tradicionais" (FIGUEIRÓ, 2016, depoimento).

Ao andar pelos lugares mais longínquos do Vale do Jequitinhonha, afirmamos o depoimento de Lori, pois percebemos quão rico é poder ver de perto essa grande diversidade de povos, culturas, sentimentos de esperança e solidariedade. Quantas possibilidades a fotografia permite, ao poder mostrar um lado que muitos não conhecem, ou conhecem por meio de uma mídia que quer divulgar apenas a "pobreza" do Vale. Não é à toa que a canção de Verono diz: "Vale que vale cantar, Vale que vale viver, Vale do Jequitinhonha, Vale eu amo você!". Apesar de todas as ausências de direitos, o Vale, vale.

Inspirações para a Educação do Campo a partir do olhar fotográfico

São inúmeros fragmentos em uma imagem fotografada que podem contribuir com o processo educacional e provocar maior interação com o público envolvido, a partir de cada análise em foco. O fotógrafo é um educador popular; a partir de sua visão de mundo, de seu conhecimento, ele pode enquadrar, diante do que vê adiante, os arredores, no cenário do horizonte, seja na relação direta com a natureza ou entre ela mesma e os seres humanos, cenas que provocam, instigam e facilitam uma metodologia educativa, seja em sala de aula, ou em qualquer outro espaço educativo.

Na sociedade, vemos várias pessoas que praticam a arte de fotografar, entre elas, por exemplo, profissionais educadores e educadoras populares que atuam em instituições de movimentos populares.[6] Nessas organizações sociais, as fotografias são trazidas para o espaço do escritório e guardadas em arquivos, para serem utilizadas noutros momentos necessários da educação popular e formação junto à sociedade. Ao que se percebe, são imagens que atraem muito o público envolvido, de modo especial as famílias camponesas. A educadora e comunicadora popular, Helen Santa Rosa,[7] comenta tal situação:

---

[6] Um exemplo é a Cáritas no Baixo Vale do Jequitinhonha, que possui grande acervo de documentação fotográfica de todo seu trabalho pela região, com fotos das mais variadas imagens junto à população, em sua maioria, no meio camponês.

[7] Helen Santa Rosa é parceira da Articulação do Semiárido Mineiro. Comunicadora Popular do Centro de Agricultura Alternativa (CAA) do Norte de Minas e mestranda em Sociedade, Ambiente e Território pela Unimontes/UFMG.

Numa perspectiva dialógica, o registro fotográfico possibilita a comunicação daquele que vive com aquele que documenta e ainda, com quem que vê e interpreta a imagem. Na perspectiva que nós, defensores da comunicação como direito humano, acreditamos, é uma ferramenta essencial na contação de nossas histórias, a partir de nosso olhar sobre o que vivemos e somos. É instrumento de denúncia e anúncio, expressão de bem querer sobre a vida. É, portanto, educação, que se faz diante do contexto de vida, peleja e resistência que se constrói dia a dia no semiárido (ROSA, 2016, depoimento).

Vale destacar que a fotografia é um meio de comunicação que anuncia, denuncia, registra, provoca debates em rodas de conversas, facilita o processo de educar e atrai pessoas para mais perto, aproximando sua atenção para o conhecimento de lugares desconhecidos que muitas vezes são vistos de forma preconceituosa e estereotipante, nos quais os horizontes, ecossistemas e processos culturais são invisibilizados na relação ser humano e natureza. Fotografar é testemunhar, é provocar a construção de um significado, estimulando escolhas, selecionando temas, possibilitando um contar de histórias, cabendo, até então, ao espectador, o imenso desafio de lê-las, de estimular o debate, de facilitar a dinâmica da atenção. O revolucionário e estudioso Nietzsche (2007, p. 20) já questionava: "Terei que principiar por lhes destruir os ouvidos, para que aprendam a ouvir com os olhos?".

Por exemplo, no campo da agroecologia[8] e a Educação do Campo, as imagens utilizadas em sala de aula podem facilitar a dinâmica do aprendizado, chamar atenção dos alunos, até porque o tema gerador "terra" e tudo que está envolvido nela, por fazer parte da história de vida concreta dos que residem e produzem nesse cenário, é atraente, brilha nos olhos desses atores sociais que sobrevivem do fruto do campo, e que é capaz de fazer brotar o alimento. O momento registrado por meio da fotografia, abaixo, pode nos inspirar esses sentimentos, onde se ouviu do pai Domingos, retratado na imagem: "Não quero que meus filhos saiam daqui para estudar na cidade". Através da imagem, podemos perceber o amor da família pela terra, pela produção de sua própria alimentação. Então, cabe questionarmos: será que a escola dessas crianças leva em conta sua história de vida: como vivem, de onde vieram, o que fazem quando não estão na escola, o que pensam e sonham?

---

[8] A agroecologia integra um conjunto diverso e complexo de conhecimentos, com alto valor científico e cultural. Sua chave de análise da realidade está nas relações e na abordagem dos agroecossistemas como totalidade, explorando vínculos entre natureza, produção, política e cultura (CALDART, 2016, p. 7).

Figura 3: Jequitinhonha (MG), set. 2013
Foto: Decanor Nunes

Ademais, a produção de alimentos limpos, saudáveis e em quantidade é fundamental para os povos que vivem no campo. Podemos possuir de tudo um pouco, mas o alimento, na espacialidade camponesa, tem um papel fundamental que não pode faltar, tanto para as populações camponesas como da cidade. Entretanto, Caldart (2016) reflete:

> Anos e anos de estudos escolares das "ciências da natureza" e pouco conseguimos entender sobre o que é a natureza, como funcionam seus ciclos e relações, como acontece o metabolismo entre natureza e ser humano, como se produz saúde. Isto precisa mudar com urgência: pelo bem da vida. [...] Os alimentos são a base de sustentação da vida humana, toda ela e em qualquer tempo. Tratar seriamente deles na escola é dever de educadores comprometidos com o ser humano (CALDART, 2016, p. 6).

Nesse sentido, a Educação do Campo necessita dialogar com a agroecologia, a qual cumpre um papel fundamental para o equilíbrio ambiental e as relações humanas no campo. Neste caso, o/a educador/a pode, por exemplo, realizar um trabalho de leitura do mundo nas comunidades do entorno escolar, registrando diversas dimensões, por meio de fotos e outros instrumentos, o que certamente enriquecerá sua ação educativa, fazendo com que o aluno se sinta parte do processo educativo, onde haverá uma interação em que o/a educador/a aprenda ao ensinar. Fernandes (2005) considera:

> A imagem pode ser uma importante ferramenta mediadora no processo de produção do conhecimento, na medida em que sua leitura polissêmica pode abrir espaço para as múltiplas visões dos alunos, mantendo (subversivamente) o respeito às interpretações e concepções dos alunos (FERNANDES, 2005, p. 11).

A fim de percebermos como se dá o uso da fotografia em espaços de ensino no campo, adentramos o universo da Escola Família Agroecológica de Araçuaí, no Médio Vale do Jequitinhonha, e indagamos sobre como documentações e exposições fotográficas têm contribuído para a formação dos jovens na escola. E em diálogo com o coordenador da escola, Roviere Vieira, ele relatou:

> As fotografias contribuem como um incentivo às atividades que vêm sendo desenvolvidas e também como um registro que poderá ser visto e revisto a qualquer momento. E ainda ajuda no incentivo de novos alunos buscarem novas tecnologias para desenvolverem e serem registradas para o coletivo. As imagens fotográficas são usadas como comparação, interpretação de imagens no contexto vivido pelos/as educandos/as, buscando nas mesmas a essência e representatividade dos lugares e atores envolvidos no desenvolvimento das comunidades e da própria escola, que consegue com isso um melhor resultado no processo de ensino aprendizagem (VIEIRA, 2016, depoimento).

Ainda sobre a importância do registro como instrumento educativo, o coordenador da escola afirmou:

> Usamos as imagens através do Caderno da Realidade, ilustrando através de desenhos as realidades levantadas nos Planos de Estudos. E, entendemos o uso da fotografia como bastante enriquecedor, o que motiva e aguça o interesse e curiosidade do aluno, despertando-o para um mundo onde a imagem retratada tem a função de repassar aprendizado e a valorização do meio socioprofissional em que vive (VIEIRA, 2016, depoimento).

No campo da educação popular[9] e nas relações com as organizações de movimentos sociais comprometidos com as causas dos direitos do povo, podemos citar a experiência vivenciada pela Cáritas Diocesana de Almenara,[10] na região do semiárido. Os registros fotográficos capturados por inúmeros de seus agentes educadores e educadoras populares, diante das realidades comunitárias e seus entornos territoriais, tornam-se registros de imagem que contribuem para a sensibilização humana e outros espaços, através de usos em demonstrações de *data show*, varais, documentos, livros, redes sociais, sites, entre outras estratégias pedagógicas comunicacionais. Esses/as agentes

---

[9] A Educação Popular é um ato de amor. É um gesto humano e político de entrega, a fim de que as pessoas se realizem como gente, como classe e como povo. A missão educativa junto a sujeitos populares ajuda a despertar sua consciência crítica, com o desafio de assumirem-se como protagonistas de seu destino individual e coletivo. (Caderno *Concepção de Educação Popular do CEPIS* [Centro de Educação Popular do Instituto Sedes Sapientiae São Paulo], mar. 2007. Adaptado.).

[10] A Cáritas Diocesana de Almenara é entidade membro da Cáritas Brasileira, que é uma entidade de promoção e atuação social que trabalha na defesa dos direitos humanos, da segurança alimentar e do desenvolvimento sustentável e solidário. Sua atuação se faz junto aos excluídos e excluídas, em defesa da vida e na participação da construção solidária de uma sociedade justa, igualitária e plural.

educadores/as populares, por exemplo, de posse de uma máquina fotográfica, têm oportunidades diversas de registrar inúmeras realidades, engrandecer os arquivos institucionais e transformá-los em verdadeiras bibliotecas de imagens, que chegam de vários cenários. Conforme ilustrado abaixo, pode-se ver uma região seca durante quase todo o ano e que, quando vem a chuva, brota – um sinal de vida carregado do belo e de esperança.

Figura 4: Jequitinhonha (MG), out. 2013
Foto: Decanor Nunes

Através do registro de uma imagem, podemos resgatar memórias, imaginar o passado ou o presente de um povo. Nesse sentido, entendemos que fotografar é também provocar andar, conforme poetiza Decanor Nunes:

Andei em lugares em que poucos vão!
Fotografei, trouxe pra perto aquilo o que era deserto escondido no sertão!
Cheguei, entrei, estava na minha organização,
a cada clique que dava surgia fotografia que atraía!
Maria e Afonso perguntavam: mas que lugares são esses?
Eu dizia a elas: são lugares que encontrei que poucos vão lá,
grotas, pés de serras, espigões, boqueirões, chapadões, cerrados e montanhas...
Ecossistemas invisíveis nas entranhas do Jequitinhonha.

Como exemplo de trabalho com imagens,[11] temos o caso do artista plástico regional, Gildásio Jardim, que é professor de Geografia, natural de Joaíma e

---

[11] https://regiscap1.wordpress.com/2013/06/24/caf-arans-trar-para-capelinha-exposio-jardim-estampado-de-gente-de-gildsio-jardim/

morador de Padre Paraíso (MG), cidade do médio Vale do Jequitinhonha, o qual pinta desde os 13 anos de idade, quando ainda era morador da comunidade Abelha Brava, na zona rural de sua terra natal.

Dono de uma técnica singular e inovadora, principalmente a partir das fotos do cotidiano, Gildásio Jardim produz pinturas em telas confeccionadas em tecido chita, de variadas estampas, que são lembranças que povoam seu imaginário, desde a infância, vivida no meio da gente do sertão do Vale do Jequitinhonha, provocando a fusão dos personagens e as cores de suas vestimentas com a própria tela.

Ao ingressar no curso de Licenciatura em Geografia, recebe influências acadêmicas que acabam por influenciar sua arte. E, ao frequentar o Festival da Cultura Popular do Vale do Jequitinhonha (FESTIVALE), cuja maior característica é ser um festival itinerante, lança outro olhar sobre sua própria realidade. Assim, de cada estampa desabrocha um personagem ou uma experiência vivida e/ou sentida da cultura popular.

Figura 5: Tela do Projeto Cisternas nas Escolas – Água que Educa, nov. 2015. Autor: Gildásio Jardim.

Ao dialogarmos com o artista sobre seu trabalho como educador, ele relatou:

> Acredito que a imagem fotográfica pode contribuir para o processo educativo e de cidadania para o povo do campo, uma vez que, ao fazer isso, as pessoas estarão assumindo o que são, assumindo sua cultura, sua identidade, melhorando sua autoestima, com sua estética própria, da classe trabalhadora forte, que possui beleza e poesia, nesta prática rústica e ao mesmo tempo leve e serena, que consiga ver beleza e poesia na existência no campo, sem a ilusão da vida urbana. Acredito que minha arte, através de imagens do cotidiano do campo, pode contribuir para o processo educativo das populações do campo, na medida em que elas buscam valorizar a estética e o cotidiano do campo, sem sentir vergonha do que são. Busco com essas imagens o empoderamento das pessoas, assumindo sua estética, sem serem suprimidas pelo modelo da

cultura de massa. Nas minhas aulas, uso muito a imagem fotográfica, trabalho com jovens que pertencem a comunidades rurais, então busco inserir as novas mídias no processo de intermédio do conhecimento. Trabalhamos a ideia de patrimônio cultural material e imaterial existente nas comunidades. Sempre mostro imagens da cultura popular e da estética cotidiana do nosso povo. Também uso fotografias dos fotógrafos Sebastião Salgado, Alexandre Cerqueiros, entre outros. Os alunos também produzem imagens em suas comunidades, usando principalmente os celulares e câmeras fotográficas, mostrando suas práticas cotidianas (JARDIM, 2016, depoimento, grifos nossos).

Percebe-se, com os vários depoimentos, a importância que a imagem fotográfica tem no processo educativo formal e informal, especialmente no ecossistema camponês. Sendo assim, cabe indagar a cada educador/a: será que estão explorando as imagens de seu contexto local, observando o cotidiano, a partir de uma leitura crítica do mundo e não apenas pela ótica dos livros didáticos e da mídia predominante? É preciso pisar no chão, lutar pelo território, pois é onde se encontra a "seiva" da educação.

Figura 6: Jequitinhonha e Educação do Campo, jul. 2014.
Foto: Decanor Nunes

A Educação do Campo pensada a partir do lugar, com e para o povo, precisa respeitar a diversidade dos sujeitos do campo, seus direitos humanos e sociais e incorporar essa reflexão político-pedagógica em sua prática educativa, ler o mundo e analisá-lo, para poder intervir nele, pois, conforme alerta Freire (1996, p. 85), "Sem a curiosidade que me move, que me inquieta, que me insere na busca, não aprendo nem ensino". E, sobretudo, "ensinar exige respeito aos saberes dos/as educandos/as", ou seja, é preciso estabelecer uma relação entre os conteúdos curriculares com o contexto social e suas especificidades. Só assim poderemos evitar uma educação colonizadora, que nega o valor e a beleza de ser camponês/esa e daremos sentido a uma educação que seja libertadora, sem preconceitos e estereótipos. Uma educação que não eduque a criança, o jovem, apenas para ir trabalhar na cidade, mas que eduque para a vida, para que entendam as relações sociais e políticas, compreendendo o sentido que a escola tem para sua formação.

Considerações finais

Ao que se constatou diante da pesquisa fotográfica realizada e a relação de sua importância com a educação, mais precisamente com a Educação do Campo, torna-se imprescindível superar o espaço, entre quatro paredes, da escola, para aproximar-se ao mundo lá fora, num contexto de vida, com suas imagens disponibilizadas nos mais diversos ambientes, sejam elas fixas ou móveis, impressas, projetadas ou virtuais. A necessidade da democratização da fotografia deve possibilitar que todos os ambientes escolares fortaleçam essa iniciativa, até então, de diversos lugares e processos culturais de vida, de onde chegam os estudantes, que poderiam enriquecer a partir dos conhecimentos vindos da escola, com suas imagens fotografadas e apresentadas na coletividade. Milton Santos (1996, p. 273) concebe que "cada lugar é, ao mesmo tempo, objeto de uma razão global e de uma razão local, convivendo dialeticamente".

A partir dos estudos, depoimentos e visita em especial a uma escola do campo, foi possível perceber que a fotografia traz outras pedagogias que nem sempre são consideradas nos livros didáticos, currículos escolares ou práticas educativas. Entretanto, ressalta Arroyo (2012):

> Ao buscar essas outras Pedagogias nos Outros Sujeitos em ações coletivas ou movimentos, está reconhecendo que estes são sujeitos de outras experiências sociais e de outras concepções, epistemologias e de outras práticas de emancipação (Arroyo, 2012, p. 28).

Dessa maneira, o papel da fotografia aqui apresentada vem afirmar possibilidades de valorização do belo e garantir um papel político e educativo de desconstrução de imagens contraditórias e preconceituosas, trazendo as dimensões ambientais e socioculturais, os processos narrativos que levam informação à população. A fotografia faz acender a denúncia e tem força, pois chega mais rápido do que as palavras, de uso popular e fácil acesso, possibilitando testemunhar e despertar curiosidades nos estudantes, permitindo e animando os mais diversos olhares, com diversas definições.

Sobretudo, pode-se notar a importância que uma imagem tem, no processo de assunção da cultura camponesa, da construção da cidadania e afirmação da necessidade de se trabalhar o contexto social e político nos espaços educativos. Ao se analisar criticamente as imagens, é possível fazer outra leitura do mundo, em que a verdade não seja uma só, mas que abra várias possibilidades para o debate e a construção do conhecimento. Assim, evidenciou-se outra possibilidade para a ação educativa do/a educador/a: trazer o poder e a riqueza das imagens fotográficas para a sala de aula e seus espaços educativos, a fim de intermediar o processo de ensino-aprendizagem e empoderamento dos sujeitos do campo.

Referências

ARROYO, Miguel G. *Outros Sujeitos, Outras Pedagogias*. Petrópolis, RJ: Vozes, 2012.

CALDART, Rosely Salete. *Escolas do Campo e Agroecologia: uma agenda de trabalho com a vida e pela vida!* 2016. Disponível em: <https://pt.scribd.com/doc/301416870/Escolas-Do-Campo-e-Agroecologia-Roseli-Fev16-1>. Acesso em: 18 jun. 2016.

FERNANDES, Hylio Lagana. *A fotografia como mediadora subversiva na produção do conhecimento*. Campinas: Unicamp, 2005. Tese (Doutorado em Educação) – Faculdade de Educação, Universidade Estadual de Campinas, Campinas, 2005.

FREIRE, Paulo. *Pedagogia da Autonomia – saberes necessários à prática educativa*. São Paulo: Paz e Terra, 1996.

FREIRE, Paulo. *A importância do ato de ler: em três artigos que se completam*. São Paulo: Cortez, 1985. (Coleção Polêmicas do Nosso Tempo).

KAWAKAMI, Tatiana Tissa. *A popularização da fotografia e seus efeitos: Um estudo sobre o a disseminação da fotografia na sociedade contemporânea e suas consequências para os fotógrafos e suas produções.* 2012. Disponível em: <http://www.uel.br/revistas/uel/index.php/projetica/article/viewFile/10538/11329>. Acesso em: 18 jun. 2016.

MAUAD, Ana Maria. *Poses e flagrantes: ensaios sobre história e fotografias*. Rio de Janeiro: Eduff, 2008.

NIETZSCHE, Friedrich. *Assim falava Zaratustra*. Rio de Janeiro: Civilização Brasileira, 2007.

RIBEIRO, Maria Teresa Franco. Arte e vida no Vale: a prontidão dos homens lentos. In: NOGUEIRA, Maria das Dores Pimentel. (Org.) *Vale do Jequitinhonha: cultura e desenvolvimento*. Belo Horizonte: UFMG; PROEX, 2012.

SAMAIN, Étienne. Quando a fotografia (já) fazia os antropólogos sonharem: o jornal La Lumière (1852-1860). *Revista de Antropologia*, São Paulo, v. 44, n. 2, 2001.

SANTOS, Milton. *A natureza do espaço: técnica e tempo, razão e emoção*. São Paulo: Hucitec, 1996.

VENANCIO, Rafael Duarte Oliveira. *Lenin e o jornalismo soviético: imprensa como vanguarda política*. São Paulo: Barauna, 2010.

Sites

<https://www2.ufmg.br/polojequitinhonha/O-Vale/Sobre-o-Vale>. Acesso em: 7 jan. 2017.

<http://educarparacrescer.abril.com.br/aprendizagem/alfabetizacao-visual-787135.shtml>. Acesso em: maio 2016.

<http://www.asabrasil.org.br/noticias?artigo_id=6163>. Acesso em: maio 2016.

<http://biblioteca.uol.com.br/atlas>. Acesso em: maio 2016.

<http://www.asabrasil.org.br/semiarido>. Acesso em: jul. 2016.

<*http://www.ub.edu/geocrit/sn/sn-124h.htm*>. *Acesso em: jul. 2016.*

<https://www.ufmg.br/proex/cpinfo/saberesplurais/artista/lori-figueiro/>. Acesso em: 11 ago. 2016.

<https://regiscap1.wordpress.com/2013/06/24/caf-arans-trar-para-capelinha-exposio-jardim-estampado-de-gente-de-gildsio-jardim/>. Acesso em: 7 jan. 2017.

CAPÍTULO 13 – RÁDIO
Arte e cultura popular no Movimento de Educação de Base: as escolas radiofônicas no Rio Grande do Norte

Adriano Charles da Silva Cruz
Aidil Brites Guimarães Fonseca

> *O ferreiro em sua tenda*
> *A mulher fazendo renda*
> *O cantador violeiro*
> *O trabalho de louceira*
> *A peça que fiandeira*
> *Não se cansa de fiar*
> *As imagens do Santeiro*
> *Os balões do fogueteiro*
> *É cultura popular*
> Chico Traíra

O percurso do Movimento no Rio Grande do Norte

O trecho da poesia em nossa epígrafe sintetiza a visão que o Movimento de Educação de Base (MEB) tinha acerca da cultura e das manifestações artísticas, indissociáveis do cotidiano dos trabalhadores rurais, e concebidas de maneira integrada. No contexto das intensas transformações sócio-históricas dos anos 1960, desenvolve-se um movimento nacional de alfabetização por rádio que busca utilizar elementos da cultura popular e os saberes tradicionais. Dessa forma, este capítulo tem um caráter histórico e reconstrói, por vias da memória, um panorama do MEB no Rio Grande do Norte (RN).[1]

A experiência de educação transformadora e crítica via rádio surgiu, em 1958 no Rio Grande do Norte, por iniciativa da Igreja Católica. Com a fundação da Rádio Educadora Rural naquele ano, o processo de ensino-aprendizagem se propagou rapidamente. Um ano depois, as escolas radiofônicas já atingiam 36 municípios. O êxito chamou a atenção dos governantes e dos bispos brasileiros. Dessa forma, em 21 de março de 1961, por meio de um acordo assinado pelo presidente Jânio Quadros e pela Conferência Nacional dos Bispos do Brasil (CNBB), instituiu-se o MEB. O objetivo era desenvolver um programa de educação de base a partir das experiências das escolas radiofônicas nos estados do Norte, Nordeste e Centro-Oeste do país. Os organizadores planejavam desenvolver 15 mil escolas radiofônicas somente em 1961.

No Brasil, com fortes traços agrários, o rádio era o veiculador das mais variadas manifestações sociais, políticas, culturais e religiosas. O fato de o MEB ter desenvolvido suas ações no e pelo rádio remete a um tipo de organização social eminentemente fincado na oralidade: ouvir e falar são as duas primeiras marcas de uma comunicação que se quer de massa. Isso possibilita compreender, pelo menos em parte, as características intrínsecas de um movimento eminentemente construído a partir da cultura local e da oralidade, e centrado nos meios radiofônicos. Dessa forma, falar de oralidade é falar de um dos traços mais significativos da cultura nacional.

Educação, arte e cultura se inter-relacionavam de forma indissociável. Assim, as manifestações artísticas, festas populares, teatro, literatura de cordel, cantorias, poesia, dança, música, artes visuais foram alguns dos meios utilizados para desenvolver o processo de alfabetização e conscientização política daqueles que viviam no campo, sem acesso à escola formal.

Ao observar o contexto histórico-social, não é difícil perceber a situação de marginalização na qual o camponês vivia, não apenas quanto às relações trabalhistas, mas também pelo difícil acesso à educação, à expressão de ideias e à disseminação da criação artística dos sujeitos. Mesmo com limitações e com a influência ideológica da Igreja, pode-se perceber que o projeto possibilitou aos homens e às mulheres do meio rural o acesso à organização como categoria trabalhadora na luta por direitos, por meio dos debates realizados com

---

[1] Apresentamos os resultados parciais de duas pesquisas na Universidade Federal do Rio Grande do Norte (UFRN) em 2005, e na Universidade Federal da Bahia (UFBA) entre os anos de 2007 a 2009 (FONSECA, 2005, 2009).

os monitores, mas, sobretudo, pelo engajamento nos sindicatos rurais, cuja organização era motivada nas comunidades.

No RN, *locus* privilegiado desta pesquisa, o MEB organizou-se em três sistemas intercomunicantes: Natal, Caicó e Mossoró, cada um deles com uma equipe local e uma coordenação. Nossas análises se limitam aos anos de 1961 a 1964, quando ocorre o golpe militar e os processos de censuras ao projeto. Recortamos a experiência do RN a partir da técnica da entrevista, analisando o relato dos sujeitos-participantes.[2] Selecionamos aqueles que, de forma efetiva, fizeram parte dos primeiros anos do MEB (1963, 1970) em Natal (RN). Também realizamos uma pesquisa bibliográfica-documental nos arquivos da Arquidiocese de Natal e das bibliotecas públicas do RN.

Nesse sentido, recorremos à história oral, ferramenta teórico-metodológica importante no acesso à memória dos sujeitos. Segundo Thompson (1992, p. 337): "[...] a história oral devolve a história às pessoas em suas próprias palavras. E ao dar-lhes um passado, ajuda-as também a caminhar para um futuro construído por elas mesmas".

Esses fragmentos históricos relatados pelas professoras-locutoras, monitores e outros líderes do movimento, assim como as cartas enviadas à Rádio Rural revelam experiências significativas de inserção e ressignificação da cultura popular.

Cerca de 380 mil nordestinos concluíram o ensino fundamental através do MEB de 1961 a 1965. Esse dado estatístico demonstra a inequívoca abrangência e importância social do MEB, já nos cinco primeiros anos de sua existência. Esse fato, por si só, justifica a presente pesquisa.

Não obstante, o MEB centra-se na oralidade, na arte-educação e na radiodifusão. Vale ressaltar que as chamadas escolas radiofônicas, além de ensinar a ler e a escrever, ofereciam noções básicas de higiene, saúde, técnicas agrícolas, organização comunitária, religião, formação de lideranças, com claro foco no fortalecimento da cidadania e no empoderamento dos trabalhadores. Nesse sentido, há uma aproximação dessa prática aos ensinamentos freirianos sobre a importância do processo educativo no encontro com o comunicacional. "A educação é comunicação, é diálogo, na medida em que não é a transferência de saber, mas um encontro de sujeitos interlocutores que buscam a significação dos significados" (FREIRE, 1988, p. 69).

Esse encontro com a comunicação radiofônica possibilitou ao camponês uma interação entre suas ideias, opiniões e preferências artísticas com outros

---

[2] Todos os entrevistados consentiram em responder às questões. Eles foram entrevistados em suas residências ou no local de trabalho. Mantivemos o tom coloquial dos narradores, adequando o texto, quando necessário, ao domínio-padrão da gramática normativa.

emissores e ouvintes. As cartas, enviadas e lidas nos programas radiofônicos, os momentos de debate, dentro e fora das escolas, e as reuniões nas cooperativas e nos sindicatos rurais foram veículos materiais desse processo dialógico.

Do ponto de vista metodológico, as aulas eram transmitidas pelas ondas sonoras; os alunos se reuniam em escolas improvisadas e contavam com uma tutoria. Ela atuava como vínculo material entre a programação radiofônica e as comunidades assistidas, especialmente no processo educativo. Tenha-se em mente que o monitor era também um camponês e, desse modo, podia desenvolver sua liderança no meio rural como alguém que vivia a mesma realidade cultural do aluno. Competia ao MEB nacional orientar a transmissão de programas semanais direcionados ao monitor e às comunidades, além da programação das aulas radiofônicas.

Além das aulas formais, havia outros programas educativos com foco na interação e no contexto regional. Esses encontros compreendiam quadros como entrevistas, respostas às correspondências, recreação e, sobretudo, o incentivo a elementos caros à arte educação: o desenvolvimento da criatividade, a apreciação artística e a autoexpressão. Eram destinados aos alunos, aos monitores e às comunidades, dependendo de cada região, do período e do público. Essa programação especial focava nos elementos da cultura regional: transmissão de festas, radionovelas, contação de histórias, músicas, poesias, entre outros.

Entre as produções radiofônicas, destacavam-se também os programas de politização de transformação social a partir da realidade dos camponeses. Assim, eram levantados os temas a partir do cotidiano dos trabalhadores e, em seguida, utilizados em pautas na produção dos programas. Nesse sentido, ressaltamos a natureza política de todo o processo de ensino-aprendizagem, conforme nos ensinava Paulo Freire (2008, p. 23): "[...] significa ser impossível, de um lado, uma educação neutra que se diga a serviço da humanidade, dos seres humanos em geral; de outro, uma prática política esvaziada de significação educativa".

Durante a programação, o noticiário também recebia destaque: nele eram discutidas questões relativas à política nacional e internacional, bem como as notícias locais. Outra inovação foi incorporar cantadores e cordelistas aos programas, promovendo a interação com um dos traços culturais mais marcantes da época.

A partir da ditadura militar, a programação da Rádio Rural sofreu censuras, passando a ser obrigatória a leitura prévia dos roteiros pelos censores, desde a abertura até o final. Em decorrência disso, a produção radiofônica passou a trabalhar com roteiros fechados e houve um enfraquecimento do processo crítico.

Com essa sucinta configuração, dando conta do objeto-*corpus* desta investigação, da delimitação do tema, do espaço e do tempo, enunciamos nosso objetivo: analisar de que modo e forma a cultura popular nordestina fora apropriada e representada nesse e por esse Movimento de Educação de Base a partir da história oral.

A cultura popular nas ondas do rádio

As ações educativas do MEB se organizavam em torno da imersão do camponês em seu ambiente cultural, sem rupturas entre aprendizado e cotidiano. Dessa forma, tinha-se como meta levá-lo a perceber-se e realizar-se como protagonista de sua própria cultura. Estaríamos diante de uma práxis libertadora, conforme advoga Jorge (1981, p. 38): "[...] conhecimento a que leva a educação como processo social para libertação se realiza exatamente nesta relação da prática com a teoria. É nesta relação que o conhecimento se faz e se refaz como movimento dinâmico". Segundo o relato da então professora Maria Duarte, integrante do movimento, percebemos que o objetivo era a inserção dos conteúdos no interior da cultura popular, com fins de conscientização, ou seja, de transformação da sociedade:

> O grande *slogan* da época diz tudo: "povo que marcha para a libertação marcha com sua cultura". Então não podia se falar de mudança de uma sociedade, de transformação, não podia se falar de uma sociedade diferente, da construção de uma sociedade diferente se a gente negasse a cultura do povo. A cultura era uma coisa que tinha que caminhar junto (CARVALHO, 2009, entrevista).[3]

A ideia de que a educação só tem sentido se estiver inserida na realidade cultural do camponês, parte de um processo transformador, tinha sido bem absorvida pelas professoras, monitores e demais componentes da equipe que atuava no MEB no Rio Grande do Norte, como mostra a fala da ex-professora-locutora Maria José Peixoto.[4]

> A gente via o conceito de cultura dentro dessa visão de que era um processo histórico. É uma *relação* dialética do homem com a natureza porque na hora em que ele transforma essa natureza, ele se transforma [...] e com essa transformação de mundo ele vai criando a cultura (M. J. T. PEIXOTO, 2009, entrevista).[5]

A equipe nacional, responsável pela formação dos que atuavam no movimento, buscava esclarecer o conceito de cultura e do popular. Para Wanderley

---

[3] Entrevista concedida por Maria A. D. de Carvalho em 27 de abril de 2009.
[4] Ela foi a terceira professora-locutora no MEB de Natal de 1961 a 1965 e coordenadora do sistema de Natal de 1966 a 1968.
[5] Entrevista concedida por Maria José T. Peixoto em 28 de abril de 2009.

(1984, p. 327), "é popular a cultura quando é comunicável ao povo, isto é, quando suas significações, seus valores, ideias, obras são destinadas, efetivamente, ao povo e respondem às suas exigências de realização humana em determinada época, em suma, à sua consciência histórica real".

Segundo os relatos, as lideranças compreendiam que, dentro da cultura existiam vários aspectos, ou seja, ela não se restringia ao folclórico ou ao espetacular. Assim, o MEB buscou transmitir uma ideia de valorização do popular, além da própria figura do camponês como produtor e fruidor dessa cultura.

> O nordeste tem uma contribuição muito grande para a cultura brasileira [...] os grandes filões é que é conservado nos grotões do nordeste e autos populares, e músicas populares e folguedos populares. E pra isso tudo não vamos dizer que foi influência do MEB, mas que há uma contribuição, que havia uma preocupação com a cultura popular e que isso deixou alguma coisa marcante, deixou. Porque foi um trabalho feito na base, um trabalho feito no distrito rural, um trabalho feito na periferia rural; isso possibilitou que a gente hoje tenha alguns núcleos aí que funcionem de cultura popular (FILHO, 2009, entrevista).[6]

A intensificação do uso de elementos da cultura popular parece ter sido assimilada pelos que pertenciam à equipe, conforme relato da própria professora Maria Duarte, quando procura expressar aquilo que entendia como sendo o popular:

> [...] Isso ficava bem claro na cabeça da gente: que a cultura ela era popular não porque ela fosse inferior, não porque ela fosse de uma camada [...] do domínio de uma determinada camada que pudesse ser chamada de inculta. Popular não queria dizer burrice, não queria dizer ser inferior. O popular aí é que as significações dessa cultura [...] eram significações e eram valores do povo em geral. De um todo do povo, do povão. Então isso aí é que tornava ela popular, porque a significação era ampla e entendida e vivida e os valores eram os valores dessa população em geral. [...] Ela era popular, não porque fosse diferente ou inferior a outro tipo de cultura (CARVALHO, 2009, entrevista).[7]

A noção de cultura estava inserida em todo o trabalho realizado: nos roteiros das aulas radiofônicas, quando se procurava partir de situações presentes na vida dos nordestinos; na utilização de termos próprios do linguajar deste povo; ou ainda, nas exemplificações retiradas do entorno no qual os alunos estavam inseridos. Esse processo dialógico, interativo e o alargamento do conceito de cultura leva Santos (2002, p. 13) a defender uma aproximação entre o MEB e a pedagogia freiriana.

---

[6] Entrevista concedida por Jardelino de L. Filho em 4 de maio de 2009. Participou da equipe inicial que implantou as Escolas Radiofônicas em 1958, integrou também a equipe de radiojornalismo da Rádio Rural de Natal.

[7] Entrevista de Carvalho (2009).

A busca de inserção na cultura popular podia ser identificada também na própria estratégia de instalação da escola radiofônica, que era precedida por um estudo de área, no qual se fazia um levantamento do contexto social e cultural experienciado pela comunidade que viria a tornar-se uma turma de alunos do MEB. Nesse reconhecimento geográfico, realizavam-se entrevistas com os moradores da localidade, com lideranças políticas e religiosas, para se reunir o máximo de informações e dados estatísticos. Por meio desse estudo, poder-se-iam "inculturar" as aulas e os programas radiofônicos, uma oportunidade de diminuir a distância cultural entre emissores e receptores.

> Ia todo mundo, toda a equipe ao interior fazer um estudo da área onde ia ser instalada a escola. [...] A gente ia desde a sede do município até os lugarejos onde se estava pretendendo instalar as escolas. A gente ia a pé, no meio dos matos, conversando com as pessoas. [...] E a partir daí, especialmente do contato é que você tinha condições de fazer essas aulas mais próximas das pessoas, porque a gente ia ver, por exemplo, em determinada área do que vive o povo, como vive, como são as casas, a moradia, não é? Quando adoece, desloca para onde, com quantos quilômetros. Tudo isso a gente via numa área onde a gente ia trabalhar (CARVALHO, 2009, entrevista).[8]

Assim, procuravam-se identificar os grupos que trabalhavam com manifestações artísticas populares: João Redondo, Pastoril, entre outros. Posteriormente, eles teriam a oportunidade de realizar apresentações nas festas organizadas pelos monitores (e que mobilizavam toda a comunidade), como também em outras reuniões organizadas pelo MEB.

A cultura popular nordestina era apresentada como um caminho para transformar a realidade de injustiça e privações vividas pelo camponês, como uma forma de resistência. Essa perspectiva se caracterizava por uma concepção libertadora do ensino, próximo do que defende Franco (2003, p. 144): "[...] uma ação pedagógica para formar indivíduos na e pela práxis, com forte sentido de transformação da realidade sócio-histórica, que toma o conhecimento em sua ligação com a vida social".

Nesse sentido, a cultura era um instrumento de empoderamento do qual o nordestino camponês poderia valer-se para transformar o entorno social, dentro de um processo educativo onde se posiciona como sujeito-ativo.

> [...] Um incentivo muito grande que o MEB dava para que essa produção cultural nordestina começasse a tematizar, a levar pra dentro dela temas como reforma agrária, temas como a questão das eleições livres, né? Todo mundo tem direito de

---

[8] Entrevista de Carvalho (2009).

votar, mas votar livre. Toda discussão que se fazia na época, disso se transformar em produção popular como em poemas, nas cantorias, e tal, tinha esse apelo forte (MORAIS, 2009, entrevista).⁹

As entrevistas revelam que o MEB valorizava o potencial do trabalho do nordestino camponês, salientando a importância do trabalho realizado pelo bem-estar de quem vivia na cidade, mas denunciava a remuneração injusta recebida por tão importante trabalho. Apesar de trabalhar bastante, não recebia recompensa justa.

> Quem vivia na cidade comia do que vinha do campo, quem é que plantava? O camponês [...] se não fosse o camponês trabalhando a terra de sol a sol na sua enxada, não existia alimento para quem vivia na cidade. Então havia toda essa ideia de que o camponês era importante, de que ele não tinha nada, embora fosse tão importante, porque tinha alguém que ficava com tudo e dava pouco a ele pelo trabalho e que ele tinha que se organizar para exigir condições dignas de vida, melhores condições de vida (CARVALHO, 2009, entrevista).¹⁰

Apesar de documentos e mesmo da insistência das professoras em afirmar que o movimento trabalhava a cultura popular de forma não diretiva, e de fato empreendiam esforços nesse propósito, o diretivismo, de alguma forma, estava presente. Basta observar, por exemplo, a utilização do rádio cativo que impossibilitava aos alunos sintonizarem outras emissoras que não a Rádio Rural. O MEB nesse ponto direcionava a seleção da emissora, restringindo a liberdade de alunos e monitores. Esse fato, apesar de ser justificado pela necessidade de "economia das pilhas", não deixa de manifestar uma prática limitadora.

O MEB teve uma atuação considerável na reiteração de expressões artísticas recorrentes no meio rural. "Uma questão que foi estimulada bastante foi a questão dos poetas, violeiros, a poesia que também o MEB estimulou, como também a questão dos forrós pé de serra".¹¹ A equipe do MEB em Natal buscava descobrir e divulgar novos talentos de cantadores existentes no interior do estado. Vale salientar que a revelação de talentos pelo movimento não se restringia à cantoria, mas incluía outras manifestações artísticas populares.

> Valorizando as tradições e também não só valorizando, como também vendo aquilo que poderia ser transformado, ser mudado. Tem muita coisa, tem a questão do folclore, das danças, da arte, das rendeiras, das artesãs, são valores

---

⁹ Entrevista concedida por Francisco das C. Morais em 27 de abril de 2009.
¹⁰ Entrevista de Carvalho (2009).
¹¹ Entrevista concedida por Expedito J. de Medeiros em 5 de maio de 2009. Participou do treinamento para monitores do MEB no sistema de Caicó, em 1964. Foi aluno e monitor do MEB no município de Cruzeta (próximo a Caicó) de 1965 a 1968.

culturais também, faz parte da cultura e a gente trabalhava muito nessa questão, muito. Descobrindo os elementos: A poesia, a cantoria, os cantores e aí você tem o exemplo de Chico Traíra. Tinha também aquele Zé Menininho, que depois de Chico Traíra apareceu Zé Menininho [...] nós tínhamos Chico Santeiro que fazia aquelas imagens de madeira, o carro de boi, as coisas da cultura mesmo, do Nordeste (PEIXOTO, 2009, entrevista).[12]

Entre as manifestações culturais populares desenvolvidas, as mais utilizadas eram as festas juninas e natalinas com suas respectivas manifestações folclóricas. Os monitores atuavam como líderes organizadores dessas festas. Nelas também podiam existir apresentações de grupos folclóricos, mas isso dependia muito do que as comunidades tinham para apresentar. As datas cívicas também eram comemoradas nas comunidades, conforme as cartas de alunos e monitores. As professoras Maria José Peixoto e Maria Duarte fizeram questão de frisar que a comemoração dessas solenidades não era feita de forma "alienante", mas aproveitava-se para fazer uma análise política da realidade a partir do que estava sendo celebrado.

Cancioneiros, músicos e poetas no "ar"

Os alunos das aulas radiofônicas e os ouvintes em geral dos programas do MEB podiam participar da programação por meio do envio de cartas que eram lidas em programas específicos. Os alunos participavam compondo poemas populares e enviando-os às professoras. Por vezes, escreviam versos para serem musicados pelos cantadores, os chamados "motes". Essas poesias eram também publicadas no jornal do Serviço de Assistência Rural (SAR)[13] e algumas foram inseridas no livro-base do MEB *Educar para construir*.[14]

A participação dos cancioneiros populares e repentistas também era recorrente em Natal: o reconhecido poeta Chico Traíra[15] foi contratado para fazer parte da equipe. O artista criou diversos folhetos de cordel que, além de serem utilizados em programas educativos do MEB, também eram vendidos a preços simbólicos nas feiras populares.

---

[12] Entrevista concedida por Maria José T. Peixoto em 28 de abril de 2009.

[13] Cada setor do SAR tinha página no *Jornal Vida Rural* e, como o MEB em Natal continuava sendo um setor das Escolas Radiofônicas que pertenciam ao SAR, também possuía o seu espaço.

[14] A primeira edição da cartilha "Educar para Construir" foi realizada em 1963 e a segunda em 1964.

[15] Cantador de viola e poeta popular nascido no Rio Grande do Norte, falecido em 7 de maio de 1989. Ele integrou as equipes da Emissora de Educação Rural de Natal e do MEB. Os poemas de Chico Traíra também foram publicados no *Jornal Vida Rural* na coluna "Versos do camponês". Entre os poemas de sucesso de Chico Traíra, estão: "A fachada do gigante" ou "As dores do Brasil". Ele escrevia poemas para o *Jornal Vida Rural* e fazia cantorias pela Rádio de Educação Rural e diretamente nas comunidades atingidas pelo MEB.

Ele fez muitos versos de cordel, esses folhetos [...]. O povo ficava doido que chegasse o dia do cordel. A gente avisava pelo Rádio: "Tá saindo o folheto de Chico Traíra de nome tal, procure os comitês radiofônicos" [...]. Por isso que se fizeram várias edições desse "A Fachada do Gigante ou As Dores do Brasil", mas foram várias tiragens, porque a gente pensou em vender só para as escolas e para os monitores, mas aí o povo começou a comprar (CARVALHO, 2009, entrevista).[16]

A cantoria de viola era uma das manifestações culturais mais aceitas pelos nordestinos, de maneira que todos os três sistemas – Caicó, Mossoró e Natal – utilizavam cantadores nas reuniões das comunidades onde funcionavam as escolas radiofônicas e durante os programas produzidos nas emissoras.

A introdução de violeiros no MEB aqui foi a convite da direção do MEB e eu acho que foi muito boa, porque eles não dispensavam a gente hora nenhuma. A gente tinha em todas as reuniões do MEB, sempre à noite e a gente estava lá, trabalhando com eles, se apresentando, dando a nossa contribuição mostrando a cultura da viola e eu acho que foi muito importante (MOTA, 2009, entrevista).[17]

Em Mossoró, colaborava o violeiro Luís Antônio e, em Caicó, Chico Mota.[18] Essas cantorias eram forte expressão da cultura popular da época com significativa penetração popular, conforme o depoimento abaixo:

Chico Traíra que fazia parte da equipe e era um cancioneiro popular – tinha o tema do mês e tudo girava em torno daquele assunto então aí ele fazia um poema, fazia festa e convidava cantadores de viola que era em torno dessas temáticas. Tudo girava em torno da cultura popular (PAIVA, 2009, entrevista).[19]

Em Caicó, os cantadores animavam o começo da reunião, em seguida, os líderes da equipe do MEB tomavam a palavra para conduzir os trabalhos da noite. Ao final dos encontros, os músicos improvisavam as melodias a partir do que havia sido discutido, conforme depreendemos do relato:

A gente fazia mote para o MEB, fazia a sextilha, improvisava, não tinha nada montado. Nada, nada. Nada escrito. [...] Tudo o que fazemos nós não pensamos antes. Tudo era feito na hora. [...] Os assuntos eram sobre educação, era a disciplina da pessoa, como é que a pessoa ia conviver. A maneira de viver, a educação. [...]

---

[16] Entrevista de Carvalho (2009).

[17] Entrevista concedida por Francisco F. da Mota em 5 de maio de 2009.

[18] O cantador Chico Mota ajudou no MEB em Caicó desde a fundação em 1963. Ele tinha um programa de cantoria de viola na Rádio Rural que existe até hoje, constituindo-se no programa de rádio mais antigo dentro desta modalidade. Esse artista popular animou diversas reuniões promovidas pelo MEB, cantando repentes a partir dos temas a serem desenvolvidos nesses encontros.

[19] Entrevista concedida por Marlúcia M. de Paiva em 28 de abril de 2009.

Fazia a abertura e fazia [...] aí depois a gente arrematava, como diz, cantava no final (PAIVA, 2009, entrevista).[20]

Os depoimentos evidenciam o espaço privilegiado da cantoria de viola na programação, expressão tradicional recorrente da cultura nordestina dos anos 1960. Observa-se também que esse movimento deu visibilidade aos cantadores que encontravam espaço propício para a divulgação das composições, reforçando aquela expressão cultural e contribuindo para atrair novos cantores do gênero.

> Acho que nós demos uma grande participação no MEB porque nós levávamos o povo a ouvir a palestra deles e depois da palestra deles se formava uma cantoria como era a atração da noite. [...] sempre o nordestino gosta da viola, muitos gostam e aquilo era uma festa. Muita gente vinha para ouvir o violeiro, porque tinha gente que dizia: "Ah, se não tiver violeiro, eu não vou, agora se tiver, eu vou." Aí tanto desfrutava da escola como desfrutava dos versos do violeiro (MOTA F., 2009, entrevista).[21]

Ao utilizar a cantoria de viola em sua metodologia educacional e de conscientização, o MEB apropriava-se de uma realidade cultural já existente com a qual os nordestinos do meio rural se identificavam. O cantador de viola era um verdadeiro atrativo para a participação dos camponeses; sem a presença do violeiro, o número de participantes nas reuniões diminuía, segundo os entrevistados relataram: "Se não tivesse violeiro, o número de gente tinha muito menos. Resumido. E quando tinha violeiro, aí enchia. Aí era uma festa".[22] O cantador contribuía para a compreensão da mensagem por meio da linguagem adequada à situação comunicativa e próxima ao trabalhador; por sua vez, a construção das rimas favorecia a memorização.

> Quem não sabia ler escutava a literatura de cordel e tinha uma facilidade em decorar, memorizar, muitos deles memorizavam versos completos. Memorizavam 30 páginas de literatura de cordel. Quem tinha facilidade em memorizar declamava os versos para um grupo de pessoas que se reunia com a finalidade de escutar e estas também memorizavam e já começavam a contar para outras pessoas. Quem memorizava ao olhar os sinais gráficos identificava os sinais e aprendia a ler a partir daí. O cantador cantava o cordel decorado. Depois que decorou as formas poéticas, começou a fazer de improviso a mesma construção poética. Os cantadores se apresentavam nas casas do meio rural (MOTA D., 2009, entrevista).[23]

---

[20] Entrevista de Paiva (2009).
[21] Entrevista de Mota F. (2009).
[22] Entrevista de Mota F. (2009).
[23] Entrevista concedida por Djalma F. da Mota em 5 de maio de 2009. Ele é filho de Chico Mota e também pesquisador de cultura popular, radialista, poeta, trovador, participa do Clube de Trovadores de Caicó. Apresenta o programa dedicado aos violeiros na Rádio Rural de Caicó.

As lideranças do projeto identificavam as potencialidades daquelas manifestações artísticas, simplificando a comunicação das ideias; havia uma identificação do camponês com o cantador, o qual terminava por legitimar o discurso do MEB. Era como se aquela fala saísse do meio do povo. "O violeiro é um comunicador na sua essência. A cantoria de viola leva conhecimento. É conhecimento que eles estão recebendo através da cantoria de viola".[24] Em outras palavras, o MEB divulgava e valorizava a cantoria, mas também se servia dela para poder atrair os camponeses e assim divulgar, com maior facilidade e persuasão, a sua mensagem.

> Eles nos convidaram para fazer parte daquela mensagem do MEB e então todas as noites a gente saía para a zona rural e mais [...] Zona Rural como eu disse cantando, nas vilas, na zona rural, nos distritos todos levando o MEB. Eles vinham explicar o que era o MEB e a gente ia cantar para o povo (Mota F., 2009, entrevista).[25]

As canções eram diversificadas e as pessoas nas reuniões poderiam sugerir temas para as improvisações dos cantores. Entretanto, o depoimento do cantador Chico Mota sinaliza a existência de algum tipo de acordo prévio e de interdições discursivas:

> Nós tínhamos liberdade de cantar o que quiséssemos. Agora toda vida foi previsto: nós cantávamos coisas úteis. Inútil ninguém cantava [...] Chegava e podia pedir: mote daquele assunto falando de saudade. Canta aí um mote falando nos pais, falando nos filhos, vamos falar na zona rural. Aí ia chegando mais para educação, vamos falar a quanto anda a educação no Brasil. Isso já tava dentro do MEB. Se cantava [...] Não era só uma coisa só, era misto. Era uma coisa que a gente cantava de todos os sentidos. (Mota F., 2009, entrevista).[26]

Ao lado da música e na música, a poesia foi uma manifestação artística de destaque no MEB em todo o RN, como no fragmento: "E nisso daí tinha as cantorias de viola, tinham os repentistas, os cordelistas, as pessoas que gostavam de poesias rimadas, de cantar [...] de declamar; no meio do povo, tem a música própria do povo".[27] A própria construção textual das cartilhas era poética e havia o incentivo dos professores e monitores para que os alunos também produzissem esse gênero literário:

> O que você vê assim nas comunidades, quase todas essas pessoas que tiveram uma participação no MEB, elas quase sempre têm um lado poético. Elas tentam fazer as

---

[24] Entrevista de Mota D. (2009).

[25] Entrevista de Mota F. (2009).

[26] Entrevista de Mota F. (2009).

[27] Entrevista de Morais (2009).

coisas em poesia. Expedito Jorge mesmo que é uma pessoa que você entrevistou ontem do MEB [...]. Ele é um cara que faz poesia. Quer dizer, ele pega aquela situação e transforma em verso e aquilo era muito presente naqueles movimentos populares e foi uma contribuição que o MEB deu (MEDEIROS, 2009, entrevista).[28]

Considerações finais

Os programas radiofônicos do MEB, direta ou indiretamente, motivavam o ouvinte e/ou aluno a organizarem-se, seja através do engajamento nos sindicatos rurais, seja mesmo por meio de associações ou cooperativas. O movimento ajudou a formar no meio rural um senso de organização como instrumento de conquistas dos seus direitos e da melhoria de sua condição social e financeira.

Ao observar as representações de cultura popular nordestina no MEB, nota-se uma ênfase na chamada "cultura de raiz"; existe certa cristalização das expressões artísticas já tradicionais. Todavia, há uma tentativa de valorização do que seria genuíno do camponês nordestino e de fazê-lo perceber que a cultura produzida por ele é rica em possibilidades artísticas e potencialidades transformadoras. De certa forma, essa noção de cultura é muito mais antropológica que humanista.

Ao perceber que suas manifestações artísticas eram evidenciadas no rádio, o camponês se identificava e era motivado a produzi-las ou reproduzi-las: surgiam, assim, poetas, dançantes e cantadores amadores.

O rádio era o elemento fundamental para que o campesino se visse no espelho de sua própria cultura, de suas expressões identitárias e, assim, fosse motivado a participar do projeto e, ao mesmo tempo, se reconhecesse nele. Nos anos 1960, esse meio de comunicação ainda vivia o apogeu no Nordeste. Os relatos dos participantes demonstram que poucas casas do interior do RN possuíam rádio antes da chegada do MEB.

Apesar de ter produzido cartilhas, apostilas, livros, enfim, toda uma possibilidade de registro cultural escrito, foi por meio da comunicação oral que as manifestações artísticas foram mais representadas e reiteradas.

As entrevistas apontam que o MEB influenciou a vida cultural das comunidades rurais, seja pela possibilidade de levar a arte e a educação àqueles que não tinham qualquer tipo de acesso às escolas convencionais, seja mesmo por ajudar a construir uma práxis libertadora a partir do questionamento das injustiças sociais.

---

[28] Entrevista concedida por Mário L. de Medeiros em 6 de maio de 2009. Ele realizou pesquisas de doutoramento sobre a Rádio Rural de Caicó.

A presença de grupos progressistas e conservadores no interior da Igreja Católica produziu tensões entre seus membros e reverberou na condução do projeto. Deve-se ressaltar ainda a pluralidade ideológica dos monitores que auxiliavam na interpretação do que era formalmente apresentado no movimento e ainda entre os membros das comissões estaduais e nacional. Apesar dessa heterogeneidade ideológica, a cultura popular apresentava-se como elemento comum nas cartilhas, nos roteiros radiofônicos, nas cartas analisadas e nos depoimentos dos entrevistados.

Referências

FONSECA, Aidil Brites Guimarães. *A representação da cultura popular nordestina: o Movimento de Educação de Base (MEB), no Rio Grande do Norte, 1961 a 1965*. 134 f. Salvador: UFBA, 2009. Dissertação (Mestrado em Cultura e Sociedade) – Programa de Pós-Graduação em Cultura e Sociedade, Universidade Federal da Bahia, Salvador, 2009.

FONSECA, Aidil Brites Guimarães. *Rádio e Educação: a experiência do MEB no Rio Grande do Norte de 1961 a 1965*. 64 f. Natal: UFRN, 2005. Monografia (Graduação em Comunicação Social) – Curso de Comunicação, Universidade Federal do Rio Grande do Norte, Natal, 2005.

FRANCO, Maria Amélia Santoro. *Pedagogia como ciência da educação*. Campinas: Papirus, 2003.

FREIRE, Paulo. *A importância do ato de ler: em três artigos que se completam*. 49. ed. São Paulo: Cortez, 2008.

FREIRE, Paulo. *Extensão ou comunicação*. 10. ed. São Paulo: Paz e Terra, 1988.

JORGE, José Simões. *Educação crítica e seu método*. São Paulo: Loyola. 1981.

MEB. *Viver é Lutar: 2º Livro de Educação de Adultos*. Rio de Janeiro: MEB, 1963.

MEB. *Educação integrada no meio rural: uma experiência de anos*. Mossoró: MEB, 1970.

SANTOS, Aparecida Ribeiro dos. *O hipertexto na construção do saber a distância*. 132 f. São Paulo: UMSP, 2002. Dissertação (Mestrado em Comunicação) – Curso de Comunicação, Universidade Metodista de São Paulo, São Paulo, 2002.

THOMPSON, P. *A voz do passado: história oral*. Rio de Janeiro: Paz e Terra, 1992.

WANDERLEY, Luiz. *Educar para transformar: educação popular, Igreja Católica e política no Movimento de Educação de Base*. Petrópolis: Vozes, 1984.

Capítulo 14 – Cinema
"A cidade não mora mais em mim"[1]: o cinema e o olhar na Escola do Campo

Thiago Norton

Trabalhar em uma escola do campo nos traz desafios que são maiores que os quilômetros de distância das cidades. Os alunos têm hábitos e cotidianos muito particulares, e a escola, por sua vez, reproduz um modelo padronizado de ensino. O dia a dia desses alunos, suas paisagens, a cultura, os saberes de seus pais e avós não estão presentes no cotidiano escolar, o que faz com que os alunos não consigam enxergar um elo do ensino com sua vida, fazendo da escola algo extremamente abstrato. É comum muitas vezes ouvirmos na escola frases que só reforçam essa abstração, como: "Estude para ser alguém na vida" ou "Estude para ter um futuro". Ora, para começar, toda cultura e conhecimento que esse aluno traz são depreciados pela frase que afirma que ele não é alguém. Além do mais, ninguém estuda para o futuro, e sim para aprender algo que lhe faz sentido. A incapacidade de reformulação curricular da escola é transferida para o aluno, criando a dificuldade de aprendizagem. Na escola do campo podemos presenciar frases que não só desqualificam o aluno, como, também, seu meio e suas tradições: "Vai estudar, senão vai viver sempre no mato", "Se não estudar, vai ficar roçando pasto a vida inteira". Essas frases demonstram como a escola, normalmente, está desassociada do meio rural e reproduz a visão urbana do campo como o lugar do atraso, um lugar negativo, onde não é bom estar. Essas atitudes dentro da escola explicitam que, de uma forma geral, a maioria das escolas classificadas pelas Secretarias de Educação como escolas rurais ou do campo não são escolas do campo. O que temos são escola urbanas, com padrões, práticas e valores urbanos, localizadas em um espaço geográfico rural.

---
[1] Verso da música "Assentamento", de Chico Buarque (1999).

Como trazer o campo que cerca a escola para dentro dela? Essa questão passou a ser um norte em busca de novas práticas. O que faz com que uma escola seja do campo? Vimos que somente sua condição geográfica é insuficiente para determiná-la como uma escola do campo. É preciso que os saberes e as tradições dos homens e das mulheres do campo impregnem o saber escolar. Mas como? Um dos caminhos que defendemos é a arte.

A arte de experimentar, criar e aprender

A arte entra na escola e adquire uma força pedagógica, pois não é possível concebê-la sem o fazer, sem a experiência, sem o contato direto. A arte desafia o espaço escolar em sua lógica racional dominante. O aprender com arte na escola é um ato de criação, pois se aprende e se cria ao mesmo tempo, com todas as inseguranças, mistérios e desafios. Ao fazer arte, o aluno se vê obrigado a fazer escolhas, tomar decisões que demonstram sua personalidade, seus gostos, suas aversões, tudo que o caracteriza como sujeito único. Ou seja, ao permitir ao aluno ser protagonista do seu aprender, o seu conhecimento de mundo e de valores afloram e se misturam com o conhecimento escolar. O campo entra na escola com o aluno. É através da criação, da expressão, das referências e das vivências desse aluno que o campo ocupa o ambiente escolar e constrói um novo conhecimento na escola com base no aluno.

Na visão convencional de escola, acredita-se que, de forma ordenada, o conhecimento é transmitido pela fala do professor. Por isso, nós nos dedicamos a controlar nossos corpos e o de nossos alunos para somente ouvir e ver. Contudo, nosso corpo dialoga com o mundo à sua volta; ele não se reduz simplesmente a uma ação humana descontextualizada. O corpo e seus movimentos estão sempre repletos de sentidos e de significados culturais. Quantas vezes queremos nos concentrar, mas um cheiro de perfume, de chuva, de comida entra na sala e rouba nossa atenção? Ou alguma lembrança que guardamos de um toque áspero, molhado? Ou um sabor azedo, doce? Se o mundo é tão rico em possibilidades sensíveis, capazes de captar a nossa atenção e de se enraizarem tão profundamente em nossa memória, por que, na hora de estudar, de aprender, excluímos essas possibilidades? Na escola, a experiência corporal vem sendo reduzida em sua riqueza a algo mecânico. Dando, tradicionalmente, ênfase apenas ao intelectual, não se consegue explorar as cognições corporais das crianças, gerando um desequilíbrio entre corpo e intelecto. Assim, perdemos a conexão com o nosso corpo. Somos seres multidimensionais e é no corpo que nos emocionamos e agimos. Os sentidos são a porta de entrada do conhecimento humano, contudo não são neles que o conhecimento se organiza. Eles são os receptores do mundo: lemos, ouvimos, observamos, cheiramos, tocamos, degustamos, mas o que permite a compreensão e o entendimento é o fato de que relacionamos, articulamos e reconstruímos os sentidos no cérebro. O refinamento dos sentidos é o processo por meio do qual a criança se torna capaz de perceber aquilo que, conscientemente ou não, deseja absorver do ambiente. A força pedagógica da arte na escola está em seu contato direto com o experimentar. Na arte, o aprender possui uma lógica diferente, à qual está submetido dentro da escola. Em arte, aprende-se fazendo, criando. Cria-se e aprende-se ao mesmo tempo.

O aluno sujeito

Trabalhar com arte na escola permite que, ao criar, ao experimentar, o aluno assuma um papel ativo no seu aprendizado e, por ser um sujeito detentor de saberes, esses saberes dialogam com o novo saber aprendido na escola. Dessa forma, o aluno do campo traz todo o conhecimento obtido ao longo da vida, nas conversas com seus pais, vendo seus tios e avós; conhecimento que construiu observando a lida da família por sobrevivência; conhecimento em observar a natureza, o tempo da chuva, o tempo da floração, o cantar dos pássaros, os tipos de árvores e plantas. Todo esse conhecimento, que muitas vezes ele julgava não ter, ou ser de menor importância, aparece na escola quando o aluno sai de sua condição passiva de receptor e exerce um papel ativo, criando e construindo seu próprio conhecimento.

Para o filósofo francês Jacques Rancière, todo ser humano é provido de inteligência e aprende coisas ao longo da vida, independentemente de sua formação, e ele diz que "não há ignorante que não saiba uma infinidade de coisas e é sobre esse saber, sobre esta capacidade em ato que todo ensino deve se fundar" (RANCIÈRE, 2013, p. 11). Exatamente o que Paulo Freire (1996, p. 30) já afirmava, ao dizer que o educador deve "respeitar os saberes com que os educandos, sobretudo os das classes populares, chegam a ele, saberes socialmente construídos nas práticas comunitárias". Ou seja, todos aprendemos por nós mesmos uma infinidade de coisas ao longo da vida; nossa inteligência é capaz, quando estimulada, de nos possibilitar aprender. Esses saberes que nossos alunos da escola do campo possuem e que, de uma forma geral, são colocados de lado, ao chegarem à sala de aula, são, exatamente, onde se fundamenta o aprender, onde ele faz sentido, onde ele se liga à realidade e onde a escola deixa seu currículo padronizado, vindo de fora, tornando-se um espaço de formação de saberes únicos, feitos por alunos com uma realidade única, no nosso caso, o campo.

Para isso, o aluno tem que ser colocado como o centro do processo de aprendizagem. No modelo tradicional de ensino, o professor é o sujeito e o aluno, o objeto, como um paciente que recebe os conhecimentos, os conteúdos acumulados pelo sujeito-professor que sabe e transfere para o aluno. Paulo Freire (1996, p. 23) faz um jogo de palavras para mostrar que no ato de aprender não existe passividade, nem no aluno, nem no professor: "quem forma se forma e re-forma ao formar e quem é formado forma-se e forma ao ser formado. É nesse sentido que ensinar não é transferir conhecimentos, conteúdos". Rancière (2013) diz que o ato de aprender envolve duas faculdades: a inteligência e a vontade, o desejo. Se todo ser humano possui inteligência, o que o faz aprender, ou não, é o seu desejo. Se ele realmente quiser, vai aprender. O trabalho do professor e da escola é atuar nesse desejo por aprender. As crianças aprendem, ao longo da vida, sem ninguém para explicar, porém, quando entram na escola, é como se elas não pudessem mais aprender, como se fossem estrangeiras perdidas em um mundo de códigos e signos. O sistema explicativo se torna um cárcere para a aprendizagem, tornando as explicações cada vez mais fáceis de serem compreendidas por aqueles que não compreendem.

> A explicação não é necessária para socorrer uma incapacidade de compreender. É, ao contrário, essa incapacidade, a ficção estruturante da concepção explicadora do mundo. É o explicador que tem necessidade do incapaz, e não o contrário. É ele que constitui o incapaz como tal. Explicar alguma coisa a alguém é, antes de mais nada, demonstrar-lhe que não pode compreendê-la por si só. Antes de ser o ato do pedagogo, a explicação é o mito da pedagogia, a parábola de um mundo dividido em espíritos sábios e espíritos ignorantes, maduros e imaturos, capazes e incapazes, inteligentes e bobos (Rancière, 2013, p. 23-24).

O professor é aquele que faz os alunos mergulharem em um problema, um desafio, uma criação, da qual eles têm capacidade de sair sozinhos. O segredo do professor é reconhecer essa distância entre a matéria e o sujeito. Ensinar não é transferir conhecimento, mas criar as possibilidades para sua produção ou a sua construção (Freire, 1996, p. 22). Dessa forma, trazer o campo para dentro da escola passa por uma mudança de postura e prática do professor e da escola. É preciso construir nessa escola do campo uma prática que dê voz e vez aos alunos, que eles desejem o que vão aprender, querendo pesquisar, fazer, experimentar, criar. A arte tem essa capacidade subjetiva de despertar o desejo e o prazer que permitirão o aprender. Entre as artes, escolhemos o cinema para ser esse motor pedagógico, capaz de trazer o desejo e o prazer pela escola e pelo aprender. Escolhemos o cinema para permitir que o campo, com seus saberes e tradições, ocupe o dia a dia escolar, e permita que a escola, os alunos e os professores se reconheçam como parte desse universo.

A arte do olhar

Mas, por que o cinema? O cinema possui características próprias que o colocam nessa condição. O cinema nos exige uma habilidade que todos possuímos, só não temos consciência dela, nem a lapidamos: o olhar – essa capacidade humana, naturalizada, mas que é susceptível de apurar sua função para além do fisiológico. O cinema é a arte do olhar. Assistir ou produzir filmes implica uma capacidade sensível de recortar o que vemos, ou de ver através. Para fazer cinema, precisamos observar e decidir o que se vai mostrar e o que se vai ocultar. E nesse gesto simples de olhar, somos capazes de apurar o que o diretor escolheu nos mostrar através do ângulo, do enquadramento, e o que ele não mostrou. Assim, quando produzimos filmes na escola, os alunos pensam suas cenas, os ângulos da câmera, o recorte da realidade que vão apresentar. Nesse momento, a realidade do campo de nossos alunos salta em suas produções, se faz presente. O cinema também ocupa esse lugar na escola, por ser uma produção coletiva e individual, ao mesmo tempo. Embora se trate de uma arte que pressupõe uma equipe e um trabalho coletivo, as escolhas e as decisões são essencialmente autorais. O cinema, como poucas artes, permite tensionar subjetividade e alteridade, de forma íntima e condicionada ao trabalho de todos. Assim, aprende-se a valorizar o individual – garantindo escolhas para cada estudante – e, ao mesmo tempo, respeitar o outro, perceber o trabalho do outro. Trata-se de uma experiência de aprendizagem que inclui afeto e sensibilidade em um ato só.

Outro fator que nos levou a escolher o cinema como a arte capaz de exercer esse papel pedagógico na escola é o fato de o cinema e de o audiovisual estarem universalizados no gosto e no cotidiano dos alunos, vendo filmes nas salas de cinemas, na TV, na internet, nos *tablets* e nos celulares. Somos constantemente atravessados pelas imagens em movimento. Contudo, essa familiaridade, normalmente, não acompanha a reflexão sobre essa arte, que é o que ocorre na escola, ao se produzirem ou assistirem filmes coletivamente. Os elementos para se trabalhar cinema na escola estão cada dia mais disponíveis, inclusive entre os alunos mais pobres: TV, DVD, celular que filma e um computador na escola com programa de edição. É claro que, quanto mais recursos houver, serão visualmente melhores as produções, embora a essência do trabalho seja possível com recursos mínimos.

O cinema nos permite viajar, viver as experiências vividas por outros, viver diversas situações, conhecer lugares. Ao enxergarmos pelos olhos dos personagens, sentimos, nos emocionamos, sabemos que estamos na fantasia, mas o sentimento é real. O cinema possibilita essa experiência de alteridade. Estamos no lugar do outro de forma íntima, vivendo suas aflições, desejos, tristezas e glórias. A força do cinema está em permitir a experiência de, por alguns minutos, poder viver algo muito diferente da nossa vida (BERGALA, 2008). Ao assistir a um filme, as experiências vividas pelos personagens passam a fazer parte do nosso conteúdo, do nosso conhecimento. Atribuímos a eles significados que passam a se tornar saberes nossos acumulados, de que, em diferentes momentos das nossas vidas, fazemos uso. Quando um filme é bem feito, pensamos junto com os personagens, concordamos ou discordamos de suas escolhas, de suas ações, e estas passam a fazer parte da nossa própria experiência.

Walter Benjamin (2012) define muito bem as particularidades do cinema como obra de arte. Para ele, o cinema só se torna uma obra de arte a partir da montagem. Suas partes não se constituem numa obra de arte, no máximo uma atividade com desempenho artístico, cuja obra se dá na montagem final. O filme possui acontecimentos não artísticos durante a sua produção. Diferentemente dos atores de teatro, que representam para um público, os atores de cinema representam para um grupo de especialistas (diretor, operador de som, câmera, iluminação...). Na verdade, a ação de um ator de cinema está mais próxima de um esportista com seus técnicos (treinadores), em que o desempenho é cobrado e pode-se refazer. Ele tenta novamente, até atingir o desejo do grupo de especialistas. O cinema tem uma condição singular para o ator: é menos importante ele representar um outro personagem do que representar a si mesmo. O intérprete sabe que, quando está diante do aparelho, sua relação, em última instância, é com o público, embora ela ainda não esteja visível. No cinema, quanto menos o ator representar, melhor: "o estágio final é quando o intérprete é tratado como acessório cênico, escolhido por suas características e colocado no lugar certo" (BENJAMIN, 2012, p. 196). Dessa forma, todos podemos atuar em um filme, sem precisar ter habilidade interpretativa. O filme, inclusive, pode retratar pessoas em seu cotidiano. Para Benjamin (2012), assistir e fazer cinema é uma relação dialética atual, como o caso da literatura, em que, durante séculos, houve a separação entre escritores e leitores. A partir da ampliação da imprensa, uma quantidade enorme de leitores começou a escrever em órgãos religiosos, políticos, esportivos, profissionais, científicos... de uma forma que a competência literária passou a ser parte da formação do indivíduo, deixando de ser uma educação especializada. A cada instante, o leitor pode converter-se em um escritor. Assim, a diferença essencial entre ator e público está a ponto de desaparecer. O cinema realiza em décadas um deslocamento que a literatura levou séculos. Benjamim afirma isso na primeira metade do século XX. Hoje, em pleno século XXI, essa já é a nossa realidade com as redes sociais. As pessoas escrevem e dão suas opiniões, fazem seus vídeos e postam nos "youtubes". Claro que a qualidade e a reflexão do que se faz depende exatamente do conhecimento e da informação das pessoas.

Cinema, prazer e escola

O cinema, quando entra na escola, entra provocando a instituição escolar, pois possui uma relação com o aprender de maneira mais criativa e livre que a da rotina da escola. Não é de hoje que o cinema frequenta a escola, mais normalmente por iniciativas individuais de professores ou de instituições. Os filmes na escola, muitas vezes, são vistos de forma preconceituosa, como se o cinema fosse somente entretenimento, diversão, não tendo o mesmo valor que outras artes clássicas, como pintura ou literatura. É comum dar mais valor para se ler um livro a assistir um filme, independente do conteúdo de ambos. O cinema e as artes visuais estão presentes nos Parâmetros Curriculares Nacionais (PCNs) como uma linguagem artística a ser trabalhada na escola, e desde 2014 a lei 13.006/14 acrescenta, à Lei de Diretrizes e Bases da Educação (LDB), a obrigatoriedade da exibição de cinema de produção nacional nas escolas de educação básica. Contudo, muitos professores têm dificuldade de perceber o cinema como arte. Acreditam que é somente diversão e que não deveria estar em sala de aula, que professor que passa filme é aquele que não quer ensinar, que não quer dar aula. Outros professores se preocupam somente em ilustrar suas aulas com filmes, dando mais valor ao conteúdo tratado do que à forma artística, estética, se o filme tem ou não capacidade de mexer com os alunos. Essa é uma forma simplificada de ver o papel do cinema, não o considerando como um todo, como uma obra, capaz não só de passar informações, mas de mexer subjetivamente com os alunos. Em ambas as formas o cinema não é percebido do ponto de vista artístico, criativo e, portanto, pedagógico. Ao passar filmes na escola o professor não pode buscar atalhos, tentar explicar, "mastigar" os filmes "difíceis"; ele deve permitir o encontro dos alunos com essas obras de arte, e os alunos vão vivenciar a experiência desse encontro e tirar seu aprendizado. Esse encontro com o cinema é pessoal, subjetivo e passa pela capacidade de se entregar à obra de arte. "Todo bom espectador de cinema – ao contrário do pseudointelectual e do espertinho – abre esse pequeno lugar em si mesmo para a criança que quer acreditar, afastando-se um pouco do adulto que ele se tornou" (BERGALA, 2008, p. 74). A criança só tem um único critério para o cinema: seu prazer. Ela só vai ficar em um filme se ele lhe der prazer. Dessa forma, não se devem criar estratégias para que ela aprenda algo no cinema. É necessário deixá-la vivenciar essa experiência e ela vai aprender aquilo que desejar, aquilo que a significou. O professor vai ampliar o repertório e diversificar o gosto dos estudantes, ampliando a oferta do que se projeta na escola em termos de épocas, gêneros, estilos, etc.

Em seu livro *A hipótese cinema* (2008), Bergala apresenta a "Pedagogia da Criação", que consiste em colocar o espectador imaginando o ato de criação do cineasta. Um espectador atento é um cineasta em potencial, uma vez que, assistindo o filme, ele pensa as imagens, pensa os ângulos, pensa as escolhas do diretor, e é capaz de fazer uma reflexão sobre como faria diferente, qual plano poderia ficar melhor. Não é preciso filmar, somente ter imaginação, perceber as múltiplas possibilidades de escolhas do artista. A maior dificuldade é de o aluno perceber que o filme é uma representação constituída de diversas partes, com planos, cortes, pontos de vista... A criança, como ninguém, se entrega ao prazer de espectador. Contudo, quando ela passa a entender como se faz um filme, perceber sua construção na hora de assistir, esse entendimento passa também a fazer parte do prazer de ver um filme. Como diz Bergala (2008, p. 132-133), "o prazer de compreender é tão afetivo e gratificante quanto o prazer supostamente 'inocente' do puro consumo". Ao se tornarem espectadores "criadores", os alunos ganham maiores condições de aprendizagem quando assistem um filme, pois, além da condição de alteridade que mantinham com o personagem, que os leva a viajar, vivenciar e refletir sobre questões do personagem, eles mantêm agora uma condição de alteridade com o artista, com o cineasta. Eles se colocam no lugar dele, eles pensam as suas escolhas, eles inconscientemente fazem as deles, eles refletem sobre o processo criativo de fazer um filme. A alteridade como potencial pedagógico, então, passa a ter duas vezes mais força, aprendendo através das vivências do personagem e com as escolhas do diretor.

Fazer cinema na escola, filmar, é uma experiência de aprendizagem, pois, no ato de criação, temos que fazer escolhas, e assumir nossas escolhas, afirmar qual ângulo é melhor, qual enquadramento, se a cena está boa ou não. Buscamos alterar a realidade e colocá-la do jeito que queremos mostrar. Idealizamos o real, reinventando-o. Contudo, nem sempre conseguimos deixá-lo da maneira que queremos. A realidade vai nos impor seus limites, os quais, porém, podem se tornar possibilidades. Trata-se da dialética de fazer cinema: negociamos com a realidade a partir do que queremos, analisamos até onde ela aceita e a alteramos no próprio ato de filmá-la. Assim, aprendemos a construir os nossos desejos, a partir do nosso olhar do real e de pequenos gestos de intervenção e invenção. Para se fazer um filme é preciso experimentar, estudar e analisar cada detalhe do espaço, personagens, luz, horários, clima, entre outros detalhes. Porém, a tentativa de criar, ainda na mais simples das filmagens, transforma a posição passiva do aluno e o obriga a encontrar soluções, a encontrar um caminho para realizar algo que deseja. Não só a realização, como a busca, gera prazer e aprendizagem.

> [...] é muito importante que os alunos possam passar por todos os papéis (diretor, autor, produtor, assistente, etc.). [...] Filmar nos obriga a ter, ao mesmo tempo, uma relação flexível e perspectiva com o todo, porém obsessiva com cada detalhe (Fresquet, 2013, p. 95).

O formato curta-metragem é um bom tamanho para os exercícios de cinema na escola, pois possui uma duração mais curta, o que permite pensar com detalhes todo seu processo de criação. É possível discutir em sala de aula as escolhas, repensar e refazer, e é a chance de o aluno realizar o ato de criação de forma completa, experimentando o desejo de criar de forma total. Como diz Bergala (2008, p. 182), "ninguém pode estar seguro de seu desejo de cinema antes de tê-lo experimentado". O curta-metragem permite isso. Nas atividades de cinema, a preocupação com o processo de criação audiovisual é tão ou mais importante que o produto final do trabalho dos alunos. Esse processo é rico e fundamentalmente pedagógico. A autonomia, o esforço e o desejo com que realizam a tarefa materializam de algum modo sua experiência de aprender e fazer. Fazer cinema transforma o querer estar na escola, o querer viver a experiência de aprender algo. Os exercícios, como uma atividade criativa, mostram algo novo no espaço já conhecido pelos alunos: a escola. Os alunos reconstroem a escola a partir dos seus desejos. Espaços que já possuem uma função, como a sala de aula, podem se tornar outros de acordo com a imaginação e o desejo do aluno. Mais do que nos preocuparmos com as narrativas dos alunos, suas "historinhas", devemos perceber como veem sua realidade, se conseguem mostrá-la com a poesia dos seus olhares. No cinema, é preciso ver a história, não contá-la (Bergala, 2008). Os alunos ainda ficam muito presos às narrativas, sem pensar que são as imagens que falam, que não temos necessidade de verbalizar aquilo que a imagem está mostrando.

> O ato de filmar – olhar pelo buraco da câmera e enxergar o mundo através de um novo enquadramento – é completamente transformador. Este momento deve ser respeitado em sua liberdade criativa. [...] É importante não perder de vista que o objetivo maior desse tipo de proposta pedagógica é a experiência criativa e não o filme produto. Para que o exercício seja proveitoso, não pode haver um confisco do ato de criação (Norton, 2013, p. 119).

Para iniciar as atividades de cinema na escola utilizamos um exercício elaborado pelo cineasta Alain Bergala chamado Minuto Lumière. Esse exercício tem por objetivo fazer com que o aluno pense em um plano, uma cena, ao observar a realidade que o cerca. É um exercício de refinamento do olhar, de capturar, no que estamos vendo, algo que se queira mostrar, algo singular. O exercício possui regras que delimitam a filmagem e forçam ao esforço de se pensar bem o plano. O aluno tem que fazer um plano de um minuto, com a câmera fixa e sem cortes. Assim, ele tem que olhar à sua volta e pensar, buscar aquilo que o tocou. O exercício recebeu esse nome por remontar às condições primárias do cinema encontradas pelos irmãos Lumière, em que os primeiros rolos de filmes só conseguiam filmar uma sequência de pouco menos de um minuto, pois o equipamento era muito pesado para se mexer durante a filmagem e muito caro para se ficar repetindo as cenas infindavelmente. Dessa forma, o que aparentemente é uma limitação abre caminho para o olhar atento, para se pensar as escolhas. O Minuto Lumière mostra que o filmar é um passo posterior a outros, que a ansiedade de pegar a câmera e sair filmando de nada vai adiantar sem pensar o ato de criação a ser feito. Antes de filmar é possível sair com as crianças e pedir que, usando dois dedos de cada mão, formem um retângulo e vejam e pensem a realidade por meio desse recorte. O exercício não se encerra ao filmar. É fundamental assistir os minutos com a turma, uma vez que a realidade que todos já conhecem ganhou a singularidade dos olhos de quem a filmou. Os alunos passam a ver com o olhar do outro e a pensar esse olhar como se fosse seu, sugerindo e comparando com outras possibilidades. Mais do que nos ajudar a perceber a realidade, o Minuto Lumière é um exercício que transforma o olhar dos alunos, pois, para cumprir a tarefa, eles buscam algo de interessante, de extraordinário ao seu redor, e isso, necessariamente, muda a forma como ele sempre olhou para o cotidiano.

A imagem do campo

Realizar atividades de cinema com os alunos em uma escola do campo faz com que inevitavelmente a realidade do campo se apresente, seja nas cenas cotidianas da vida, produzidas durante o Minuto Lumière, seja pelo cenário cercado de natureza dos curtas, ou, ainda, pelo som dos passarinhos, galinhas e vacas que insistem em invadir as gravações. Esse universo rural, que se fez mostrar de maneira incontrolável e ocupou o espaço escolar, obrigando que todos o percebessem, nos traz uma outra questão: os alunos querem se representar como pessoas do campo? Eles querem que sua realidade camponesa seja explicitada na escola ou fora dela? Em um primeiro momento, não.

A visão depreciativa da vida no campo em comparação com a urbana é reafirmada e acentuada no cinema. As referências iniciais dos alunos são os filmes de Hollywood e de novelas televisivas, que são essencialmente urbanos. O universo rural, quando aparece nessas produções, é tratado de forma pejorativa e caricata. O cinema tem a capacidade de criar e reproduzir a representação do que nós somos ou do que queremos ser. Essa representação da realidade, criada através de imagens e sons, não é isenta, nem reflexo de uma verdade, mas é uma versão local, datada, histórica e ideológica. O cinema não é a reprodução da realidade, a captura do real, mas uma escolha. Como uma fotografia que escolhe o enquadramento, o cinema, dentro da realidade, decide o que vai mostrar e, consequentemente, o que vai descartar ou ocultar.

Dessa forma, a escolha do cinema comercial em tratar o campo como o exótico, o atrasado, o caricato, é intencional e historicamente fundamentada no processo de urbanização da sociedade capitalista. A vida no campo, com seu tempo mais vagaroso, tempo da agricultura, tempo da natureza, é visto como atrasado, diante da velocidade e dinâmica produtiva capitalista. A incapacidade do camponês em integrar plenamente a sociedade de consumo dá a ele uma característica negativa, uma vez que, em função das grandes distâncias, ele não tem como ir ao shopping com frequência, ir ao supermercado diariamente ou pedir uma pizza por telefone.

No cinema brasileiro o filme *Jeca Tatu*, de Milton Amaral, com Mazzaropi, talvez seja o mais expressivo dessa representação caricata do camponês brasileiro. No momento do grande êxodo rural no Brasil, com diversas pessoas indo do campo para as cidades, o filme faz enorme sucesso, ao caricaturar, para uma plateia urbana, essas pessoas com hábitos e costumes diferentes, que chegavam à cidade buscando melhorar de vida. O Jeca é retratado como um caipira preguiçoso, com uma roça malcuidada, fica na rede e não gosta de trabalhar, uma pessoa ignorante e por vezes boba. A vida rural é o atraso em uma sociedade brasileira que se urbaniza e industrializa com velocidade. Contudo, o filme *Jeca Tatu* traz para as salas de cinema questões que o homem do campo estava vivendo, como a luta para manter a terra, contra o latifúndio e o êxodo rural (ANTUNES-ROCHA, 2010). O personagem, devido ao grande sucesso na época, inspirou e inspira até hoje representações do homem do campo.

Dessa maneira, é mais do que natural, ao terem a oportunidade de escolher como se mostrar, os alunos optarem por se representar da forma mais socialmente aceita, inclusive dentro da escola, que é assumindo personagens com cotidianos e problemas urbanos. Preferem estar mais próximos dos galãs com seus carros, ir a *shoppings*, restaurantes e boates em que eles vão, do que se assemelhar a personagens que os lembrem como Jeca ou algum caipira.

Contudo, essa visão é predominante em um primeiro momento. Os alunos começam a repensar a sua representação conforme vão tendo contato com outras produções cinematográficas alternativas, em que outras realidades, além da urbana, contam suas histórias, quando observam outras estéticas e outro tempo cinematográfico, histórias em que a narrativa se desenvolve em um tempo próximo do seu tempo de vida, ou seja, sem a correria dos filmes de "ação". O intercâmbio de vídeos de diferentes escolas também contribui para pensarem a criação para além da influência Hollywood-TV. Os exercícios que valorizam o olhar para a realidade, como o Minuto Lumière e o subsequente debate coletivo sobre as produções, explicitam a beleza e a singularidade dos planos extraídos da realidade dos alunos.

O trabalho com cinema em escola do campo, com novas referências cinematográficas e com a valorização do olhar para realidade, tem demonstrado que é capaz de permitir que o aluno, aos poucos, reveja sua forma de olhar para o mundo que o cerca e para si mesmo.

No espelho, o campo

Quando as imagens produzidas pelos alunos entram na escola e são assistidas pelos professores, elas permitem que eles conheçam o espaço onde vivem seus alunos, o espaço que cerca a escola. Os professores passam a conhecer o cotidiano dos alunos, fora da escola, sua realidade e como lidam com ela. Ao conhecer a realidade do aluno, o professor tem a capacidade de intervir e ajudá-lo a transformá-la.

Uma escola no campo, para desempenhar seu papel social, tem que estabelecer uma relação com a vida do campo, a cultura e a prática cotidiana do homem do campo. É aquela que trabalha a partir do interesse desse homem do campo. A escola (urbana) na zona rural se apresenta como um braço da cidade no campo, uma forma que os alunos têm de saírem de sua realidade e irem para a cidade. A escola não é pensada como uma parte da vida rural, pensada como forma de integrar e construir o cotidiano desse meio.

O meio urbano e o meio rural são mais do que divisões geográficas. Fazem parte do mesmo modo de produção, da mesma sociedade, e não é a localização que consegue dizer o que é ser rural ou ser urbano, mas a relação cultural que se estabelece com o espaço e suas características próprias.

A partir das atividades de cinema na escola, esse distanciamento entre a escola e a realidade do campo tem que ser enfrentado. As atividades com filmes são fora da sala de aula, onde se encontra o meio em que a escola está inserida. As atividades de cinema permitem, mesmo que de forma tímida, o início dessa relação escola e meio rural. Através dos exercícios, os alunos são levados a deparar com a sua realidade de uma outra forma. Os primeiros exercícios são feitos a partir das seguintes instruções: "olhem bem à sua volta, para seu cotidiano, pensem, busquem sua própria maneira de mostrar ou criar essa realidade". E eles olham para as paisagens e eventos cotidianos, só que de uma maneira criativa, buscando encontrar o que querem para criar suas histórias. Essa primeira ação faz com que os alunos mudem suas posturas, uma vez que é um exercício da escola pedindo que olhassem para fora e pensassem sua realidade, aquilo de que gostavam e o de que não gostavam. A escola interagindo com o universo rural.

No primeiro momento, os alunos podem estranhar, uma vez que para eles a escola e o campo não são a mesma coisa. A escola é um espaço urbano, a chance de "melhorar de vida", de estar num ambiente igual ao das crianças do centro. Contudo, nos exercícios de cinema, os alunos buscam o que consideram belo em sua realidade. E a possibilidade de compartilhar suas escolhas com os colegas permite que, de forma subjetiva, imagens cotidianas ganhem outro significado. Esse tipo de exercício transforma o modo como a escola é vista pelo aluno. Lentamente, os exercícios mostram uma escola inserida dentro de uma realidade camponesa.

Dessa forma, as atividades de cinema na escola podem contribuir na formação da imagem que os estudantes têm deles próprios e da escola, dentro de uma perspectiva social e cultural do campo. Os exercícios trabalham a forma de se olhar para esse espaço, suas paisagens, seu tempo, suas histórias. Não tem como o aluno fugir totalmente de sua realidade, da realidade da escola. O que modifica é a maneira de olhar as suas escolhas do que deseja ou não mostrar. Os exercícios, associados à possibilidade de conhecer filmes que diversifiquem seu gosto estético, permite que, gradativamente, olhem para o campo e o percebam de forma mais valorizada.

A escola modifica seu papel, deixa de ser indiferente à realidade camponesa do aluno e passa a se interessar por ela, quer conhecer o caminho da sua casa, saber o que ele acha belo fora da escola, e traz o externo para dentro dela, projetando, discutindo, mostrando para outras turmas. Com os exercícios, o campo entra na escola, pelas lentes e olhos dos alunos; o meio em que eles vivem entra na escola, e esse interesse da escola (pelo professor e por outros alunos) incentiva e valoriza sua realidade e suas escolhas. A escola, diante da realidade camponesa filmada, passa a conhecer o cotidiano do aluno, tudo que é externo e também presente nela, e pode exercer um papel mais ativo.

Assim, é como se o cinema fosse um espelho que reflete o campo para a escola, que abre as brechas para o campo entrar no espaço escolar e quebrar o modelo de conhecimento, valorizando a experiência empírica e a subjetividade dos alunos, que deixam de ver a escola como espaço de negação do modo de vida camponês e podem trazer para a sala de aula questões mais pertinentes e significativas de suas trajetórias. O importante potencial pedagógico do cinema na escola do campo é reafirmar o modo de vida do campo, cabendo aos alunos e aos professores da zona rural perceberem e valorizarem esse cotidiano, representá-lo e não aceitar a ideia de modernidade urbana como a única possível.

Referências

ANTUNES-ROCHA, Maria Isabel. Jeca Tatu: uma história de resistência. In: MARTINS, Aracy Alves; TEIXEIRA, Inês Assunção de Castro; MOLINA, Mônica Castagna; VILLAS BÔAS, Rafael Litvin (Orgs.). *Outras terras à vista: cinema e Educação do Campo*. Belo Horizonte: Autêntica, 2010. – (Caminhos da Educação do Campo, 3).

BENJAMIN, Walter. A obra de arte na era de sua reprodutibilidade técnica. In: *Magia e técnica, arte e política*: ensaios sobre literatura e história da cultura. São Paulo: Brasiliense, 2012. (Obras Escolhidas, v. 1).

BERGALA, Alain. *A Hipótese-Cinema: pequeno tratado de transmissão do cinema dentro e fora da escola*. Rio de Janeiro: Booklink; CINEAD-LISE-FE/UFRJ, 2008.

BRASIL, Secretaria de Educação Fundamental. *Parâmetros curriculares nacionais:* Arte. Vol. 6. Brasília: MEC/SEF, 1997.

FREIRE, Paulo. *Pedagogia da autonomia*: saberes necessários à prática educativa. São Paulo: Paz e Terra, 1996.

FRESQUET, Adriana. *Cinema e educação. Reflexões e experiências com professores e estudantes de educação básica, dentro e "fora" da escola*. Belo Horizonte: Autêntica, 2013.

NORTON, Maíra. *Cinema Oficina. Técnica e criatividade no ensino do audiovisual*. Niterói: Ed. da UFF, 2013.

RANCIÈRE, Jacques. *O Mestre ignorante – cinco lições sobre emancipação intelectual*. Belo Horizonte: Autêntica, 2013.

CAPÍTULO 15 – ARTES DIGITAIS
Os desafios da utilização das tecnologias na escola pública do campo

Daniela Pedra Mattos

Entre a teoria e a prática: incertezas da globalização

Viver, conviver e sentir-se pertencente a uma sociedade em constante movimento faz com que se possa perceber a complexidade do momento vivenciado na sociedade atual, a qual passou de um tempo de verdades absolutas para um tempo de incertezas permanentes. A escola não é mais a única fonte de informações, mas, provavelmente, ela seja, hoje, a mediadora de possibilidades ainda não descobertas, tanto por professores quanto por alunos.

Para Morin (2002), é preciso aprender a enfrentar a incerteza, já que vivemos em uma época de mudanças em que os valores são ambivalentes, em que tudo é ligado, e por isso a educação do futuro deve se voltar para as incertezas ligadas ao conhecimento.

Nesse caminho de incertezas, no século XXI, encontram-se a escola e as tecnologias como alavancas do crescimento social, intelectual, tecnológico, econômico e político de um mundo global em permanente transformação. São transformações que podem ser compreendidas a partir do pensamento de Kenski (2007, p. 41) que afirma: se "as tecnologias estão em permanente mudança, a aprendizagem por toda a vida torna-se consequência natural do momento social e tecnológico em que vivemos".

Conforme a autora, o cenário tecnológico pressupõe mudança, sendo a aprendizagem construída permanentemente. E nesta construção reside o relevante papel da escola, a qual deve promover o crescimento intelectual dos sujeitos, possibilitando-lhes a busca por novos conhecimentos, valorizando seus saberes individuais e coletivos na construção de oportunidades. No entanto, a instabilidade e a incerteza do momento atual requerem ousadia de seus atores, sendo a escola desafiada a efetivar uma educação que incentive o desassossego intelectual e que este promova a pesquisa e o estudo permanente, humanizador e global para atender à complexidade do momento vivido.

Nesse sentido, Moran (2000) e Porto (2003) assinalam que o conhecimento embasado na comunicação aberta, permeado pelo diálogo, pela reciprocidade, possibilita o crescimento individual e coletivo dos sujeitos escolares. Assim, o conhecimento origina-se da comunicação entre esses sujeitos e interiorização de suas reflexões acerca do conhecimento e dos saberes individuais. Portanto, foi através das vivências da pesquisadora como professora de uma escola do campo, no interior do Rio Grande do Sul (Brasil), que nasceu a necessidade de buscar, através da pesquisa, conhecer a relação dos professores com as tecnologias na escola.

As tecnologias na escola pública: desafios e possibilidades

Abordar as tecnologias no contexto da escola pressupõe imergir num espaço desafiador, impregnado de possibilidades que se comunicam constantemente, pois, conforme Porto (2009), a escola é um espaço de socialização de encontros, convivência, colaboração e embates entre os sujeitos, mediada ou não por tecnologias. Escola onde são vivenciados processos de comunicação e interatividade entre os participantes da educação, comprometidos com a historicidade do conhecimento e com a colaboração na produção de saberes/conhecimentos. Escola cujos sujeitos são autores de sua prática e de seu espaço/tempo de produção, construindo e vivendo relações, saberes, desafios e perspectivas de ser professor. Encontram-se, nas reflexões da autora, possibilidades de perceber e sentir a escola nas suas múltiplas faces, entendendo-a como um espaço plural e incerto, o qual desafia permanentemente os sujeitos que nela convivem. Moran (2000, p. 61) entende que "na sociedade da informação, todos estamos reaprendendo a conhecer, a comunicar-nos, a ensinar; reaprendendo a integrar o humano e o tecnológico; a integrar o individual, o grupal e o social".

Moran (2000) sinaliza para a importância do aprender a aprender num movimento permanente. Para Cysneiros (2006), a definição de tecnologias é um termo polissêmico, sobre o qual intuímos alguns significados, mas temos dificuldade em fazê-lo com precisão. Conforme o autor, é importante comentar que muitas pessoas associam o termo "tecnologia" aos computadores e aos aparelhos eletroeletrônicos, porém o autor entende que elas perpassam conceitos, pois fazem parte da vida diária.

Para o filósofo canadense McLuhan (1979, p. 76-77), "a palavra falada é a primeira tecnologia pela qual o homem pode desvincular-se de seu ambiente e retomá-lo de novo modo".

McLuhan (1979) encaminha para o conceito de tecnologias a partir do corpo e, em seguida, expõe sua teoria, expressando que todas as tecnologias são extensões de nossos sistemas físico e nervoso, tendo em vista o aumento da energia e da velocidade.

Há mais de quatro décadas, o canadense McLuhan fazia uma projeção de seu entendimento sobre tecnologia, à frente dos entendimentos sobre o assunto naquela época. Seguindo a linha de pensamento do autor, as tecnologias são extensões do corpo, pois possibilitam a comunicação e a interação entre os sujeitos.

Para Kenski (2003), tecnologia é tudo que utilizamos em nossa vida diária, pessoal e profissional, até mesmo os utensílios, livros, giz e o apagador, papel, canetas, lápis, sabonete, talheres – formas diferenciadas de ferramentas tecnológicas. Quando falamos da maneira como utilizamos cada ferramenta para realizar determinada ação, referimo-nos à técnica. A tecnologia é o conjunto de tudo isso: as ferramentas e as técnicas que correspondem aos usos que lhes destinamos, em cada época. Conforme expressa a autora, tecnologia é o conjunto de diferentes ferramentas que mobiliza a sociedade global em determinada época. Na perspectiva de Porto (2006, p. 157), "na sociedade da informação, todos estamos reaprendendo a conhecer, a comunicar-nos, a ensinar e a aprender; a integrar o humano e o tecnológico, a integrar o individual, o grupal e o social".

Conforme Porto (2006), a tecnologia possibilita aprendizagem permanente a partir da comunicação e da integração entre o humano e o tecnológico. Nesse sentido, percebe-se que não há como dissociar as tecnologias do cotidiano, pois tudo que envolve o ser humano está relacionado a elas, sendo que ambos constituem saberes que se reinventam e se comunicam.

Para Porto (2003, p. 82), a escola, utilizando-se das tecnologias, contribui para a educação integral e para a inserção do indivíduo na sociedade. "A escola, assim prepara os estudantes não para uma vida futura, que ainda não chegou, mas para a própria vida que acontece hoje na escola, local de diferenças, confrontos, incertezas".

A autora afirma que a escola é um dos lugares de incertezas presentes na sociedade e, neles, se encontram as possibilidades de buscas para o crescimento intelectual, o qual pode contribuir para uma educação significativa. Kenski (2003, p. 121) ressalta que "não são as tecnologias que vão revolucionar o ensino e, por extensão, a educação de forma geral, mas a maneira como essa tecnologia é utilizada para a mediação do conhecimento".

Conforme Kenski (2003), faz-se necessário que os professores reflitam com e sobre as tecnologias, pois elas por si só não transformam o ensino, mas a sua utilização pelos professores como ferramentas mediadoras entre os sujeitos pode contribuir com a construção do conhecimento.

Este trabalho vem refletir sobre os resultados de uma pesquisa de mestrado desenvolvida em 2011, entre os docentes de uma escola pública do campo, situada no interior do estado do Rio Grande do Sul. O trabalho investigativo teve por objetivo conhecer, entre os docentes dessa escola, quais as dificuldades enfrentadas para o uso das tecnologias no trabalho pedagógico, tendo em vista que a escola recebeu um laboratório multimídia do Programa Nacional de Tecnologia Educacional (ProInfo), mas os professores não o utilizavam com os alunos. Assim, o objetivo partiu da hipótese de que a escola não pode se desconectar da realidade, a qual está impregnada de tecnologias, e que estas, por sua vez, podem melhorar não somente o trabalho docente, mas, sobretudo, qualificar o processo ensino-aprendizagem, numa perspectiva de crescimento individual e coletivo.

Apresentação do contexto pesquisado

O contexto pesquisado está localizado no extremo sul do estado do Rio Grande do Sul. Situada a 36 quilômetros de distância da cidade de Piratini, numa localidade denominada Agrofil, 4º distrito do município, a escola, em 2011, contava com um quadro de vinte e um professores, dois funcionários, uma diretora e uma vice-diretora. Atendia a cento e doze alunos desde o primeiro ano até o nono ano do ensino fundamental. Os índices de aprovação eram considerados satisfatórios: 91% de aprovação em 2011, conforme dados da Secretaria da escola. Quanto à formação acadêmica dos professores que atuavam na escola, os dados apresentaram o seguinte quadro: um professor com mestrado; dezenove professores com especialização em nível de pós-graduação; um professor com graduação.

De acordo com os dados do Projeto Político Pedagógico de 2011, o nível socioeconômico dos alunos era considerado baixo. A subsistência das famílias era oriunda da produção em pequenas propriedades (agricultura/criação de gado) e do trabalho em pequenas empresas de madeiras da região.

O laboratório multimídia chegou à escola em 2009, através do ProInfo do Ministério da Educação brasileira, o qual foi criado em 1996, com o objetivo de informatizar todas as escolas brasileiras e, consequentemente, melhorar a educação do país.

O município de Piratini e os demais municípios de todos os estados brasileiros foram contemplados com o ProInfo. Primeiramente, receberam os laboratórios de informática as escolas do campo com mais de 150 alunos, e assim gradativamente, até contemplarem todas as escolas do município (do campo e urbanas). O Governo Federal, através do Ministério da Educação, em 1996, criou, oficialmente, a Secretaria de Educação a Distância (SEED) pelo

Decreto n.º 1.917, de 27 de maio de 1996. Entre as primeiras ações dessa secretaria, ainda no ano 1996, estreou o canal TV Escola, seguido da apresentação do documento-base do ProInfo, do Governo Federal às escolas brasileiras, oficialmente lançado em 1997. O laboratório recebido era composto por cinco computadores e uma impressora multifuncional, além do mobiliário (cinco mesas, cinco cadeiras e uma mesa auxiliar para a impressora). Ressalta-se que o mobiliário somente chegou à escola mais de sete meses após terem chegado os computadores e a impressora.

Nesse mesmo ano, 2009, o programa previa, primeiramente, oportunizar um treinamento para duas pessoas da Secretaria Municipal de Educação dos municípios contemplados com o ProInfo, na cidade de Porto Alegre, para que elas pudessem capacitar outros dois professores de cada escola contemplada com o programa, em um período de 40 horas. Os professores, após essa capacitação, seriam multiplicadores em suas escolas. O treinamento se realizou de maio a agosto de 2009 e o laboratório multimídia chegou em outubro daquele ano. Os professores representantes da escola deveriam ser escolhidos pelo diretor, sendo os critérios também designados por ele. Como não houve interessados e o prazo para a realização estava se esgotando, foram indicadas duas professoras: uma, das séries iniciais, e outra, das séries finais do ensino fundamental. Após o treinamento recebido pelas duas professoras, elas deveriam ser as multiplicadoras, ou seja, passar o treinamento recebido para os demais professores da escola, em turno inverso, que, no caso, seria à noite. Esse treinamento não se concretizou, devido ao fato de os professores não terem redução de carga horária e nem receberem pelas horas extras. Assim, eles não poderiam ir à noite à escola. Além das fragilidades do ProInfo no que se refere à formação docente na escola pesquisada, havia dificuldades com a estrutura, a qual apresentava espaços limitados. Não havia uma sala exclusiva para o laboratório multimídia, o qual foi colocado junto à biblioteca. Esse cenário de dificuldades quanto ao espaço físico se estendia a outros espaços da escola. Contudo, a plataforma do ProInfo estava composta por três importantes vertentes de ações:

> a) Implantação de ambientes tecnológicos equipados com computadores e recursos digitais nas escolas públicas de educação básica;
> b) Capacitação dos professores, gestores e outros agentes educacionais para a utilização pedagógica das tecnologias nas escolas e inclusão digital;
> c) Oferta de conteúdos educacionais multimídia e digitais, soluções e sistemas de informação disponibilizados pela Secretaria da Educação Ministério da Educação (SEED-MEC).[1]

---

[1] http://portal.mec.gov.br

Para Cysneiros (1999, p. 15), "apesar de ter havido avanços, algumas falhas desta política já podem ser notadas, como a ausência de articulação com os demais programas de tecnologia educativa do MEC [...]". O autor reforça a ideia de que a proposta do programa é relevante, porém não se consolida na prática, sendo que se percebeu que, na escola pesquisada, essas vertentes não se consolidaram, ou seja, não havia espaço-ambiente tecnológico equipado, com maior número de computadores; os professores da escola não receberam capacitação para trabalhar com as tecnologias; os conteúdos (Planos de Estudo) não foram reconstruídos para essa realidade.

Cysneiros (1999, p. 15) continua sua reflexão dizendo que

> [...] o fato de treinar professores em cursos intensivos e de se colocarem equipamentos nas escolas não significa que as novas tecnologias serão usadas para a melhoria da qualidade do ensino.

Sendo assim, buscando entrelaçar a realidade vivida na unidade pesquisada com a teoria, juntamente com os dados coletados e analisados no decorrer da pesquisa, o trabalho elencou importantes considerações sobre o tema abordado. Neste trabalho, apresentam-se outros dados de pesquisa, para que se possa, através do cruzamento deles, traçar ações para o espaço da escola pública do campo. Dessa forma, apresenta-se a realidade da unidade pesquisada.

Caminhos percorridos

O desenvolvimento deste trabalho nasceu do desassossego docente da pesquisadora com o momento vivenciado por ela na escola, em relação à utilização das tecnologias, ao perceber que os professores não utilizavam os computadores conectados à internet.

No entanto tal momento foi proveitoso e rico em aprendizagens, pois a pesquisadora foi reaprendendo a aprender, reconstruindo saberes e despindo-se de conceitos enraizados em sua bagagem. De professora para pesquisadora, foi preciso uma transformação para que a coleta e análise dos dados acontecesse de forma imparcial, uma vez que, além de pesquisadora, ela também atuava como professora na instituição. Porém, no momento em que emergiu a pesquisadora, outros sentidos foram aguçados pela professora/pesquisadora e foi no silêncio das suas inquietudes que aprendeu a conhecer aquele espaço escolar e os sujeitos que nele conviviam: alunos e colegas professores.

Para Alves (2005, p. 26-27), "é do silêncio que nasce o ouvir. [...] É nesse silêncio que se ouve a melodia que não havia". Nesse autor, a pesquisadora encontrou respaldo para suas palavras, as quais precisaram ser silenciadas para que pudesse aprender a ouvir, num exercício profundo da alma. Silenciar.

Ouvir apenas, sem justificar respostas e estabelecer pautas. Com essa percepção inquieta e, provavelmente mais madura, foi desenvolvido este trabalho, o qual partiu da pesquisa qualitativa, em que a pesquisadora buscou analisar os diferentes pontos de vista, as conversações e reflexões dos professores a respeito das tecnologias na escola pública do campo.

Desde então nasceu a pesquisa, a qual foi tomando forma a partir da pesquisa qualitativa, que considera os diferentes pontos de vista dos participantes, permitindo iluminar o dinamismo interno das situações, geralmente inacessíveis ao observador (LÜDKE; ANDRÉ, 1986, p. 12).

Nessa perspectiva, considerando o contexto escolar, ouvindo, analisando e percebendo os diferentes pontos de vista dos professores, a pesquisadora buscou promover o confronto entre os dados, as evidências, as informações coletadas sobre determinado assunto e o conhecimento teórico a respeito dele. Em geral isso se faz a partir do estudo de um problema, que ao mesmo tempo desperta o interesse do pesquisador e limita sua atividade de pesquisa a uma determinada porção do saber, a qual ele se compromete a construir naquele momento (LÜDKE; ANDRÉ, 1986, p. 2). A partir do campo teórico apontado por essas autoras, a pesquisadora sustentou seu problema de pesquisa e desenvolveu sua investigação.

Nesse sentido, a pesquisa qualitativa é o estudo do fenômeno em seu acontecer natural, não envolvendo manipulação de variáveis, nem tratamento experimental. Pressupõe uma visão holística dos fenômenos, englobando todas as interações entre os componentes de uma situação, os aspectos subjetivos do comportamento das pessoas, a relação com o cotidiano e a construção da realidade (ANDRÉ, 1997).

Para verificar o uso das tecnologias e do laboratório multimídia pelos professores, a pesquisadora utilizou observações e anotações no Diário de Campo, as quais foram de grande valia para o desenvolvimento do trabalho, pois conforme Lüdke e André (1986, p. 32) "[...] o observador irá procurar encontrar o mais breve possível uma ocasião em que possa completar suas notas, para que não precise confiar muito na memória, sabidamente falível". Os instrumentos de pesquisa utilizados foram questionários e entrevista semiestruturada. A coleta de dados se deu entre outubro e dezembro de 2011. Os sujeitos pesquisados foram elencados por letras durante o trabalho, pois não autorizaram divulgação de seus nomes na pesquisa.

Análise dos dados

Dos vinte e um professores que compunham o quadro de pessoal da escola, quatorze se disponibilizaram a participar da pesquisa.

Os dados revelaram que os sujeitos da pesquisa não apresentaram dificuldades para a definição de tecnologias, considerando-as importantes para sua prática pedagógica, conforme expressou uma das professoras entrevistadas: "A tecnologia é mais uma ferramenta que pode auxiliar tanto o professor quanto o aluno e a partir delas podemos melhorar a nossa prática pedagógica" (Prof. G., 2011).[2]

Mesmo reconhecendo que as tecnologias eram importantes para a prática pedagógica, os professores deixaram evidente que o uso dos computadores, neste caso, o laboratório multimídia, não era prioridade naquele momento para a escola, pois, dos quatorze professores entrevistados, oito responderam que a prioridade para a escola era a construção de uma cozinha, pois o espaço era precário; quatro responderam que a escola deveria adquirir uma caixa de som com microfone e dois responderam que deveria melhorar os espaços escolares.

Os dados revelaram que, dos quatorzes sujeitos entrevistados, treze tinham computador em casa, nove tinham acesso à internet e cinco acessam a internet em *LAN houses*. Também revelaram a finalidade para a qual utilizavam o computador conectado à internet: cinco responderam que utilizavam para realização dos planejamentos das aulas; seis revelaram que apenas digitavam provas e trabalhos e que o acesso à internet servia para outras finalidades; três responderam que utilizavam computador conectado à internet para estudos particulares. Dos quatorze sujeitos, 100% responderam que acreditam que as tecnologias podem contribuir com o trabalho pedagógico, de acordo com algumas respostas:

> Acredito que a utilização dos computadores conectados à internet pode colaborar para o desenvolvimento das minhas aulas (Prof. C., 2011).[3]
> Podem contribuir no desenvolvimento do meu trabalho docente, mas primeiro preciso aprender a utilizar essa tecnologia [...]. (Prof. D., 2011).[4]

Mesmo considerando a importância da contribuição das tecnologias no trabalho pedagógico, os professores apresentavam insegurança quando se referia à utilização das mesmas.

Indo ao encontro dos dados apresentados, Porto (2010, p. 34) diz que "as TICs na escola devem ser usadas para superar o senso comum pedagógico e para efetivar uma pedagogia condizente com as necessidades de um ensino contextualizado num tempo e espaço de ser, viver, interagir e criar".

---

[2] Fonte: Diário de campo da pesquisadora.

[3] Fonte: Diário de campo da pesquisadora.

[4] Fonte: Diário de campo da pesquisadora.

Conforme Porto (2011), a utilização das tecnologias na escola propõe um movimento coletivo entre alunos e professores, valorizando saberes e construindo aprendizagens significativas entre ambos.

Ao responderem se utilizavam o laboratório multimídia (LM) com os alunos, 100% dos sujeitos responderam que não o utilizavam, sendo várias as justificativas, entre elas:

> Não utilizo os computadores porque não aprendi ainda a trabalhar com os alunos no LM (Prof. J., 2011).
> Não utilizei ainda, porque acho complicado, apenas cinco computadores para 26 alunos (Prof. G., 2011).
> Na verdade, não sei unir meu planejamento ao LM (Prof. M., 2011).[5]

Para vários autores (GUTIÉRREZ; PRADO, 2002; PENTEADO, 2006; PORTO, 2006, 2010), não basta o professor usar por usar a tecnologia. A inclusão digital de professores e alunos compreende uma forma de uso significativo e crítico dessas ferramentas.

Durante a coleta de dados, evidenciou-se que os professores perceberam as dificuldades que enfrentavam no uso das tecnologias, elencando possibilidades de aliar o uso delas ao trabalho pedagógico, citando-as:

- necessidade de uma formação continuada na escola voltada para o uso das tecnologias no trabalho pedagógico (oito sujeitos);
- mais espaço físico para o laboratório multimídia (quatro sujeitos);
- redução do número de alunos por turma para trabalhar com os alunos no laboratório multimídia (dois sujeitos).

Os dados evidenciam que, para a maioria dos sujeitos pesquisados, as possibilidades de utilizar as tecnologias, neste caso, os computadores conectados à internet, nas salas de aula, estão atreladas à formação continuada voltada para as tecnologias, seguida da ampliação do espaço físico do laboratório multimídia e, por último, a redução do número de alunos por turma nas salas de aula.

Entre 2011 e 2016: cruzamento de dados – uma análise necessária

É necessário um cruzamento de dados da pesquisa realizada em 2011 com as considerações sobre o uso das tecnologias em 2016, para que se consiga balizar as reflexões até aqui explanadas e ver o seu desenvolvimento na atualidade. É

---

[5] Fonte: Diário de campo da pesquisadora.

importante ressaltar que, ao analisar os dados da escola pública do campo, é necessário reconhecer seu imprescindível papel no fortalecimento do homem do campo e sua contribuição social e econômica. No entanto é primordial que seus sujeitos sejam reconhecidos e valorizados. Percebe-se a necessidade de maior investimento humano para que haja transformação, a ponto de oferecer aos alunos um espaço de reciprocidade, de vivência entre o local e o global, num processo de crescimento humano, social e intelectual.

Oliveira e Montenegro (2010, p. 65) afirmam que, entre as transformações

> [...] fundamentais para a concepção da escola do campo, encontra-se a formação dos educadores, principais agentes deste processo, mas que, muitas vezes, são desvalorizados no trabalho que exercem, e cuja atuação no meio rural é colocada como penalização e não como opção. A não viabilização para a qualificação profissional destes professores diminui sua autoestima e sua confiança no futuro, o que os coloca numa condição de vítimas provocadoras de novas vítimas, na medida em que realizam um trabalho desinteressado, desqualificado e desmotivado.

Indo ao encontro das ideias dos autores, percebe-se que as transformações perpassam meras reflexões, mas são necessárias ações que incentivem o papel docente, o qual é instigador do discente. No entanto os dados apontados na escola pública do campo fazem parte do cenário brasileiro, no que se refere à utilização das tecnologias pelos professores no âmbito escolar. Ainda se percebe resistência e insegurança por parte dos docentes, não somente da escola pública do campo, como também pelos professores da escola pública urbana. Conforme relata um dos sujeitos entrevistados em 2011:

> Não estou preparada para trabalhar com a internet com os alunos. Eles, na verdade, dominam as tecnologias melhor do que nós, adultos. Por outro lado, temos apenas cinco computadores na escola, sem contar que a internet é muito ruim (Prof. E.).[6]

Essa informação vai ao encontro dos dados levantados na escola pesquisada, que revelam que:

> Dos 98 alunos entrevistados, 92% disseram ter telefone celular, sendo que 80% responderam que utilizavam o celular para escutar músicas, 10% para se comunicar com seus pais e os outros 10% e utilizavam para tirar fotos e fazer vídeos. Em relação ao uso do computador, dos 98 entrevistados, 38% afirmaram ter computador em casa, sendo que 32% deles mais utilizavam para jogos e 8% para realizarem pesquisas. Porém a maioria deles, 82% dos entrevistados, disseram já ter acessado a internet, sendo que as *LAN houses* são o local de mais acesso,

---

[6] Diário de campo da pesquisadora.

seguido da casa de amigos. E 100% dos alunos revelaram conhecer e saber utilizar a tecnologia.[7]

Analisando as informações, percebe-se que há um descompasso entre a ação docente e o cotidiano dos alunos, em relação ao uso das tecnologias na escola. De acordo com o Centro Regional de Estudos para o Desenvolvimento da Sociedade da Informação (Cetic.br, 2015), a grande maioria das

> [...] escolas públicas urbanas (95%) tem computadores instalados em suas dependências, mas, apenas em 6% delas, os equipamentos estão presentes nas salas de aula regulares. Os principais locais de instalação dessas máquinas ainda são a sala do diretor e a da coordenação.[8]

Os dados comparados revelam fragilidades, tanto da formação docente que instrumentalize os professores quanto no próprio sistema de implementação das tecnologias na escola pública, seja ela do campo ou urbana. O ProInfo, mesmo tendo claros seus objetivos em relação à expansão das tecnologias na escola pública, teve seu propósito fragilizado no desenvolvimento desse processo, pois não considerou os espaços escolares.

Conforme revela a pesquisa realizada pela Agência Brasil (2016), no Brasil,

> [...] 32.434 escolas públicas ainda não contam com qualquer tipo de conexão à internet, segundo levantamento feito pelo Instituto de Tecnologia e Sociedade (ITS). O número corresponde a 22% do total de escolas públicas. A maioria das escolas sem acesso à internet está no campo, onde apenas 13% estão conectadas à rede.

Analisando esse dado de 2016, pode-se perceber que, de 2011 até os dias atuais, não houve grandes avanços no que se refere à conexão da internet nas escolas públicas. O campo ainda se encontra fragilizado nesse quesito.

A escola, por sua vez, mesmo com todos os avanços tecnológicos, ainda caminha a passos lentos no que se refere à utilização das tecnologias, pois, em muitas, sequer existe acesso à internet, o que se contrapõe à realidade vivenciada, que, de acordo com as pesquisas, o número de lares brasileiros

> [...] conectados à internet chegou ou 32,3 milhões de domicílios em 2014. Pela primeira vez, 50% do total das casas estão conectadas, mostra a pesquisa TIC Domicílios 2014, realizada pelo Centro de Estudos sobre as Tecnologias da Informação e da Comunicação (Cetic.br).[9]

---

[7] Dados divulgados em Mattos (2012, p. 91-92).

[8] http://www.cetic.br/media/docs/publicacoes/2/tic-educacao-2013.pedagógica

[9] http://g1globo.com/tecnologias/notícia/2015/09

Nesse sentido, o Instituto Brasileiro de Geografia e Estatística (IBGE, 2015) revela que:

> Mais da metade da população rural passou a contar com telefone celular em 2014 (52,4%), após aumento de 4,6 ponto percentual em relação a 2013. A maioria dos celulares está na área urbana (82,3%), mas em todas as regiões a diferença entre as proporções do uso do celular nas áreas urbanas e rurais diminuiu.

O que se percebeu, no desenvolvimento da pesquisa em 2011, foi que a escola pública do campo precisa de um novo olhar.

Algumas considerações

As reflexões aqui discutidas e a análise dos dados possibilitaram evidenciar os desafios e as possibilidades de um grupo de professores quanto à utilização das tecnologias na escola. Cabe salientar que este estudo não se finda, uma vez que a escola é um espaço de infinitas possibilidades e inquietudes, as quais, questionadas e problematizadas, emergem em pesquisas, as quais tendem a qualificar o espaço docente, permitindo a ressignificação da prática educativa e da qualidade do ensino construído nos espaços escolares.

Kenski (2001, p. 75) diz que, para que se possam realizar essas e outras transformações no ensino,

> [...] é preciso que o professor saiba lidar criticamente com as tecnologias da informação e comunicação, usando-as pedagogicamente [...] assumindo uma posição de criticidade e dúvida diante das informações – novas e velhas – exercendo o papel de orientação e cooperação com os alunos, ensinando-os a aprender e... aprender, ensinando.

É preciso uma ação que vá ao encontro da realidade e possa contribuir com espírito investigativo do aluno. Conectar a escola à realidade é uma necessidade. No entanto os dados analisados evidenciam que os professores, mesmo utilizando as tecnologias em sua vida pessoal, não se sentem preparados para atuarem com elas na prática em sala de aula com os alunos.

Outro fator relevante é que, mesmo na sociedade da informação e comunicação, a escola ainda caminha vagarosamente no que se refere à utilização das tecnologias. Evidencia-se nos dados que as formações continuadas voltadas para as tecnologias na escola ainda não foram consolidadas e consequentemente a escola encontra-se desconectada da sociedade tecnológica.

Nesse sentido, Souza (2016) reflete sobre movimento: aluno, tecnologia, ação docente, reiterando que:

> É evidente a insatisfação dos alunos em relação a aulas ditas "tradicionais", ou seja, aulas expositivas nas quais são utilizados apenas o quadro-negro e o giz.

O aprender por aprender já não existe: hoje, os alunos precisam saber para que e por que precisam saber determinado assunto. Essa é a típica aprendizagem utilitária, isto é, só aprendo se for útil, necessário para entrar no mercado de trabalho, visando ao retorno financeiro. A internet invade nossos lares com todas as suas cores, seus movimentos e sua velocidade, fazendo o impossível tornar-se palpável, como navegar pelo corpo humano e visualizar a Terra do espaço sem sair do lugar. É difícil, portanto, prender a atenção do aluno em aulas feitas do conjunto lousa + professor.

Nessa perspectiva, não se culpabiliza a ação docente, mas é importante se conscientizar de que essa "ação docente" precisa ser reconsiderada, replanejada e reconstruída, para que as aulas chamem a atenção discente, proporcionando o crescimento de ambos: professores e alunos.

Contudo Charlot (2008) ressalta que os professores necessitam de uma reflexão fundamental sobre o uso do computador (e da internet), além de discussão coletiva sobre a escola, sobre a distribuição de alunos em turmas estandarizadas, sobre a rigidez do currículo e da avaliação escolar, e sobre as estruturas de espaço e tempo das escolas que não combinam com o uso pedagógico do computador e da internet. O autor propõe uma comprometida reflexão no que se refere ao uso do computador na escola, pois acredita que esta deve internalizar a utilização das tecnologias, promovendo a reflexão coletiva entre os sujeitos, não somente nas questões de estrutura física, mas, sobretudo, em comprometidas reflexões no que se refere às questões pedagógicas, pois destas é que emergem as possibilidades de crescimento individual e coletivo dos sujeitos escolares.

A escola pública do campo tem urgência de olhares e ações que possam consolidar espaços de crescimento intelectual conectados à realidade vivida. A escola é parte intrínseca de um contexto social em movimento e, portanto, precisa estar inserida de fato e de direito nesse contexto.

Sendo assim, espera-se que os dados aqui apresentados e refletidos possam contribuir com o espaço da escola pública do campo, considerando-a um espaço de crescimento individual, coletivo, econômico, cultural e humano.

Referências

AGÊNCIA BRASIL. 2016. Disponível em: <http://agenciabrasil.ebc.com.br/>. Acesso em: set. 2016.

ALVES, Rubem. *Educação dos sentidos*. Campinas: Verus, 2005.

ANDRÉ, Marli Eliza Dalmazo Afonso de. Tendências atuais da pesquisa na escola. *Cadernos CEDES*, Campinas, v. 18, n. 43, p. 1-9, dez. 1997.

BRASIL. Decreto 1917 de 27 de maio de 1996. Disponível em: <http://www.planalto.gov.br/ccivil_03/decreto/1996/d1917.htm>. Acesso em: maio 2016.

CHARLOT, Bernard. O professor na sociedade contemporânea: um trabalho da contradição. *Educação e Contemporaneidade, Revista da FAEEBA*, v. 17, n. 30, p. 17-32, jun./dez. 2008.

CYSNEIROS, Paulo Gileno. *Gestão de Tecnologias da Informação e Comunicação na Escola*. Disponível em: <http://escoladegestores.virtual.ufc.br/PDF/Texto_Cysneiros.pdf >. Acesso em: 30 mar. 2017.

CYSNEIROS, Paulo Gileno. Novas tecnologias na sala de aula: melhoria do ensino ou inovação conservadora? *Informática Educativa*, v. 12, n. 1, p. 11-24, 1999.

GUTIÉRREZ, Francisco; PRADO, C. *Ecopedagogia e cidadania planetária*. 3. ed. São Paulo: Cortez; Instituto Paulo Freire, 2002.

IBGE. *Acesso à internet e à televisão e posse de telefone móvel celular para uso pessoal*. 2015. Disponível em: <http://www.ibge.gov.br/home/estatistica/populacao/acessoainternet2015/default.shtm>. Acesso em: 24 mar. 2017.

KENSKI, Vani Moreira. *Educação e Tecnologias*: o novo ritmo da informação. Campinas: Papirus, 2007.

KENSKI, Vani Moreira. *Tecnologias e ensino presencial e a distância*. Campinas: Papirus, 2003.

KENSKI, Vani M. O papel do professor na sociedade digital. In: CASTRO, Amélia D.; CARVALHO, Anna P. de. (Orgs.). *Ensinar a ensinar: didática para a escola fundamental e média*. São Paulo: Pioneira Thomson Learning, 2001.

LÜDKE, Menga; ANDRÉ, Marli Eliza Dalmazo Afonso de. *Pesquisa em Educação: abordagens qualitativas*. São Paulo: EPU, 1986.

MATTOS, Daniela Pedra. *Las tecnologías en una escuela pública rural: un desafío pedagógico*. 2012. 245 f. Dissertação (Mestrado em Educação) – Universidade Federal de Pelotas, Pelotas, 2012.

MCLUHAN, M. *Os meios de comunicação como extensão do homem*. São Paulo: Cultrix, 1979.

MORAN, José Manuel. Ensino e aprendizagem inovadores com tecnologias audiovisuais e telemáticas. In: _____.; MASETTO, M. T. *Novas tecnologias e mediação pedagógica*. São Paulo: Papirus, 2000.

MORIN, E. *Os sete saberes necessários à educação do futuro*. 5. ed. Tradução de Catarina Eleonora F. da Silva e Jeanne Sawaya. São Paulo: Cortez; Brasília: UNESCO, 2002.

OLIVEIRA, Liliane Lúcia Nunes de Aranha; MONTENEGRO, João Lopes de Albuquerque. Panorama da Educação do Campo. In: MUNARIM, Antônio *et al*. (Orgs.). *Educação do Campo: reflexões e perspectivas*. Florianópolis: Insular, 2010.

PENTEADO, Heloísa: *Pedagogia da Comunicação: teorias e práticas*. São Paulo: Cortez, 2006.

PORTO, Tânia Maria Esperon. *Relatório CNPq – Relações, concepções e mediações: as TICs nas escolas de ensino fundamental de Pelotas/RS*. Florianópolis: UFSC; UFPel; CNPq, 2010.

PORTO, Tânia Maria Esperon. Inserções de tecnologias e meios de comunicação em escolas públicas do ensino fundamental: uma realidade em estudo. *Linhas, Revista do Programa de Pós-Graduação em Educação*, Florianópolis, v. 10, n. 2, p. 34-59, jul./dez. 2009.

PORTO, Tânia Maria Esperon. As tecnologias de comunicação e informação na escola; relações possíveis... Relações construídas. *Revista Brasileira de Educação*, v. 11, n. 31, jan./abr. 2006.

PORTO, Tânia Maria Esperon. (Org.) *Redes em Construção: meios de comunicação e práticas educativas*. Araraquara: JM, 2003.

SOUZA, Renata Beduschi. *Pátio – Revista Pedagógica*, n. 79. Porto Alegre: Artemed, 2016.

Posfácio
Práticas Artísticas: experiência, legado e práxis

Rafael Litvin Villas Bôas

Existem muitas possibilidades de discorrermos sobre as manifestações de arte e cultura no campo. Uma das abordagens recorrentes é aquela que busca descrever, com a finalidade de confirmar, a existência de práticas culturais específicas, de manifestações culturais que se perpetuam, influenciadas por alguma ou várias das matrizes étnicas que conformaram nossa população.

Um dos pontos de força dessa tradição foi demarcar especificidades da vida cultural e artística no campo brasileiro, apontando aspectos de filtragens, de influências, de adaptações engenhosas e de ressignificações, os quais apontam para uma imagem dinâmica da sociabilidade das comunidades rurais e não endossam a imagem de arcaísmo, imobilismo e precariedade. Quando usadas no escopo da retórica apologética do progresso da classe dominante, as especificidades funcionam como mecanismo de legitimação para a desterritorialização dos pequenos agricultores em nome da marcha irrevogável da modernidade do agronegócio baseada em monocultivo em larga escala e no alto índice de agrotóxico para o controle de pragas na lavoura.

Há, contudo, um risco de engessamento dessa tradição, quando não articulada de forma dialética: o discurso preservacionista voltado para o passado, em chave saudosista, como se bastasse a preservação de tradições culturais e artísticas de nossos antepassados para que a qualidade da vida no campo estivesse garantida no presente. O perigo é nos engessarmos numa posição nostálgica que, ao buscar recuperar um passado idealizado, não confronta os termos da luta no tempo presente.

Esse equívoco se baseia, em parte, no descolamento da cultura do conjunto dinâmico do modo de produção, que vem sendo alterado, drasticamente, nas últimas décadas. E tende a ignorar as máculas impressas pelo sistema colonial patriarcal e escravista que legou à vida no campo não apenas o vigor da resistência, mas também práticas autoritárias e misóginas consequentes do caráter desigual e perverso de uma sociedade, que não chegou a se consolidar como nação e que carrega em seu gene as marcas indeléveis da escravidão. Em última instância, o passado não é redentor, mas, dialeticamente, contém na memória elos que podem estabelecer as conexões com a resistência no presente, que nos permita disputar o futuro. Isso exige de nós o trabalho de identificar, no passado, a memória do futuro.

A opção das organizadoras do presente livro, Cristiene Carvalho e Aracy Martins, e da organizadora da coleção, Maria Isabel Antunes-Rocha, buscou, a meu ver, de forma bem-sucedida, evitar os riscos de visões saudosistas, preservacionistas, folclóricas ou redentoras do passado, ao adotar como chave para a organização do livro a terminologia "práticas artísticas". Essa perspectiva de abordagem, segundo as autoras, é decorrente da assimilação da epistemologia forjada pela Educação do Campo: "[...] falar da 'arte' no campo é um convite a pensar concretamente no processo de produção, nas intencionalidades e nas relações dos sujeitos do campo com a arte" (p. 20).

A Educação do Campo imprime um olhar dinâmico sobre o processo de escolarização no e do campo, na medida em que busca, pela diferença de enfoques e métodos, tradicionalmente urbanos, encontrar um ponto de vista assentado nas especificidades das populações do campo, porém, sem tratá-las como agrupamentos humanos isolados no tempo e no espaço. Daí emergem categorias como "sujeitos do campo", que implicam aos indivíduos a potência do protagonismo político, e "modos de produção", que procuram compreender a dinâmica entre a infraestrutura e a superestrutura da sociedade, de forma dinâmica, em constante transformação, reagindo aos conflitos e à configuração produtiva do sistema capitalista em escala global.

De modo que, ao olhar para a produção da cultura e da arte do campo pelo crivo da Educação do Campo, o livro propõe, no conjunto, uma configuração dialética do material, em que o direito à preservação de tradições está colocado no mesmo plano de valoração que o direito às novas tecnologias de informação e comunicação.

Segundo as organizadoras, a terminologia "práticas artísticas" pressupõe que a arte seja compreendida como categoria de luta na ação dos sujeitos do campo, e a escolha da expressão visa à superação da visão da arte como produto estético destituído de intencionalidade humana, segundo Carvalho, Antunes-Rocha e Martins (p. 19). O elemento de mediação entre arte e vida é, portanto, o trabalho, e não o talento de indivíduos vocacionados.

Lições dos anos 1960

Cabe registrar o valor da retomada, em vários artigos, de experiências de educação popular das décadas de 1950 e 1960, que apontavam para elos potentes entre cultura e política, do ponto de vista da formação política e da organização social.

É o caso do Movimento de Educação de Base (MEB), com as Escolas Radiofônicas do Rio Grande do Norte, que ostentou a incrível meta cumprida de ter concluído o ensino fundamental de cerca de 380 mil camponeses, de 1961 a 1964. Os autores do artigo sobre o MEB, Adriano Charles da Silva Cruz e Aidil Brites Guimarães Fonseca, destacam, pelos trechos de depoimentos coletados, que o conceito de popular estava ligado aos valores do povo, ao enraizamento de formas de sociabilidade cultivadas e fortalecidas durante décadas, o que difere muito do conceito de popular que foi se naturalizando, no mesmo compasso que as consequências do golpe de 1964 no campo cultural e político se consolidavam.

Faço referência, acima, à indústria cultural e seus artifícios de mercantilização da cultura e do próprio sentido de democracia, que passa, progressivamente, a ser associado à ideia de democratização do consumo. O popular passou a se referir, com o passar do tempo, a algo que é consumido por todos, mesmo que não faça parte da tradição específica de determinada região ou país, e mesmo que os valores incutidos nas obras dessa cultura mercantil sejam antagônicos a qualquer projeto de sociabilidade que almeje uma perspectiva emancipatória.

De modo que o conceito de popular sofreu uma ressignificação rebaixada, correspondente à redução do horizonte de aspirações de uma sociedade de consumo. Hoje em dia, é mais comum falarmos em "sonho de consumo" do que dizermos que temos um sonho, como o célebre ativista negro da luta antirracista e pelos direitos civis, Martin Luther King, pregava nos Estados Unidos, antes de ser assassinado. Os sonhos cultivados pela sociedade de consumo são de ordem individual e buscam nas mercadorias a satisfação do prazer imediato, embora efêmero. Sonhos construídos coletivamente, que apontam para projetos de sociedade e não apenas para satisfação pessoal, são hoje cultivados apenas por movimentos sociais, sobretudo, os do campo, como o Movimento dos Trabalhadores Rurais Sem Terra (MST), que ainda insistem, à contracorrente, no debate e na elaboração de um projeto popular para o Brasil, inserindo nele a estratégia da reforma agrária popular que defendem.

Práticas como a de Pedro Munhoz, bem descrita por ele no artigo "Música e Educação do Campo: relatos de um caminhante", guardam forte lastro histórico com experiências como a do MEB, que utilizou a cantoria de viola como método educativo, dialogando de forma eficaz com os camponeses, a partir de um signo cultural já assimilado pela cultura campesina nordestina, segundo Cruz e Fonseca:

> O cantador de viola era um verdadeiro chamariz para a participação dos camponeses; sem a presença do violeiro, o número de participantes nas reuniões diminuía [...] O cantador contribuía para a compreensão da mensagem por meio da linguagem adequada à situação comunicativa e próxima ao trabalhador; por sua vez, a construção das rimas favorecia a memorização (p. 247).

Podemos notar que o papel do cantador ia desde o poder de convocação e agregação para as reuniões, assembleias, marchas, reconhecendo o forte impacto da linguagem musical sobre nossa experiência sensível, e ia além, na medida em que a música funcionava como um elemento de mediação entre os camponeses e as questões que deveriam ser estudadas, debatidas e assimiladas.

Não se nota, por meio desses depoimentos, a acusação costumeira de que a cultura popular, sobretudo quando vinculada a projetos de formação e luta política, tende a ser rebaixada em termos de valor estético.

O texto de Pedro Munhoz estabelece clara relação com as experiências da educação popular dos anos 1960, na medida em que o compositor, cantor e professor procura evidenciar suas práticas pedagógicas de trabalho com a linguagem musical, que passam pelo trabalho da audição, da elaboração e da socialização.

Na esfera teatral, as autoras Cássia Ferreira Miranda e Tereza Mara Franzoni, no artigo "Diálogo de saberes: A linguagem teatral e a formação estética e poética dos povos do campo", apontam para uma dimensão ritualística da ação teatral, que transborda o universo da peça teatral produzida para aparelhos teatrais burgueses:

> Muitos são os estudiosos que vão indicar a importância dessa forma ritualística que é, muitas vezes, ao mesmo tempo, celebrativa, denunciatória e pedagógica, nos processos de mobilização social no campo. Marcela de Castro Centelhas (2014), por exemplo, ao apresentar vários movimentos e lutas do campo, desde a década de 1950, defende a importância dos rituais como estratégia pedagógica e de congregação nos encontros e mobilizações desses movimentos (p. 203-204).

Essa experiência de transferência dos meios de produção foi devidamente incorporada pelos princípios da Educação do Campo, pela perspectiva do ensino dos fundamentos básicos de cada linguagem artística, de modo a permitir um olhar estranhado sobre a experiência estética que permita a percepção da forma como dado organizador da matéria social.

Conforme as organizadoras do livro:

> [...] a demanda pela Educação do Campo passa pela apropriação dos meios de produção do conhecimento por parte daqueles que foram sistematicamente alijados do acesso à arte já produzida, aos meios de produção da arte e à sua fruição (p. 213).

Isso evidencia uma compreensão ampliada, que transcende o universo da sala de aula como espaço de aprendizagem, e passa a abarcar os múltiplos campos das linguagens estéticas. Esse é, possivelmente, o aspecto que mais evidencia os elos entre a experiência dos anos 1960 com a proposta da Educação do Campo: um projeto massivo e permanente de socialização dos meios de produção para a classe trabalhadora, contribuindo para o protagonismo da luta social popular.

Experiências na Educação do Campo

Grosso modo, há dois caminhos que se manifestam como predominantes nas metodologias de trabalho com artes nas escolas do campo. Aquele que se detém ao ensino do legado que a humanidade produziu no campo estético, considerando ser um direito dos sujeitos do campo a tomada de contato com tudo aquilo que lhes foi sonegado como direito ao conhecimento que nos permite a permanente construção de nosso senso de humanidade. E o caminho que reconhece o valor da experiência vivenciada pelos trabalhadores do campo, como aponta Thiago Norton, no artigo "A cidade não mora mais em mim: o cinema e a escola na Educação do Campo":

> A força pedagógica da arte na escola está em seu contato direto com o experimentar. Na arte, o aprender possui uma lógica diferente, à qual está submetido dentro da escola. Em arte, aprende-se fazendo, criando. Cria-se e aprende-se ao mesmo tempo (p. 253).

Evidentemente, há caminhos mecanicistas, redutores, que submetem a arte à condição de método instrumental de aperfeiçoamento do indivíduo às habilidades que serão, posteriormente, exigidas pelo mercado do trabalho: daí a expectativa limitada do teatro como linguagem que trabalha a desinibição, a música como expressão vocal, as artes plásticas como desenvolvimento das habilidades manuais, etc. Obviamente, todas as linguagens podem desenvolver essas e tantas outras aptidões inerentes às capacidades dos sentidos humanos, mas, para além disso, existem as perspectivas que reconhecem no fazer artístico o trabalho estético, por meio do qual mediações críticas se estabelecem com o que conhecemos da realidade, espectros sempre mediados pela ideologia. A arte, nessa perspectiva, permite o reconhecimento da dimensão formal das obras, para além dos enredos, dos conteúdos. Esse reconhecimento só passa a ser possível ao olhar treinado, trabalhado, que tomou contato com o legado e que se aguça, tanto mais quanto domina os procedimentos técnicos, os métodos que geram efeitos sobre os espectadores.

Na Licenciatura em Educação do Campo da Universidade de Brasília (UnB), com a experiência adquirida com as cinco turmas já formadas e mais quatro em andamento, avaliamos, a partir das atividades desenvolvidas em disciplinas como Mediações entre Forma Social e Forma Estética e Estética e Política, que os estudantes que não são formados para reconhecer as dimensões da constituição formal das obras de diferentes linguagens não desenvolvem condições para reconhecer a dinâmica da ideologia – compreendida no sentido marxista como falsa consciência –, que opera como efeito político por meio da eficácia estética das obras. Em síntese: quem não vê forma não vê ideologia.

Thiago Norton ressalta os saltos de aprendizagem oportunizados, na medida em que os estudantes passam a compreender os processos de produção da obra, no caso de seu artigo, do cinema, da linguagem audiovisual:

> Ao se tornarem espectadores "criadores", os alunos ganham maiores condições de aprendizagem quando assistem a um filme, pois, além da condição de alteridade que mantinham com o personagem, que os leva a viajar, vivenciar e refletir sobre questões do personagem, eles mantêm agora uma condição de alteridade com o artista, com o cineasta. Eles se colocam no lugar dele, eles pensam as suas escolhas, eles inconscientemente fazem as deles, eles refletem sobre o processo criativo de fazer um filme (p. 258).

O autor se refere ao caráter produtivo da experiência com a linguagem, que permite ao estudante um olhar sensível para o trabalho estético que culmina com a obra produzida.

A escola do campo, quando incorpora, em sua metodologia, a experiência de trabalho com as linguagens, assume uma atitude política, que é reconhecer que ao sujeito do campo pode ser facultada a possibilidade de que ele seja o produtor de bens simbólicos. Da mesma forma que ele faz na produção de alimentos, em contraponto à condição passiva de bens culturais, em que estudantes são submetidos por metodologias tradicionais à condição de espectadores-consumidores de bens culturais.

Os artigos do livro dão conta de variável e rico leque de experiências de práticas pedagógicas, que abordam desde o trabalho com todas as linguagens artísticas até o reconhecimento da oralidade, da memória autobiográfica dos camponeses e do trabalho com tecnologias da informação.

Desafios

De modo geral, boa parte dos textos faz menção a experiências forjadas no meio camponês, que integram uma tradição entendida como popular, no sentido de algo feito pelo povo, com o povo e para o povo, que merece ser valorizada pela Educação do Campo se um dos objetivos dela for manter ativos os vínculos com as comunidades rurais.

Ao mesmo tempo, aparece, em muitos textos, o reconhecimento da consciência do direito dos sujeitos do campo ao legado de conhecimento teóricos e técnicos que a humanidade forjou. Isto é, a singularidade da condição camponesa não deve ser argumento a reforçar uma especificidade que alije os povos do campo das conquistas tecnológicas e do legado estético que as escolas urbanas, mal ou bem, se veem incumbidas de socializar.

A formulação dessa dialética entre tradição e modernidade, pautadas pelas demandas da luta social dos trabalhadores rurais, é bem expressa pelo principal teórico da mística, um dos autores do livro, Ademar Bogo. Cabe demarcar o acerto de abordar a mística com um texto específico num livro sobre práticas artísticas da e na Educação do Campo, na medida em que a mística é um dos legados da experiência dos movimentos sociais do campo, o qual os projetos políticos pedagógicos dos cursos que envolvem a Educação do Campo nas universidades buscam preservar como tempo e elemento formativos da organicidade e como um aspecto fundante enquanto traço identitário da experiência camponesa das últimas décadas no Brasil.

Bogo explica que a mística é capaz de estabelecer relação dialética entre o passado, o presente e o futuro, na medida em que é uma estrutura estética épica, com ampla liberdade narrativa:

> A mística, então, é o próprio movimento de fazer o novo, sem se desfazer do que já é produto do mistério do fazer anterior. É a combinação dos esforços que permite fazer dos hábitos e valores uma bela herança cultural que identifica as diferentes gerações entre si. (p. 44).

A mística representa a complexidade da produção cultural e política camponesa. Como acontecimento, é uma estrutura que incorporou influências religiosas, ao mesmo tempo em que incorporou procedimentos épicos herdados de partidos e movimentos socialistas. A mística promove, por meio da ressignificação das formas estéticas, uma espécie de fusão das linguagens, reordenadas conforme as demandas da luta social.

Esse poder de agregação, de fortalecimento da identidade coletiva e de classe, e de discernimento histórico que podemos notar enquanto ação pedagógica da mística como uma prática artística é algo que pode ser incorporado, sem ser neutralizado, pelas práticas pedagógicas de professores e educandos conscientes, indo além da sala de aula, buscando a comunidade e demais grupos como meio de socialização coletiva do trabalho desenvolvido.

A mística tem na luta social sua principal matriz formativa. Essa dimensão é de fundamental importância como pressuposto para refletirmos sobre o trabalho das artes na escola. Devemos sempre refletir: a serviço de qual projeto de sociedade e de campo estão nossas metodologias? Em que medida elas permitem aos estudantes o estranhamento das formas mercantilizadas da indústria cultural? Em que medida nossas práticas promovem a socialização dos meios de produção, tornando o letramento um gesto emancipatório e não apenas uma instrumentalização automática para o mundo do trabalho?

O livro fornece ampla quantidade e qualidade de relatos de experiências de trabalho, com diversas modalidades de linguagem, com diversos métodos, que visam superar dialeticamente os limites impostos pelo sistema que aliena, sistematicamente, nossa força de trabalho.

Visto em conjunto, o argumento permite uma visão programática do trabalho em curso: a experiência em andamento em diversas licenciaturas em Educação do Campo se configura como um projeto político, cuja intenção é a disputa do poder, por meio do fortalecimento político do campesinato no Brasil e da luta pela reforma agrária. As complexas experiências de múltiplos letramentos em vigência convergem para esse projeto.

Nesse sentido, considerando a velocidade destrutiva de expansão do capitalismo no campo, que expulsa populações rurais para expandir o monocultivo das lavouras – fechando grande quantidade de escolas do campo –, a Educação do Campo deve se municiar com as propostas mais férteis de múltiplos letramentos, para que possa forjar, no meio camponês, produtores de uma alternativa menos vulnerável às formas de assédio da indústria cultural e do agronegócio. As práticas artísticas compiladas neste livro apontam um consistente caminho.

Referências

BOFF, Leonardo; FREI BETTO. *Mística e Espiritualidade*. Rio de Janeiro: Roxo, 1996.

BOGO, Ademar. *O vigor da mística*. São Paulo: MST, 2002.

MEDEIROS, Leonilde S. *Lavradores, trabalhadores agrícolas, camponeses: os comunistas e a constituição de classes no campo*. Campinas: Unicamp, 1995. Tese (Doutorado em Ciências Sociais) – Instituto de Filosofia e Ciências Humanas, Universidade Estadual de Campinas, Campinas,1995.

PEIRANO, Mariza. *O dito e o feito. Ensaios de antropologia dos rituais*. Rio de Janeiro: Relume-Dumará, 2001.

Autores

Ademar Bogo

Cursou a Licenciatura em Letras Vernáculas pela Universidade do Estado da Bahia (UNEB), Departamento de Educação Campus X. Bacharel em Filosofia pela Universidade Sul de Santa Catarina (UNISUL), mestre em Filosofia na Universidade Federal da Bahia (UFBA), doutorando em Filosofia na UFBA. Escritor, agricultor, professor de Filosofia e Filosofia do Direito na Faculdade do Sul da Bahia (FASB). Militante do MST, ex-seminarista, atua no Setor de Formação do Movimento. Sistematiza, em livros e Cadernos de Formação, diversos aspectos da cultura do Movimento, como a mística, a educação e a música. É também conhecido como poeta e pela autoria de músicas utilizadas pelo Movimento, notadamente o hino do MST. Membro do corpo editorial do blog marxismo21.
E-mail: abogo@oi.com.br

Adriana Angélica Ferreira

Graduada em Geografia (Licenciatura), mestre e doutora em Geografia pelo Instituto de Geociências da Universidade Federal de Minas Gerais (IGC/UFMG). Professora da Escola de Educação Básica e Profissional da UFMG (Centro Pedagógico). Coordenadora da área de Geografia do Projeto de Educação de Jovens e Adultos – 2º segmento da UFMG (PROEF-2). Desde 2007 ministra, para os estudantes da sua instituição de origem, uma disciplina denominada O Bordado e a Troca de Experiências Narrativas, que tem se desdobrado em cursos de curta duração para a comunidade acadêmica e para o público em geral.
E-mail: adrianaruga@gmail.com

Adriano Charles Cruz

Doutor em Linguagem e Cultura pela Universidade Federal da Paraíba (UFPb), especialista em Ética pela Universidade Federal do Rio Grande do Norte (UFRN) e em Jornalismo Econômico por esta mesma universidade. Fez especialização e formação em Arteterapia (UFRN). Mestre em Comunicação com ênfase em Gestão de Processos Institucionais, Análise de Discursos Organizacionais; Cinema e Representações; Mídias e Redes Sociais; Processos e Produtos em Gestão e Assessoria de Comunicação pela Universidade Federal de Pernambuco (UFPE). Graduado em Comunicação (UFRN). Jornalista, escritor, doutor em Letras – Linguagens e Cultura (UFPb), com pesquisa na Université Paris X. É também Professor Permanente do Programa de Pós-Graduação em Artes Cênicas, do Programa de Pós-Graduação em Gestão Institucional e do Departamento de Comunicação Social da UFRN. Atualmente, coordena o grupo de pesquisa Círculo de Cultura Visual (CiCult – UFRN/CNPq).
E-mail: adrianocruzufrn@gmail.com

Aidil Brites Guimarães Fonseca

Doutora em Letras e Linguística: Teorias e Crítica da Literatura e da Cultura pela Universidade Federal da Bahia (UFBA). Mestre em Letras, com ênfase em Teoria da Literatura pela UFBA, graduada em Letras Vernáculas – Francês, pela (UFBA). Atualmente é Professora Titular Plena no curso de Letras da UFBA. Tem experiência na área de Letras, com ênfase em Teoria da Literatura e Literatura Comparada. Desenvolve pesquisas sobre linguagens, representação literária, identidade cultural, teorias e crítica da literatura e da cultura.
E-mail: sh.aidil@gmail.com

Álida Angélica Alves Leal

Doutoranda e mestre pelo Programa de Pós-Graduação Conhecimento e Inclusão Social na Faculdade de Educação da Universidade Federal de Minas Gerais (FaE/UFMG). É coordenadora de área do Pibid Diversidade do Curso de Licenciatura em Educação do Campo (LECampo/FaE/UFMG, Capes). Possui título de especialista em História da Cultura e da Arte na Faculdade de Filosofia e Ciências Humanas da Universidade Federal de Minas Gerais (FAFICH/UFMG). Graduada em Geografia, modalidade Licenciatura pela UFMG. Professora Assistente da FaE/UFMG (Departamento de Métodos e Técnicas de Ensino – Geografia) nos cursos de Geografia, Pedagogia e Licenciatura em Educação do Campo.

Lecionou, no ensino básico em Escolas Públicas Municipais (Prefeituras de Ribeirão das Neves, Contagem e Belo Horizonte) e na Rede Federal, no Centro Pedagógico da UFMG. Temas de interesse em pesquisas: Vidas de professores/as, Formação de professores/as, Condição docente, Juventude e docência, Ensino-aprendizagem de Geografia, Educação do Campo.
E-mail: alidaufmg@gmail.com

Amarilis Coelho Coragem

Doutora em Educação pela Universidade Federal de Minas Gerais (UFMG). Mestre em Psicologia da Educação pela Pontifícia Universidade Católica de São Paulo (PUC-SP). Graduada em Belas Artes pela UFMG. Atualmente é professora aposentada da FaE/UFMG. Ex-coordenadora do Grupo Pibid Artes Visuais, acompanha estudos e experiências voltadas para o ensino da arte na escola básica, na Formação Intercultural para Educadores Indígenas (FIEI) e na Licenciatura em Educação do Campo (LECampo).
E-mail: jambreiro@gmail.com

André Sales Lacerda

Graduado em Licenciatura em Educação do Campo – Línguas, Artes e Literatura pela Universidade Federal de Minas Gerais (UFMG). Participou do Programa de Educação Tutorial (PET) como bolsista e do Programa Institucional de Bolsa de Iniciação à Docência (Pibid Diversidade). Desenvolve atividades profissionais no Sindicato dos Trabalhadores Rurais de Jordânia. Mobilizador no Serviço Nacional de Aprendizagem Rural (STR) de Jordânia. Diretor de Políticas Educacionais e de Formação Para Jovens e Mulheres, e diretor de Políticas Agrícolas e Reforma Agrária. Professor na educação básica de Língua Portuguesa na Escola Estadual de Jordânia.
E-mail: andre.jordas@yahoo.com.br

Aracy Alves Martins

Doutora em Educação pela Universidade Federal de Minas Gerais (UFMG), com doutorado sanduíche no Institut National de Recherche Pédagogique (INRP), Paris (França). Pós-doutorado realizado na Universidade do Minho e de Coimbra (Portugal) e na Universidade de Campinas. Mestre em Educação, graduada em Letras pela UFMG. Trabalhou inicialmente na Fundação Universidade de Rondônia (UNIR). Atualmente é Professora Associada aposentada da FaE/UFMG. Pesquisadora do Centro de Alfabetização

Leitura e Escrita (CEALE) e do Núcleo de Estudos e Pesquisas sobre Relações Raciais e Ações Afirmativas (NERA). Tem experiência na área de educação, com ênfase em educação e linguagem, atuando principalmente nos seguintes temas: formação de leitores, leitura literária, formação de professores, escolarização, livro didático/manuais escolares, relações étnico-raciais.

E-mail: aracymartins60@gmail.com

Carlos Júnior Tobias

Ator, dançarino de danças folclóricas brasileiras, professor de Arte, Teatro e Dança. Possui graduação em Artes Cênicas pela Universidade Federal de Ouro Preto (UFOP), onde participou da produção artística de alguns eventos locais, como o Festival de Inverno de Ouro Preto/Mariana e o Festival Literário de Ouro Preto – Fórum das Letras. Trabalhou na Escola Dom Velloso na cidade de Ouro Preto pela rede estadual de ensino. Participou do Projeto Rosários (CEDUFOP), que se baseia na pesquisa de danças folclóricas brasileiras para elaborar montagens coreográficas. Durante seu percurso acadêmico, além de ter se envolvido com a cultura brasileira, envolveu-se com as comunidades junto ao Programa Institucional de Bolsas de Iniciação à Docência (Pibid-Capes). Fez parte das companhias teatrais As Medeias, 2x2, Cômica e Os Menestréis, ao longo de sua trajetória.

E-mail: krllosjuniortobias@hotmail.com

Cássia Ferreira Miranda

Doutoranda em Teatro no Programa de Pós-Graduação em Teatro (PPGT) do Centro de Artes (CEART) da Universidade do Estado de Santa Catarina (UDESC). Mestra em Teatro pela UDESC. Licenciada Plena em História pela Universidade Federal de Pelotas (UFPel). Professora do magistério superior na Universidade Federal do Tocantins (UFT), no curso de Licenciatura em Educação do Campo, habilitação em Artes e Música. Atua nas áreas de educação, história e artes, principalmente nos seguintes temas: história cultural, história do teatro, história oral, acervos, teoria da arte, estética e filosofia da arte, arte e política, dramaturgia, mulheres, trabalho, anarquismo, movimento camponês e Educação do Campo. Atuou como atriz amadora na cidade de Pelotas (RS), participando de diversas montagens teatrais. Desenvolveu oficinas de teatro e montagens teatrais com crianças, adolescentes, pessoas com deficiência e idosos em instituições que atuam com projetos sociais.

E-mail: cassiamiiranda@outlook.com

Cristiene Adriana da Silva Carvalho

Doutoranda e mestre em Educação pela Faculdade de Educação da Universidade Federal de Minas Gerais (FaE/UFMG). Especialista em Teoria e Métodos de Pesquisa em Educação pela Universidade Federal de Ouro Preto (UFOP). Especialista em Planejamento, Implementação e Gestão em Educação a Distância pela Universidade Federal Fluminense (UFF). Licenciada em Artes Cênicas pela UFOP. Atua como orientadora de Aprendizagem do curso de Licenciatura em Educação do Campo da FaE/UFMG. Coordenadora pedagógica do curso de Aperfeiçoamento Escola da Terra (MEC/SECADI, SEE MG, FaE/UFMG). Funcionária pública da Fundação Municipal de Cultura da Prefeitura Municipal de Belo Horizonte (Arte/Educação). Ministra cursos e oficinas na área de didática e metodologias de ensino de arte, jogos teatrais, expressão vocal e formação de professores para o ensino de artes. Desenvolve pesquisas nas áreas: representações sociais, Educação do Campo, práticas pedagógicas, ensino de arte e práticas artísticas.
E-mail: cristienecarvalho@gmail.com

Daniela Pedra Mattos

Mestre em Formação Docente – Ensino, Processos e Práticas Educativas pela Universidade Federal de Pelotas (UFPel). Especialista em Supervisão Escolar pela Universidade da Região da Campanha (URCAMP, Bagé/RS). Graduada em Letras pela Universidade Católica de Pelotas (UCPel). Professora Pesquisadora II na Educação do Campo (EAD/UFPel) e de Língua Espanhola e Língua Portuguesa nas séries finais do ensino fundamental e do ensino médio. Tutora a distância no curso de Língua Espanhola em Educação pela Universidade Aberta do Brasil (UAB). Diretora e coordenadora do *Jornal Correio Estudantil*. Avaliadora de trabalhos científicos da *Revista Teia*.
E-mail: dani.mattos@yahoo.com.br

Decanor Nunes dos Santos

Comunicador e Educador Popular pela Cáritas Baixo Jequitinhonha e nos Movimentos Sociais do Semiárido Mineiro. Licenciado em Educação do Campo nas áreas das ciências sociais e humanas. Especialista em Educação do Campo, ambos pela Faculdade de Educação da Universidade Federal de Minas Gerais (FaE/UFMG). Técnico em Agropecuária com experiência em Agroecologia. Extensão acadêmica em Comunicação Social pela Universidade de São Paulo (USP). Coordenador do Programa Cisternas nas

Escolas – Água que Educa. Integra a Coordenação Executiva da Articulação do Semiárido Mineiro.
E-mail: decanornunes@gmail.com

Denise Perdigão Pereira

Doutora em Educação Artística pela Universidade do Porto (Portugal), em regime de Cotutela com a Universidade Federal de Minas Gerais (UFMG). Mestre em Educação pela Universidade Católica de Minas Gerais (PUC Minas) e graduada em Educação Artística com habilitação em Artes Plásticas pela Escola Guignard da Universidade do Estado de Minas Gerais (UEMG). Ex-professora da Escola Guignard. Formadora regional no Projeto Escola da Terra (SIMEC) na área do conhecimento Línguas, Artes e Literatura (LAL). Integrante do Núcleo de Estudos e Pesquisas em Educação, História, Letras e Artes: Diversidade Sociocultural, Relações Étnico-raciais em Países de Língua Portuguesa (NEPEHLA/FaE/UFMG). Atualmente é chefe do Departamento de Formação Pedagógica na Escola de Música (UEMG), professora da educação básica no Colégio Santo Agostinho.
E-mail: perdigaodenise@yahoo.com.br

Eloisa Rodrigues Pássaro

Licenciada em Português pela Universidade Estadual do Vale do Acaraú (UVA). Especialista em Cultura Popular, Arte e Educação do Campo pela Universidade Federal do Cariri (UFCA). Atualmente é educadora e coordenadora pedagógica do curso de Licenciatura em Educação do Campo da Universidade Regional do Cariri (URCA) e coordenadora pedagógica do Programa de Formação de Educadores (ProJovem – Campo Saberes da Terra, edição 2014, FUNDETEC/URCA). Como pesquisadora atua na área de Educação e Educação do Campo, dedicando-se principalmente aos seguintes temas: educação básica, formação de educadores, interdisciplinaridade, políticas públicas, reforma agrária, formação por área do conhecimento.
E-mail: eloisa@luario.com

Erasmo Gonçalo Dias

Formado em Licenciatura Plena do Ensino Fundamental pela Universidade Regional do Cariri (URCA), e especialista em Língua Portuguesa pela mesma universidade. Mestrando em Educação pela Anne Sullivan University. Trabalha na educação básica, no ensino fundamental I e II. É educando do

curso de Licenciatura em Educação do Campo com habilitação em Linguagens e Códigos (Procampo/URCA). Como pesquisador, atua na área de educação na perspectiva da formação de professor e práticas pedagógicas nas escolas do campo do município de Caririaçu (CE).
E-mail: erasmodias76@gmail.com

Guilherme Trielli Ribeiro

Graduação em Letras pela Universidade Federal de Minas Gerais (UFMG). Doutorado em Estudos Portugueses e Brasileiros pela Brown University (EUA). Tem experiência na área de Letras, com ênfase em Letras e Artes Comparadas. É professor do Departamento de Técnicas e Métodos de Ensino da Faculdade de Educação da Universidade Federal de Minas Gerais (FaE/UFMG).
E-mail: guilhermetrielli@gmail.com

Josiley Francisco de Souza

Doutor em Literatura Comparada pela Universidade Federal de Minas Gerais (UFMG). Mestre em Literatura Brasileira pela UFMG, e graduado em Letras/ Licenciatura em Língua Portuguesa por essa mesma universidade. É professor na Faculdade de Educação (FaE/UFMG). Possui experiência especialmente em temas ligados à oralidade, literatura e língua portuguesa. É também contador de histórias; além de se apresentar em eventos, ministra oficinas com o objetivo de discutir e desenvolver a arte oral de contar.
E-mail: josiley8@yahoo.com.br

Maria Afonso Oliveira

Educadora Popular. Especialista em Didática e Metodologia do Ensino Superior e licenciada em Pedagogia pela Universidade Estadual de Montes Claros (Unimontes). Assessora Pedagógica do Programa Cisternas nas Escolas/Articulação do Semiárido Brasileiro. Integrante do Grupo Intersetorial de Trabalho em Educação do Campo (IFNMG – Campus Almenara). Membro da Articulação Por Uma Educação do Campo no Semiárido Mineiro e da Rede Mineira de Educadores/as em Economia Popular Solidária. Cursista do curso de Realidade Brasileira (CRB) no Vale do Jequitinhonha (IFNMG – Campus Araçuaí).
E-mail: mariahafonso@yahoo.com.br

Maria de Fátima Almeida

Doutora em Geografia Humana pela Universidade de São Paulo (USP), e mestre em Geografia Humana pela mesma universidade. Graduada em Geografia pela Universidade Federal do Ceará (UFCE). Atualmente é Professora Adjunto e Professora Associada da Universidade Federal de Minas Gerais (UFMG). Tem experiência na área de Geografia, com ênfase em Geografia Urbana, atuando principalmente nos seguintes temas: geografia, ensino de geografia, Educação do Campo, cidade e educação. Coordenou o Programa de Livro Didático do Campo (PNLD Campo). Atuou como coordenadora do curso de Licenciatura em Educação do Campo da UFMG. Atualmente, participa da vice-coordenação desse curso na gestão 2015 a 2017.
E-mail: falmartins.ufmg@gmail.com

Maria Isabel Antunes-Rocha

Pós-doutorado pela Universidade Estadual Paulista Júlio de Mesquita Filho (UNESP – Campus Presidente Prudente). Doutora em Educação pela Universidade Federal de Minas Gerais (UFMG), e mestre e graduada em Psicologia pela mesma universidade. Professora Associada da FaE/UFMG. Coordenadora do Comitê Gestor Institucional de Formação Inicial e Continuada dos Profissionais da Educação Básica (Comfor/UFMG), do Núcleo de Estudos e Pesquisas em Educação do Campo (EduCampo/FaE/UFMG) e do Grupo de Estudos e Pesquisas em Representações Sociais (GERES). Membro do Comitê Científico do Grupo de Trabalho Psicologia da Educação/Associação Nacional de Pesquisa e Pós-Graduação em Educação. Desenvolve projetos de Ensino, Pesquisa e Extensão com ênfase na formação de professores, psicologia da educação e Educação do Campo.
E-mail: isabelantunes@fae.ufmg.br

Maria Zélia Versiani Machado

Doutora em Educação pela Universidade Federal de Minas Gerais (UFMG), mestre em Estudos Literários e graduada em Letras pela mesma universidade. Pós-doutorado sobre a leitura literária em contextos do campo, com o apoio do CNPq. É Professora Associada do Departamento de Métodos e Técnicas de Ensino (DMTE) e do Programa de Pós-Graduação da Faculdade de Educação da UFMG. Integra o Grupo de Pesquisas do Letramento Literário (GPELL) do Centro de Alfabetização, Leitura e Escrita (CEALE) da FaE/UFMG. Coordena o subprojeto sobre gêneros da literatura infantil e juvenil e a pesquisa Letramentos em Comunidades Rurais: Práticas Sociais de Leitura

e de Escrita em Situações Escolares e Não Escolares (CNPq). É membro titular do Comitê Científico do Grupo de Trabalho de Alfabetização da Anped.
E-mail: zelia.versiani@gmail.com

Pedro Munhoz Barbosa Filho

Músico, letrista, poeta, compositor, com oito discos gravados. Pesquisador, educador popular, radialista, produtor artístico e fonográfico, produtor de jingles. Embaixador Cultural da Cidade de La Paz (Uruguai), Embaixador Cultural no Brasil da Organização Marcha Patriótica (Colômbia), Membro da Brigada Internacional Amigos de Cuba, Membro do Projeto Canto de Todos (Cuba), Membro do Corpo Sinsonte da Canção Social (Colômbia). Integrou o Coletivo Nacional de Cultura/Frente de Música do MST. Colaborador do Setor de Cultura do Movimento dos Pequenos Agricultores (MPA), produziu e gravou, a convite da Consulta Popular, um dos jingles da campanha eleitoral de 2012 para o Presidente de Hugo Chávez. Possui canções gravadas por Vital Farias, Mônica Albuquerque, Trupe O Teatro Mágico, e já dividiu o palco com Belchior, Xangai, Daniel Viglietti (Uruguai), Héctor Numa Moraes (Uruguai), Luis Enrique Mejia Godoi (Nicarágua), Vicente Feliú (Cuba), Ricardo Flecha (Paraguai), Cecilia Todd (Venezuela), entre outros. Ministra palestras, oficinas e apresentações em teatros, escolas, universidades, sindicatos e movimentos sociais, além de colaborar com várias organizações no Brasil e no exterior.
E-mail: pemunhoz@yahoo.com.br

Rafael Litvin Villas Bôas

Pós-doutor em Artes Cênicas pelo Programa de Pós-Graduação de Artes Cênicas da Escola de Comunicação e Artes da Universidade de São Paulo. Doutor em Literatura Brasileira pela Universidade de Brasília (UnB), mestre em Comunicação Social e graduado em Jornalismo pela mesma universidade. Professor de Licenciatura em Educação do Campo da Faculdade UnB Planaltina, do Programa de Pós-Graduação em Literatura da UnB e do Mestrado Profissional em Artes. Coordena os grupos de pesquisa Modos de Produção e Antagonismos Sociais e Terra em Cena: teatro, audiovisual e educação do campo. Membro do Programa de Pós-Graduação em Desenvolvimento Territorial da América Latina e Caribe da Universidade Estadual de São Paulo (UNESP) como Professor Colaborador. Pesquisa as conexões da vida social com as linguagens teatral, audiovisual e literária e na área de ciências sociais trabalha com a dinâmica sócio-histórica dos conflitos estruturais brasileiros à luz dos intérpretes da formação nacional.

E-mail: rafaellvboas@gmail.com

Tatiane de Araújo Figueirêdo

Licenciada em Letras pela Universidade Regional do Cariri (URCA), e especialista em Língua Portuguesa também pela URCA. Tem experiência em educação básica pública nos níveis infantil, médio e médio profissionalizante. Atualmente é educadora na Licenciatura em Educação do Campo da URCA. Como pesquisadora atua na área de Letras, Educação e Educação do Campo, dedicando-se principalmente aos seguintes temas: educação básica, ensino de língua e variação linguística.

E-mail: t8.araujo@gmail.com

Tereza Mara Franzoni

Doutora em Antropologia Social pela Universidade Federal de Santa Catarina (UFSC). Mestre em Antropologia Social e graduada em Ciências Sociais pela UFSC. Atualmente é professora do Departamento de Artes Cênicas e do Programa de Pós-Graduação em Teatro da Universidade do Estado de Santa Catarina (UFSC). Foi bolsista de Extensão do CNPq no Projeto Arte no Campo, atuando como coordenadora pedagógica do curso de Especialização com o mesmo nome. Desenvolve a pesquisa Arte e Sociabilidade no Meio Rural: Expectativas e Experiências dos Estudantes do Curso de Especialização em Arte no Campo. É membro da Associação Brasileira de Antropologia (ABA) e da Associação Brasileira de Pesquisa e Pós-Graduação em Artes Cênicas (ABRACE). Tem experiência nas áreas de sociologia, antropologia e metodologia de pesquisa, atuando principalmente nos seguintes temas: cultura, sociedade, teatralidade e sociabilidade.

E-mail: tfranzoni@gmail.com

Thiago Norton

Mestre em Educação pela Universidade Federal do Rio de Janeiro (UFRJ). Graduado em História pela Universidade Federal Fluminense (UFF). Especialista em Psicopedagogia pela Universidade Candido Mendes (UCAM).

Professor de História do ensino fundamental na cidade de Paraíba do Sul nas redes municipal e estadual. Participante do Projeto Cinema para Aprender e Desaprender (CINEAD/UFRJ).
E-mail: thiagonorton@gmail.com

Veridiana Franca Vieira

Licenciada em Educação do Campo com habilitação para Letras e Arte pela Universidade Federal de Minas Gerais (UFMG). Técnica em Agroecologia pelo Instituto Federal do Norte de Minas Gerais (IFNMG), cursando especialização em Direito Agrário pela Universidade Federal de Goiás (UFG). Editora Associada do *Boletim Vai e Vem* e do *Boletim SPM Informa* (on-line). Atua nos seguintes temas: Educação do Campo e Agroecologia.
E-mail: veridianaamor@gmail.com

Consultoria

Andréia Rosalina Silva

Mestre em Educação pela Faculdade de Educação da Universidade Federal de Minas Gerais (FaE/UFMG), e graduada em Ciência da Informação pela mesma universidade. É membro do Núcleo de Estudos e Pesquisas sobre Relações Étnico-Raciais e Ações Afirmativas (NERA), do Programa Ações Afirmativas na UFMG e do Grupo de Pesquisa A Afrodescendência no Romance Brasileiro do Século XX. Professora do curso de Especialização em Políticas de Promoção da Igualdade Racial na Escola (EPPIR) e do curso de Formação de Professores da Educação Básica das Comunidades Remanescentes de Quilombos. Ex-assessora da Pró-Reitoria de Extensão da Universidade Estadual de Minas Gerais (UEMG) e ex-professora do Núcleo de Estudos e Pesquisas sobre a Mulher da UFMG (NEPEM).
E-mail: andreiarosalina12@gmail.com

Este livro foi composto com tipografia Minion Pro e impresso
em papel Off Set 75 g/m² na gráfica O Lutador